AF252388

COURS COMPLET D'ENSEIGNEMENT

POUR LE

CERTIFICAT D'ÉTUDES

DES SCIENCES

Physiques, Chimiques et Naturelles

PUBLIÉ SOUS LA DIRECTION DE

M. G. MANEUVRIER

Ancien élève de l'École normale supérieure,
Agrégé des Sciences Physiques et Naturelles,
Docteur ès Sciences Physiques,
Directeur adjoint du Laboratoire des Recherches Physiques
à la Faculté des Sciences de Paris.

Cette Collection comprend 8 volumes in-18

AVEC DE NOMBREUSES FIGURES DANS LE TEXTE

1° **Cours de Physique.** 630 pages. Broché, 5 fr. ; cartonné. 6 fr. »

2° **Travaux pratiques et manipulations de Physique.** 250 pages. Broché, 2 fr. 50 ; cartonné. 3 fr. 50

Par A. GUILLET
Agrégé des Sciences Physiques,
Préparateur de Physique
à la Faculté des sciences
de Paris.

3° **Cours de Chimie.** 516 pages. Broché, 5 fr. ; cartonné. . . . . 6 fr. »

4° **Travaux pratiques et manipulations de Chimie.** 268 pages. Broché, 2 fr. 50 ; cartonné. 3 fr. 50

Par L. MAQUENNE
Docteur ès Sciences Physiques,
Assistant
au Muséum d'Histoire naturelle
de Paris.

5° **Cours de Zoologie.** 550 pages. Broché, 5 fr. ; cartonné. 6 fr. »

6° **Dissections et manipulations de Zoologie.** 300 pages. Broché, 2 fr. 50 ; cartonné. . . . 3 fr. 50

Par L. BOUTAN
Docteur ès Sciences Naturelles,
Maître de Conférences
de Zoologie
à la Faculté des sciences de Paris.

7° **Cours de Botanique.** 628 pages. Broché, 5 fr. ; cartonné. 6 fr. »

8° **Travaux pratiques et manipulations de Botanique.** 200 pages. Broché, 2 fr. 50 ; cartonné. 3 fr. 50

Par G. COLOMB
Docteur ès Sciences Naturelles
Sous-Directeur du Laboratoire
des Recherches Botaniques
à la Faculté des sciences de Paris.

Tous les volumes se vendent séparément.

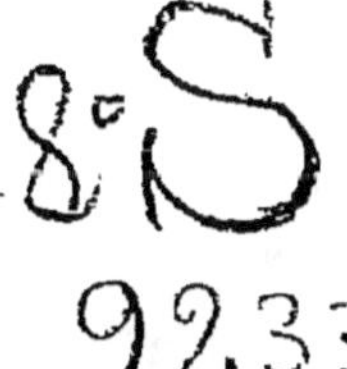

AVERTISSEMENT DE L'ÉDITEUR

On sait que le *Certificat d'études physiques, chimiques et naturelles* est actuellement conféré aux étudiants en médecine par les Facultés des sciences, comme sanction d'un enseignement approprié, qui est professé dans les dites-Facultés (1). Les origines, la nature et la portée de ce nouvel enseignement ont été nettement définies par les remarquables Rapports de MM. les doyens de la Faculté de médecine (2) et de la Faculté des sciences (3) de l'Université de Paris.

Les Facultés de médecine — dit M. Darboux — se réservent de la manière la plus complète, l'étude des applications des sciences physiques et naturelles aux diverses branches de l'art de guérir; mais elles réclament des étudiants déjà initiés aux principes de ces sciences. L'enseignement nouveau doit donc être avant tout, un enseignement général et non pas un enseignement d'application. Mais comme le médecin n'est pas un théoricien, mais un homme pratique, le nouvel enseignement doit être, en même temps que théorique, pratique et expérimental.

Fidèle aux traditions déjà anciennes de notre maison, nous ne pouvions rester indifférent ni étranger à cette importante évolution des études médicales : aussi avons-nous pris nos mesures pour y aider, nous l'espérons, avec efficacité. C'est dans cet esprit que nous publions un *Cours d'études physiques, chimiques et naturelles*, dont nous avons confié la direction et la rédaction à des professeurs expérimentés doublés d'hommes de sciences distingués, que nous avons été chercher à la Sorbonne même et au Muséum. Ce Cours complet comprend huit volumes, dont quatre volumes de Science pure et quatre de Science appliquée ou Travaux pratiques, qui sont, les uns et les autres, strictement conformes, dans la lettre comme dans l'esprit, aux nouveaux programmes de 1893. Nous les offrons avec confiance aux étudiants, convaincus que nous sommes de contribuer par là à diriger leurs études, à alléger leur besogne et à faciliter leur succès aux examens. Et si nous parvenons à y réussir, dans une certaine mesure, ce sera pour nous, comme pour nos collaborateurs, la plus précieuse des récompenses.

O. DOIN.

N. B. — Notre publication étant absolument conforme à l'esprit même des nouveaux programmes, s'adresse non seulement aux étudiants en médecine, mais encore aux bacheliers de tous ordres et même aux sujets d'élite qui se destinent à l'Ecole centrale, à l'Ecole de physique et chimie de la Ville de Paris, à l'Institut agronomique, aux Ecoles vétérinaires et, en général, aux carrières industrielles et agricoles.

---

(1) Décret relatif à l'institution dans les Facultés des sciences d'un certificat d'études physiques, chimiques et naturelles (du 31 juillet 1893).

(2) Décret relatif à la réorganisation des études médicales (du 31 juillet 1893).

(3) Réorganisation des études médicales (Rapport de M. Brouardel). — Certificat d'études physiques, chimiques et naturelles (Rapport de M. Darboux).

DISSECTIONS ET MANIPULATIONS

DE

ZOOLOGIE

PAR

Louis BOUTAN

Docteur ès-Sciences Naturelles,
Maître de conférences de Zoologie à la Faculté des Sciences de Paris.

Avec 162 figures dans le texte.

PARIS

OCTAVE DOIN, ÉDITEUR

8, PLACE DE L'ODÉON

1897

INTRODUCTION

Il existe actuellement deux méthodes principales en zoologie pour étudier l'organisation des êtres vivants :

1° Celle des dissections fines, à l'aide de laquelle on prépare et l'on isole les divers organes d'un animal ;

2° Celle des coupes, qui permet de diviser un animal entier ou l'un de ses organes, en tranches minces, qu'on examine au microscope.

Cette dernière méthode a donné un essor inattendu aux études d'histologie et d'embryologie. Elle est devenue le complément indispensable de toutes les recherches originales. Beaucoup de travailleurs ont cru même qu'ils pouvaient délaisser désormais la dissection fine et adopter les coupes comme unique moyen d'investigation.

C'est aller beaucoup trop loin et s'exposer à de graves erreurs et à de sérieux mécomptes.

M. de Lacaze-Duthiers, le savant professeur de la Sorbonne, a compris le danger. Un peu envers et contre tous, il a réagi contre cette exagération, qui tend à priver les savants d'un outil indispensable, et il a conservé, dans ses laboratoires, à la méthode des dissections fines, la place prépondérante qu'elle méritait (1).

Aujourd'hui, le temps a fait son œuvre ; la réflexion a succédé à un engouement exagéré. La plupart des naturalistes sont d'accord pour reconnaître que le seul moyen qui permette à des commençants de se familiariser avec l'organisation des animaux est de disséquer leurs différents organes.

Dans cet ouvrage j'ai, en conséquence, réservé une place prépondérante aux préparations qu'on peut effectuer à l'aide de la dissection fine. Quelques

---

(1) Je tiens à le constater en commençant ce livre, parce que j'ai eu l'honneur de suivre longtemps ses leçons et de l'assister dans son enseignement, comme maître de conférences.

Quel que soit le plan que j'adopte, il y aura forcément dans ce livre un reflet des idées qu'il a émises devant moi et des conseils que je l'ai si souvent entendu prodiguer aux étudiants.

manipulations ont seules été consacrées à l'étude de la technique histologique et de la méthode des coupes. J'ai voulu essayer de faciliter la tâche aux commençants, en leur indiquant les procédés les plus simples qui doivent les conduire au résultat cherché.

Si l'étudiant, en se servant de mon livre, s'oriente dans une préparation facile, malgré toutes lés imperfections que contient cet ouvrage, mon but sera atteint.

L. Boutan.

DISSECTIONS ET MANIPULATIONS

DE

ZOOLOGIE

CONSEILS RELATIFS AUX MANIPULATIONS

DE ZOOLOGIE

1. Disposition à donner aux préparations. — Pour faire de bonnes préparations, il faut beaucoup d'ordre et de méthode. Si l'on ouvre un animal au hasard, on n'obtiendra que de piètres résultats. On doit savoir à l'avance ce que l'on veut faire et réfléchir au meilleur moyen d'y arriver.

Trop souvent, l'opérateur inexpérimenté détruit, dès les premiers coups de scalpel, l'organe qu'il cherche à mettre en évidence.

Combien de fois voit-on, par exemple, un étudiant, qui veut préparer le système nerveux d'un ver, entailler profondément la face ventrale de l'animal et rechercher ensuite vainement la chaîne nerveuse qu'il vient d'inciser ?

Un peu de réflexion évite de pareils mécomptes. On peut préparer le système nerveux d'un ver en opérant par une face quelconque de l'animal ; mais il est évident que, sauf dans des cas exceptionnels, il y a avantage à fendre d'abord les téguments sur la face dorsale. Le tube digestif tout entier se trouve inter posé entre le scalpel et l'organe que l'on veut mettre en lumière, et quelque mal conduite que soit l'incision, on ne lèsera jamais la partie intéressante. Il suffira ensuite d'écarter le tube digestif pour trouver les masses ganglionnaires intactes.

— Il est non moins nécessaire de bien disposer l'animal ou l'organe sur lequel on opère.

Reprenons le même exemple, pour préciser notre pensée :

Le ver est un animal symétrique, dont les organes nerveux, en particulier, sont soumis à une symétrie bilatérale rigoureuse ; si nous l'épinglons, sans précaution, sur le fond de la cuvette liégée, cette symétrie, très réelle cependant, va se trouver masquée.

L'animal, ayant tourné sur lui-même, on pourra fixer sur un point la face ventrale ; mais plus loin, par suite du mouvement de rotation, l'opérateur inexpérimenté épinglera la face dorsale.

Lorsqu'il faudra ensuite pratiquer l'incision, un coup de scalpel, donné en ligne droite, intéressera d'abord la face dorsale, puis la face ventrale et la chaine nerveuse se trouvera inévitablement sectionnée (fig. 1).

Tous ces inconvénients seront évités en rétablissant soigneusement la symétrie du ver et en rectifiant ses déformations par un épinglage intelligent.

— Nous recommandons aussi de disposer les épingles de manière à ne pas gêner le travail ultérieur. Si les épingles sont disposées comme des piquets dans un champ (fig. 1), le scalpel ou les ciseaux viendront se heurter contre les échalas qui jalonnent la préparation et la dissection deviendra presque impossible.

Ne pouvant supprimer les épingles, il faut, au moins,
les disposer obliquement, comme l'indique la figure 2,

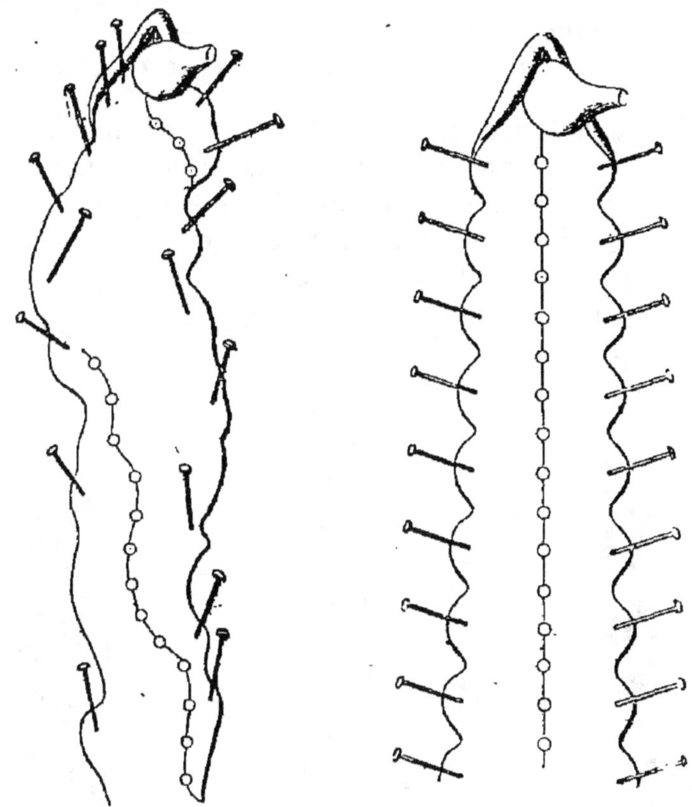

Fig. 1.
Préparation mal disposée.

Fig. 2.
Préparation bien disposée.

de manière à entraver le moins possible le passag
des instruments.

Tous ces conseils minutieux, placés en tête du
livre, pourront paraître oiseux aux commençants.
En réalité, il est indispensable de les suivre pour
ne pas compliquer le travail des dissections fines, déjà
très difficile par lui-même, et je conclurai par ces

deux aphorismes que je livre aux méditations des commençants :

— *Une préparation mal disposée est une préparation manquée.*

— *Une préparation bien disposée est à moitié faite.*

2. Instruments de dissection. — Les instruments nécessaires pour faire de bonnes préparations ne sont ni nombreux ni coûteux; et l'on peut dire que les instruments valent ce que vaut l'opérateur.

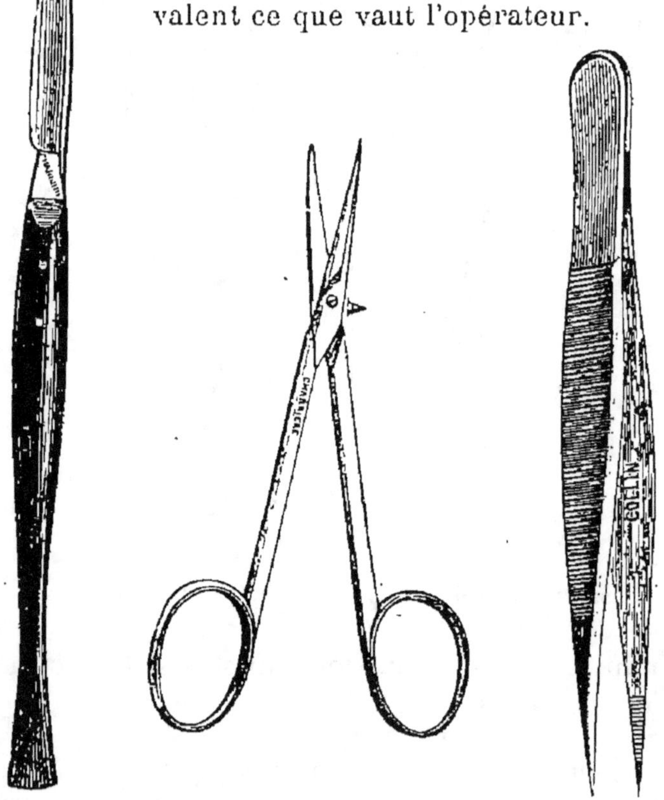

Fig. 3. — Scalpel.   Fig. 4. — Ciseaux fins.   Fig. 5. — Pince fine.

Quelques scalpels de taille variée (fig. 3), une paire

de ciseaux ordinaires, une paire de ciseaux fins
(fig. 4), des aiguilles à disséquer, une forte paire de
pinces, une paire de pinces fines (fig. 5), une pierre à
aiguiser, constituent tout le bagage nécessaire. Mais
ces instruments seront très rapidement hors de ser-
vice si l'étudiant ne leur donne pas des soins particuliers.

Les scalpels perdent leur tranchant lorsque l'on n'a
pas la précaution de les repasser souvent sur la
pierre. Les pinces rouillées salissent la préparation
et se cassent avec une extrême-facilité.

Les dissections dans l'eau altèrent rapidement les
meilleurs instruments. Il faut les essuyer avec grand

Fig. 6. — Loupe à dissections.

soin avant de les remettre dans la trousse et les grais-
ser avec un peu de pétrovaseline.

Nous recommandons particulièrement à l'opérateur
de *faire* lui-même ses instruments.

Nous entendons par là que l'opérateur doit, non
pas fabriquer ses outils, mais les perfectionner.

Les fabricants livrent tous des pinces défectueuses. Pour s'en assurer, il suffit de regarder les mors à la loupe ; on constate qu'ils sont inégaux et grossièrement adaptés (1). Il en est de même pour les aiguilles à disséquer et les tranchants des scalpels.

L'opérateur, loin de perdre son temps, en gagnera beaucoup par la suite, en rectifiant ces défauts à l'aide de la pierre à aiguiser, utilisée sous la loupe (fig. 6).

— Les meilleures épingles à dissection sont celles que l'on vend pour la préparation des insectes. Elles sont fines et commodes, malgré leur longueur démesurée et l'on peut trancher leur tige avec des ciseaux à la hauteur voulue.

— Quoique, d'ordinaire, on fournisse les seringues à injection dans les laboratoires, l'étudiant évitera bien des mécomptes en en ayant une qui lui appartienne en propre et qu'il pourra soigner à sa guise (fig. 8). Il ne devra pas oublier que s'il emploie des masses solidifiables, la seringue et surtout les canules doivent être lavées à l'eau chaude aussitôt après l'opération, pendant que la pièce injectée achève de refroidir.

3. Cuvettes à dissection. — Pour les dissections ordinaires, on se sert habituellement de cuvettes rondes, en verre de diamètre variable, selon la taille des sujets.

Ces cuvettes sont garnies d'un liège, plus petit que le fond de la cuvette, pour éviter le bombement. Afin de maintenir le liège au fond, et de l'empêcher de flot-

---

(1) Les pinces ordinaires que vendent les fabricants d'instruments de chirurgie ont presque toujours les ressorts trop durs et les branches trop flexibles ; nous recommandons les simples pinces d'horloger (dites Brucelles) dont on peut faire d'admirables outils en aiguisant les mors sous la loupe.

ter, on se sert souvent d'un cercle dé plomb. Ce dispositif n'est utile que lorsqu'on dissèque dans des liquides autres que l'eau, ce qui n'est pas le cas dans les manipulations courantes.

Dans les cas ordinaires, on a avantage à lutter le liège contre le fond de la cuvette à l'aide d'un enduit, tel que le bitume de Judée (à moins, toutefois, qu'on n'ait l'intention de se servir d'alcool). La surface du

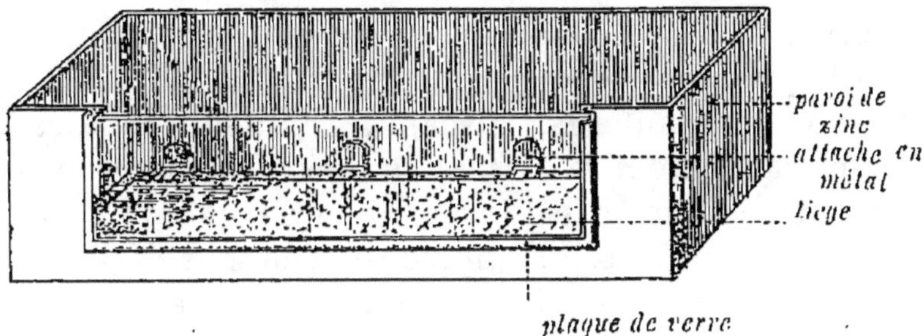

Fig. 7. — Cuvette à dissection pour les gros animaux.

liège doit être aussi égale que possible et enduite d'une couche noire insoluble dans l'eau.

Pour les grands animaux, on utilise, à la Faculté des sciences de Lille (1), de grands baquets en zinc à fond de liège, dont une des parois est munie d'un verre (fig. 7), le liège est maintenu par des attaches de métal soudées sur les parois.

Je recommande ce récipient peu coûteux que peuvent fabriquer tous les ferblantiers, à cause de sa commodité et de son prix de revient peu élevé.

Pour les animaux de très grandes dimensions, on utilise une planchette en bois ou en liège sur laquelle on fixe l'animal avec des clous. Cependant, les étudiants ne doivent pas perdre de vue que la dissection sous l'eau est toujours préférable et donne des résul-

---

(1) Dans le laboratoire de M. le professeur Hallez.

tats de beaucoup supérieurs à une dissection opérée à l'air libre.

4. Procédés pour tuer les sujets de dissection. — Les opérateurs ont souvent avantage à disséquer des animaux fraîchement tués; ce n'est qu'exceptionnellement qu'il y a un intérêt à faire des vivisections sur des sujets préalablement anesthésiés.

Pour tuer les animaux de petite taille, le chloroforme employé à haute dose est le procédé le plus sûr et le plus rapide.

Les mammifères, oiseaux, reptiles et batraciens sont facilement mis à mort en les enfermant dans une cloche ou une caisse fermée d'un disque de verre. On verse, au préalable, quelques grammes de l'anesthésique sur un fragment de linge placé au fond de la caisse.

Ce moyen peut également être employé, avec succès, pour les insectes, les crustacés et les vers.

Mais, pour les mollusques et les cœlentérés, il donne de déplorables résultats, en amenant une contraction générale des tissus et, par suite, une déformation du corps.

Dans ce cas, l'eau bouillie ou l'eau désoxygénée par la présence d'une grande quantité de matières organiques, permet de tuer l'animal assez lentement pour qu'il meure en état d'extension.

Quand on s'adresse à de tout petits animaux qu'on veut observer au microscope (larves diverses, protozoaires, etc.), on obtient un bon résultat en exposant avec précaution, pendant quelques minutes, l'eau qui les contient aux vapeurs de l'acide osmique.

5. Masses à injections. — *Masses solidifiables à froid.* — Les injections avec des masses solidifiables à froid exigent quelques précautions préliminaires. Il faut placer la pièce dans de l'eau préalablement chauffée à une température de 50 degrés environ et l'y laisser séjourner un temps suffisant pour que toutes les parties aient acquis la même température.

Ce genre d'injections présente de sérieux avantages. La dissection du sujet est beaucoup plus aisée et la rupture d'un vaisseau ne cause pas d'accidents graves dans la préparation, comme lorsqu'on a injecté à froid le liquide coloré.

Dans les cas ordinaires (quand il s'agit de pièces que l'on doit disséquer sous l'eau), on peut employer une masse composée par parties égales de suif et de saindoux. On fait fondre le mélange dans une capsule en porcelaine et on incorpore, à l'aide d'un agitateur, une quantité variable

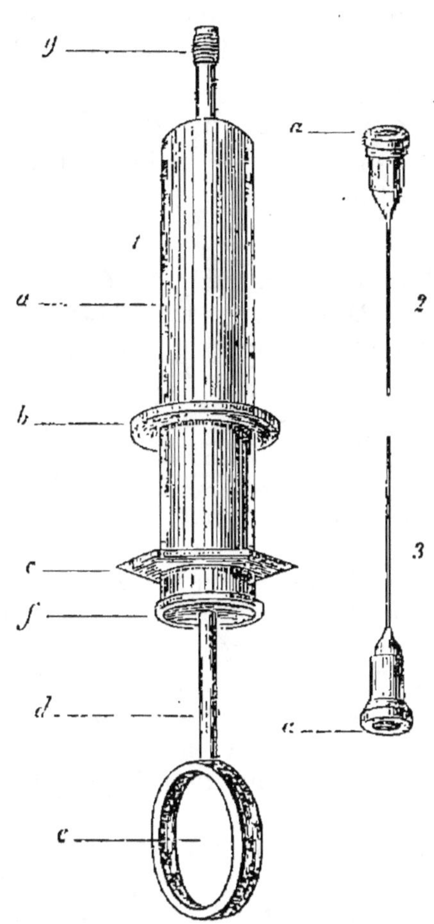

Fig. 8. — Seringue à injections. — a, corps de la seringue ; b et c, anneaux destinés à donner un point d'appui aux doigts ; d, piston ; e, anneau ; g, portecanule ; 2 et 3, canules.

d'outre-mer artificiel (bleu de blanchisseuse), selon la teinte plus ou moins foncée que l'on désire obtenir.

On dispose ainsi d'une matière qui est liquide vers 45 degrés et suffisamment solide vers 15 ou 16 degrés.

Pour les très grosses pièces, un chien, par exemple, on peut modifier utilement la masse à injection par addition de cire.

Le suif, sans addition de cire (1), remarquent MM. Morel et Duval, dans leur *Manuel d'anatomie humaine*, ne donne qu'une matière peu avantageuse; car, avec les températures basses, le suif est très fragile et au contraire, par les températures élevées, il devient presque liquide et laisse déposer la matière colorante qu'il tient en suspension, au point que les vaisseaux injectés se montrent alors colorés sur une de leurs faces, la plus déclive, et décolorés sur la face opposée: on mélange donc le suif à une moindre proportion de cire, et on y ajoute d'ordinaire, pour mieux lier la masse et la rendre plus pénétrante, un peu d'essence de térébenthine ou bien de la térébenthine de Venise. Le résultat à obtenir est que la matière à injection se fonde aisément à la température de 50 à 60 degrés centigrades, et qu'elle devienne solide par le refroidissement, sans être cassante. Comme type d'injection de ce genre, on peut prendre la formule suivante :

420 grammes de suif, 300 grammes de cire jaune, 20 grammes de térébenthine.

Si la cire blanche remplace la cire jaune, on en met une moindre proportion et alors on ajoute de la térébenthine de Venise, selon la formule suivante :

500 grammes de suif, 100 grammes de cire blanche, 60 à 100 grammes de térébenthine de Venise.

---

(1) Cette remarque ne s'applique qu'aux gros animaux qu'on dissèque à l'air libre.

MM. Morel et Duval indiquent ensuite les précautions à prendre pour préparer la masse.

Ces proportions étant déterminées, il ne faudrait pas croire qu'il n'y a plus qu'à opérer grossièrement le mélange : il faut faire fondre (de préférence au bain-marie) le suif et la cire dans une casserole; on n'ajoute la térébenthine que quand la masse est fondue. Quant aux matières colorantes, elles doivent être d'abord broyées exactement avec de l'essence de térébenthine, puis on les mélange intimement avec une très petite quantité de matière à injection chauffée, et ce n'est qu'alors qu'on les mélange à la masse, en remuant continuellement le liquide avec une spatule de bois. Avant d'employer la matière à injection, on s'assure de son degré de consistance et de coloration en en laissant tomber quelques gouttes sur une pierre ou sur une plaque de verre ; selon qu'elle est trop molle ou trop dure, on y ajoute un peu de cire ou d'essence de térébenthine.

Masse à la gélatine. — La gélatine colorée soit avec du bleu de blanchisseuse, soit avec toute autre substance finement porphyrisée, fournit également une très bonne masse à injection, mais son prix de revient est beaucoup plus élevé.

Pour préparer la masse, il suffit de mettre quelques feuilles de gélatine à gonfler dans l'eau pendant 24 heures, puis de les faire fondre au bain-marie dans une capsule de porcelaine. Quand la gélatine est fondue, on mélange lentement, avec un agitateur en verre, la matière colorante insoluble dans l'eau, jusqu'à ce qu'on soit arrivé à la teinte voulue.

Masse à injection ordinaire. — La matière à injection la plus facile à préparer est le chromate de plomb.

Il vaut mieux ne préparer cette masse qu'au moment même de l'injection.

On verse dans un verre gradué deux parties de sous-acétate de plomb et une partie de bichromate de potasse et l'on obtient un beau précipité jaune d'or qui pénètre facilement dans les vaisseaux, grâce à l'extrême division du chromate de plomb ainsi obtenu.

On peut, du reste, incorporer le précipité en question à une des masses solidifiables à froid indiquées plus haut, en s'en servant comme de matière colorante.

PREMIÈRE PARTIE

MANIPULATIONS

SUR

LES INVERTÉBRÉS ET SUR LES VERTÉBRÉS

1re MANIPULATION

LES INFUSOIRES (Protozoaires).

6. Procédés pour observer les infusoires. — On peut observer directement les infusoires en mettant la goutte du liquide qui les contient sur une lame de verre et en portant le tout sous le microscope; mais, par ce procédé, on n'obtient qu'une vue très superficielle.

Si l'on a affaire à de grosses espèces, il faut diminuer progressivement la quantité de liquide dans laquelle nagent les animaux.

Pour obtenir ce résultat, il suffit de pomper l'excès de liquide avec la pointe effilée d'un cornet de papier buvard.

L'opération réussit, à coup sûr, si l'on procède avec lenteur et si l'on continue l'observation sous le microscope.

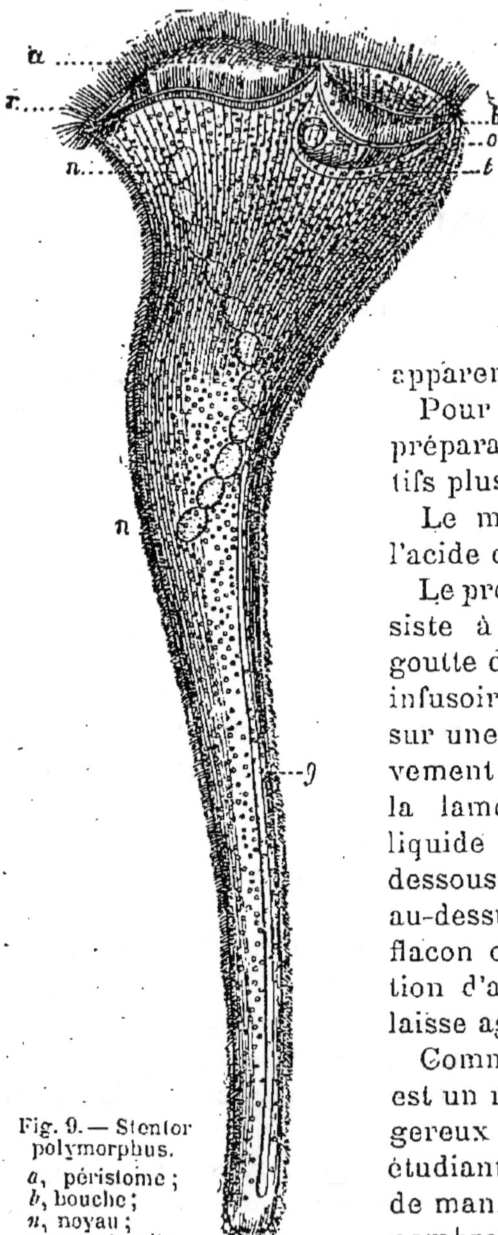

Pour apercevoir le noyau, il faut ajouter quelques traces d'acide acétique, l'infusoire a alors une tendance à se désagréger, mais, pendant un temps suffisant, le noyau devient très apparent.

Pour réaliser une bonne préparation, l'usage de réactifs plus précis s'impose.

Le meilleur fixateur est l'acide osmique.

Le procédé classique consiste à mettre une petite goutte d'eau contenant les infusoires qu'on veut fixer sur une lamelle; d'un mouvement rapide, on retourne la lame et la goutte de liquide reste adhérente en dessous. On la transporte au-dessus du goulot d'un flacon contenant une solution d'acide osmique et on laisse agir les vapeurs.

Comme l'acide osmique est un réactif cher et dangereux à manier et que les étudiants, dans une séance de manipulation où ils sont nombreux, peuvent ne pas

Fig. 9. — Stentor polymorphus.

a, péristome ;
b, bouche ;
n, noyau ;
r, grands cils.

avoir ce produit à leur disposition, nous conseillons, dans ce cas, d'employer le procédé du professeur Du Plessis et de se servir du sublimé comme fixateur.

On tue les infusoires avec une solution de bichlorure de mercure à 1/500 en ajoutant une goutte de cette solution à celle qui contient les animaux.

Il faut laisser évaporer à siccité, puis on colore au carmin neutre, au brun de Bismarck ou à la teinture de cochenilles. On déshydrate par l'alcool absolu, puis on monte dans le baume de Canada, après avoir éclairci par une goutte d'essence de girofle ou de bergamotte.

On obtient ainsi des préparations persistantes très démonstratives.

7. Moyens de constituer une culture d'infusoires. — Point n'est besoin d'aller chez les marchands chercher le matériel de travail : si on ne crée pas les infusoires, comme on le croyait autrefois, on les multiplie avec facilité.

Il existe des infusoires dans toutes les eaux qui ont eu un contact, plus ou moins prolongé, avec le sol superficiel; mais ces petits animaux ne sont pas en assez grand nombre pour être trouvés facilement, sauf dans des conditions particulières. Ces conditions, on doit les réaliser et, dès lors, les quelques espèces disséminées çà et là se multiplieront dans des proportions remarquables.

Pour avoir un matériel inépuisable, on remplit soit d'une eau courante, soit d'une eau stagnante, un récipient quelconque, on y place une poignée de foin, quelques herbes aquatiques, quelques légumes verts qu'on froisse au préalable.

La chose essentielle est d'introduire de la matière

organique dans l'eau en grande quantité; cependant, l'excès en tout est un défaut; et l'on dépasserait le but en entassant dans le récipient une masse trop considérable de végétaux. L'eau putride, pas plus que l'eau claire, ne convient à la multiplication des infusoires.

On ne peut évidemment, à l'aide de ce procédé, répondre que l'on obtiendra telle ou telle espèce déterminée, puisque la multiplication se fait au hasard, sans sélection préalable.

Dans le microcosme ainsi constitué, certaines espèces communes pourront être absentes; d'autres plus rares pourront dominer, à raison de leur reproduction rapide. C'est une affaire de chance.

Au bout de quatre ou cinq jours, s'il n'existe qu'un commencement de putréfaction des végétaux n'ayant pas trop altéré le milieu ambiant, l'apparition des infusoires est à peu près certaine. Au milieu des bactéries et des vibrions qui ont pullulé à loisir et qui forment à la surface de l'eau une mince couche de gelée vivante, les infusoires pourvus d'une abondante nourriture se sont multipliés, en grand nombre, par scissiparité, et chaque goutte d'eau en contient des centaines.

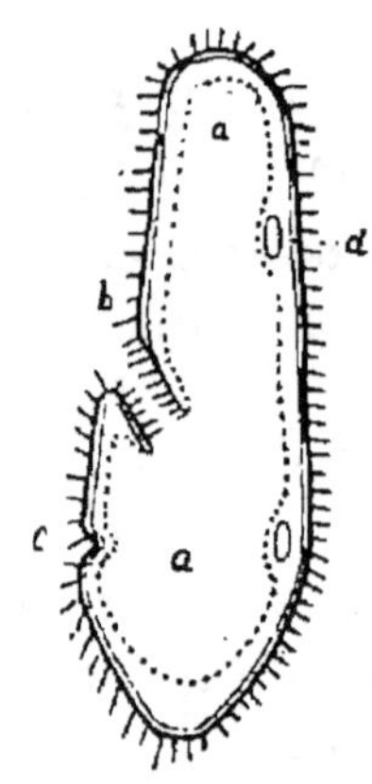

Fig. 10. — Paramœcium Aurelia (schéma). — a, endosarc; b, orifice buccal; c, anus; d, ectosarc.

Nous citerons entre autres les *paramœcies*, les *stentors* et les *vorticelles* qui sont extrèmement communs et qui constituent de bons types d'étude.

Pour être à peu près certain de les trouver, on peut recueillir de l'eau dans une mare ou dans un étang, en y laissant macérer quelques herbes aquatiques. Un petit aquarium est d'un emploi commode dans ce cas.

Au bout de quelques jours, les *paramœcies* seront si abondantes qu'on les apercevra, à l'œil nu, sous forme de nuages de petits points grisâtres.

8. Description des paramœcies (*Paramœcium Aurelia*). — La forme du corps, à peu près cylindrique dans son ensemble, est arrondie aux deux extrémités.

Le corps est couvert de cils très fins, *d*, de même longueur, sauf dans le voisinage de la bouche, *b*; ce qui le fait rentrer dans la catégorie des infusoires holotriches (fig. 10).

Les cils sont disposés en séries régulières et parallèles; et leurs mouvements vibratoires sont si vifs qu'on ne les distingue, au premier abord, que par le déplacement des particules qui se trouvent en contact avec eux.

Ils reposent sur la cuticule qui revêt la couche la plus dense du corps, l'ectosarc.

Dans l'intérieur du corps, *a* (endosarc), on trouve au milieu du protoplasma le noyau (endoplaste) et à côté un autre corpuscule, le nucléole (endoplastule).

Le protoplasma contient encore deux vacuoles contractiles.

Ajoutons, pour compléter cette description, que la bouche bien visible s'ouvre sur le côté du corps (fig. 10).

Entourée de cils un peu plus grands que dans les autres régions, elle se poursuit par un œsophage, mais il n'existe pas de tube digestif proprement dit. Les particules alimentaires qui ont pénétré par la bouche sont englobées par le protoplasma. Les matériaux de déchets sont expulsés par une petite dépression qu'on appelle l'anus, *c*, mais qui n'est visible qu'au moment de l'expulsion.

9. Description des stentors (*Stentor Polymorphus*).

— Le corps conique est cilié; mais, tandis que la périphérie est revêtue de cils fins, il existe sur une ligne spirale entourant la bouche (le péristome) des cils longs et rigides formant un dessin très gracieux.

Les stentors rentrent donc dans l'ordre des infusoires heterotriches.

La base du cône (fig. 9) est occupée tout entière par le péristome qui est creusé en entonnoir.

La bouche est située sur la partie déclive de l'entonnoir.

L'animal est susceptible de se fixer à volonté par l'extrémité effilée du cône, *f*. Certaines espèces même, entre autres, le stentor Rœselii (fig. 11) sécrètent une enveloppe tubuleuse, *h*, où l'infusoire peut s'abriter, lorsqu'il se contracte.

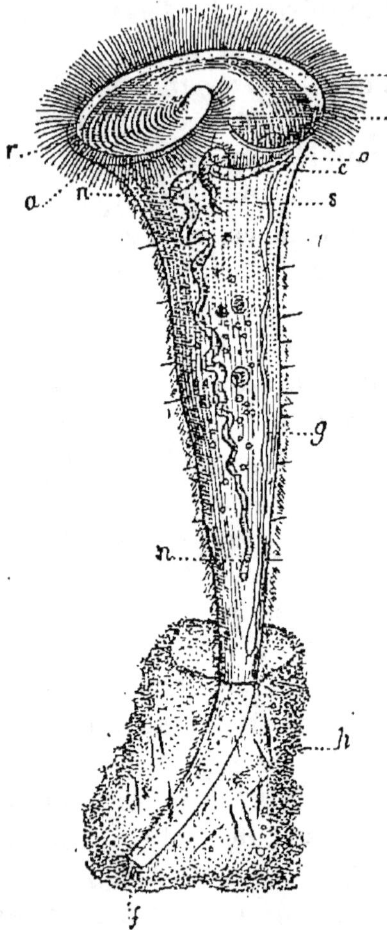

Fig. 11. — Stentor Rœselii. — *a*, péristome; *b*, bouche; *n*, noyau; *h*, enveloppe tubuleuse.

10. Description des vorticelles (*Vorticella micros-toma*). — Les vorticelles rentrent dans l'ordre des infusoires péritriches. Le corps est ordinairement nu, mais il existe, autour de la bouche, une rangée de longs cirrhes (fig. 12).

Le corps de la vorticelle a la forme d'une coupe portée sur un pied (pédoncule) *p*, très long et dont l'extrémité inférieure se fixe sur les corps étrangers ; le bord de la coupe est limité par le péristome *a*, qui peut s'élargir ou se rétrécir selon la volonté de l'animal.

La portion centrale du péristome est occupée par un organe vibratile dont la face supérieure aplatie porte le nom de disque.

Entre le disque et le bord du péristome, il existe une fente semi-circulaire où s'ouvre l'orifice buccal.

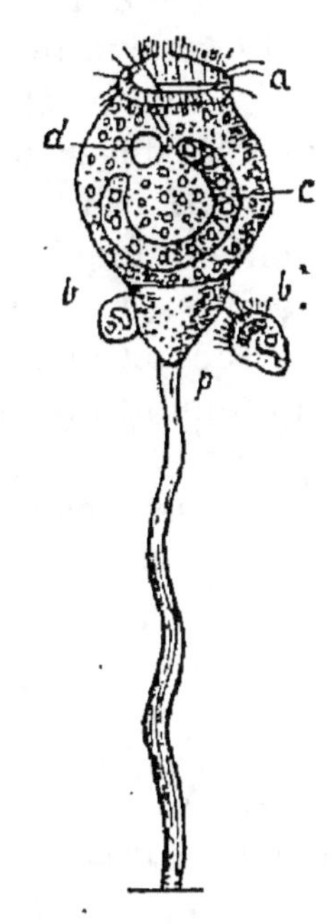

Fig. 12. — Vorticella microstoma. — *a*, péristome ; *b*, *b'*, bourgeons ; *c*, noyau ; *d*, vésicule contractile ; *v*, pédoncule.

Quand le disque s'abaisse, la fente se ferme et l'animal se trouve clos.

Le pédoncule est formé d'une gaine transparente et d'une partie centrale contractile. Quand la partie centrale se contracte, le pédoncule prend une forme spiralée.

11. Moyen de reconnaître les infusoires. — Les commençants, dont l'inexpérience est fort excusable, peuvent se trouver embarrassés pour reconnaître s'ils ont affaire à des infusoires. La présence de formes moins caractérisées que chez les paramœcies, les stentors ou les vorticelles est souvent pour eux une cause d'erreur. Il est donc utile de leur fournir un moyen simple de trancher la question et de distinguer, à coup sûr, les infusoires des végétaux inférieurs, spores d'algues, etc., pouvant imiter leur allure générale (1).

L'ammoniaque est le dissolvant par excellence des infusoires. Une goutte d'ammoniaque, les vapeurs seules de cet alcali suffisent pour les immobiliser immédiatement et les désagréger en une foule de petites particules qui présentent un mouvement brownien très accusé. Les spores d'algues, au contraire, tout en perdant leur flagellum, conservent leurs formes et leurs couleurs.

---

(1) Nous empruntons la description de ce procédé à l'*Anatomie comparée* de CARL VOGT et YUNG. — Reinwald, éditeur, Paris, 1888.

2ᵉ MANIPULATION

SPONGILLE D'EAU DOUCE (Spongiaires).
HYDRE D'EAU DOUCE (Cœlentérés).

12. Préparation d'une spongille *(Spongilla fluvia-tilis)*. — On prend un fragment de l'éponge, de préférence dans une partie étalée et on le porte dans un verre de montre.

L'observation peut se faire d'abord sous la loupe. Si l'animal n'est pas trop fortement contracté, on constate la présence de deux sortes d'orifices :

1° Les oscules, qui sont situés à l'extrémité de petits mamelons et qui représentent les pores exhalants par où l'eau s'échappe de l'intérieur de l'éponge ;

2° Les pores inhalants, beaucoup plus petits et qui sont disséminés sur toute la surface de l'éponge. C'est par ces orifices que l'eau pénètre dans l'intérieur des cavités de l'animal (*b*, fig. 13).

Les oscules, ainsi que les pores inhalants, communiquent avec un réseau de canaux qu'on aperçoit en déchirant les parois de l'éponge à l'aide de pinces fines.

Ces canaux conduisent dans de petites chambres tapissées de cellules vibratiles (corbeilles vibratiles) qu'on devra observer au microscope.

Ces différentes parties ont été représentées dans

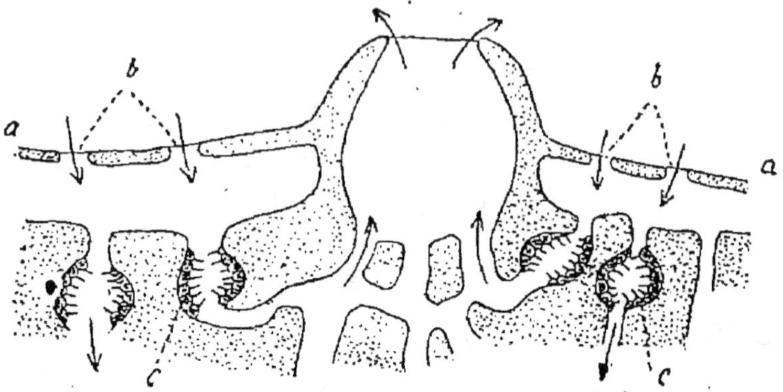

Fig. 13. — Coupe schématique d'une éponge (Huxley). — *a*, enveloppe externe ; *b*, orifices inhalants ; *c*, corbeilles ; en haut, un oscule (orifice exhalant).

la figure 13, mais cette figure très schématique est

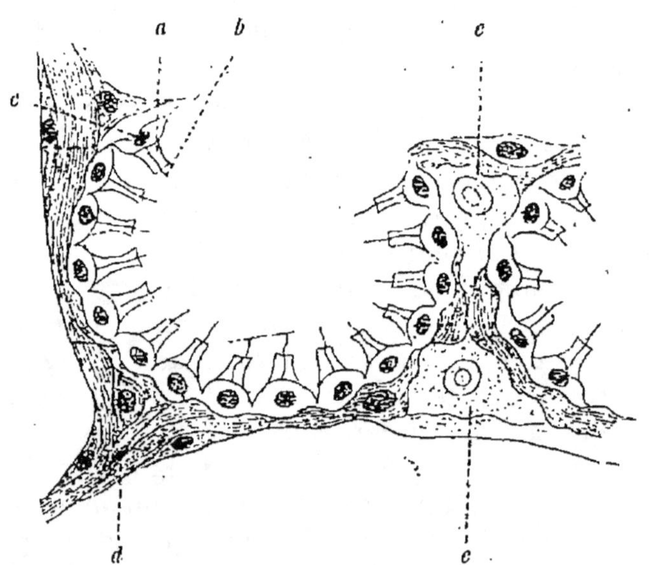

Fig. 14. — Corbeille vibratile de spongille (d'après Y. Delage). — *a*, cil *b*, collerette ; *c*, noyau ; *d*, tissu conjonctif ; *e*, cellule mésodermique.

loin de donner une idée exacte de la réalité. Il faudra

beaucoup de patience aux observateurs pour reconnaitre les parties principales que nous venons de signaler.

— Pour terminer la préparation, on porte un petit fragment d'éponge sur une lame de verre et, à l'aide d'aiguilles à dissection, on dissocie le morceau.

On préparera ainsi des filaments d'une substance flexible qu'on désigne sous le nom de chératose et des spicules siliceux ayant la forme de longues aiguilles pointues aux deux bouts, traversées par un canal longitudinal de faibles dimensions.

Dans cette préparation rapide, on ne peut songer évidemment à mettre en évidence les cellules fragiles de l'organisme éponge (fig. 14), et en particulier les cellules vibratiles des corbeilles avec leur flagellum, *a*, leur collerette, *b*, et leur noyau, *c*, mais on pourra isoler facilement les spicules, en traitant la préparation à l'aide d'une goutte de la solution de potasse caustique.

13. Description des spongilles.

— Les spongilles sont communes dans tous les cours d'eau. Elles se présentent sous la forme de petites masses arrondies ou étalées et quelquefois digitées.

Leur couleur naturelle est jaunâtre, mais elle est souvent masquée par la présence de la chlorophylle qui donne une teinte verte.

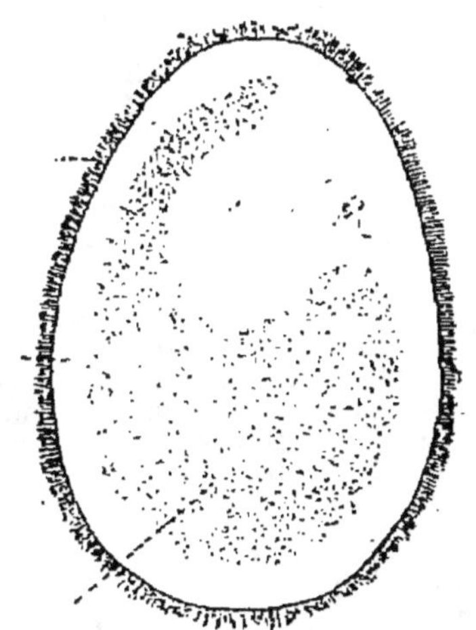

Fig. 15. — Larve de spongille jeune (d'après Y. Delage).

Ces organismes n'ont donc pas une forme bien déterminée, mais on les reconnaitra facilement à leur consistance molle et spongieuse, ainsi qu'à leur surface irrégulièrement couverte de petits mamelons coniques. Les spongilles adultes contiennent souvent des œufs et des larves (fig. 15).

Nous conseillons l'étude de cette espèce, quoiqu'elle ne donne qu'une idée insuffisante du type spongiaire, à cause de la facilité qu'on a pour se la procurer.

14. Observation de l'hydre d'eau douce (*hydra viridis*).

— Dans une manipulation élémentaire — et c'est le cas qui nous occupe, — il ne peut être question d'une véritable préparation :

Les animaux sont trop petits et trop contractiles pour être soumis à la dissection fine et, à moins de prendre ce type comme sujet spécial d'étude, il serait trop long d'employer les ressources de la technique histologique.

L'opérateur devra transporter une hydre dans un verre de montre et, après l'avoir mise dans de l'eau bien claire, il l'observera à la lumière directe et à la lumière transmise (1) (fig. 16).

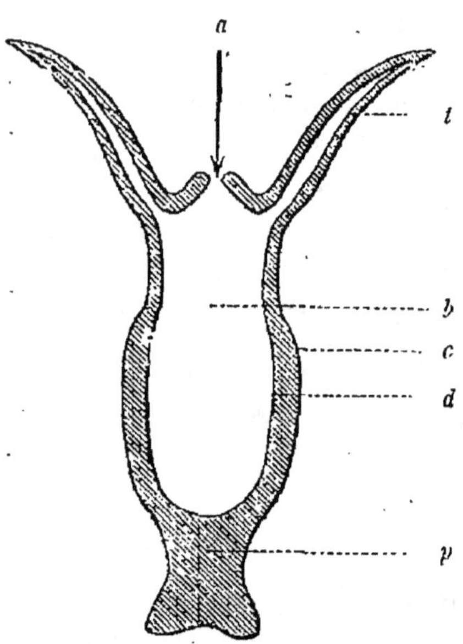

Fig. 16. — Hydre d'eau douce (schéma). — *a*, bouche; *b*, cavité gastro-vasculaire; *c*, ectoderme; *d*, endoderme; *p*, pédoncule; *l*, tentacule.

---

(1) S'il a le choix, il prendra une hydre brune; les vertes sont plus difficiles à observer, à cause de la présence de la chlorophylle.

Il sera frappé de l'aspect cylindrique du corps, terminé d'un côté par un disque aplati, le pied ou la base, et de l'autre par la bouche.

Dans l'intérieur du cylindre, il apercevra une cavité centrale ayant la forme d'un canal qui aboutit à la bouche (*a*, fig. 16 et *b*, fig. 17).

Tout autour de cet orifice et au-dessous des tentacules, il distinguera les testicules, sous forme de petits mamelons. Près de l'autre extrémité du corps, l'ovaire plus volumineux sera visible ainsi que les bourgeons qui pourront déjà offrir la forme de petites hydres prêtes à se détacher. Tout dépendra de l'état plus ou moins avancé de ces organismes nouveaux. Les parois du corps sont bourrées de *némotocystes*. Ceux-ci sont constitués par une capsule contenant un filament enroulé avec trois courtes épines qui partent de la base du filament. On peut les voir distinctement en comprimant les parois du corps de l'hydre avec une lamelle de verre.

Huxley indique un moyen simple de les faire apparaître : il suffit d'ajouter à la préparation une couleur d'aniline ; les cellules se colorent rapidement, elles émettent leurs nématocystes et les filaments de ces derniers sortent de la cavité qui les renfermait. On obtiendra le même résultat en ajoutant à la préparation une solution très faible d'alcool.

15. Description générale de l'hydre d'eau douce (*Hydra viridis*). — On aperçoit souvent à la surface des mares une petite plante qu'on appelle vulgairement la lentille d'eau. En en recueillant une certaine quantité, on a chance de trouver appendues sur elle des hydres d'eau douce (fig. 17).

Ce sont des polypes isolés, vivant dans l'eau douce.

Ils présentent des tentacules filiformes, très protractiles, situés autour de la bouche.

Ces animaux se reproduisent par voie sexuelle et par bourgeonnement. Les testicules se forment dans

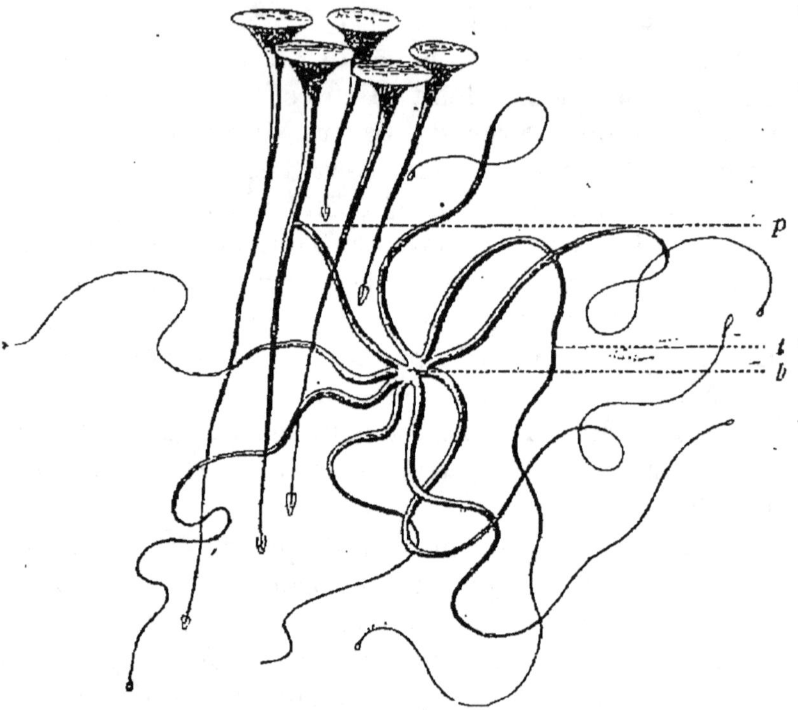

Fig. 17. — Hydre d'eau douce fixée sur des lentilles d'eau.
b, bouche; *p*, pédoncule; *t*, tentacule.

des renflements sphériques de l'ectoderme, immédiatement au-dessous des tentacules.

Les ovaires sont plus rapprochés du pédoncule qui permet à l'animal de se fixer et contiennent chacun un œuf.

Les Hydres d'eau douce ont donné lieu à des expériences célèbres : les portions coupées reproduisent l'animal tout entier, on peut les retourner comme des doigts de gant sans que leur vitalité cesse (expériences de Trembley).

En résumé, *l'animal est constitué par un sac formé de deux membranes : l'ectoderme et l'endoderme ; les tentacules forment des diverticules de ce sac, et l'intérieur du sac représente la cavité digestive. Les parois sont bourrées de nématocystes ou cellules urticantes.*

<h1 style="text-align:center">3e MANIPULATION</h1>

OURSINS (Echinodermes).

16. Oursin livide *(strongylocentrotus lividus, ou toxopneustes ou echinus)* (1). — L'échinoderme qu'on se procure le plus facilement est l'oursin livide *(strongylocentrotus lividus)* qui vit en grande abondance sur les côtes de France, à partir d'une faible profondeur. Cet oursin est comestible et les habitants de la Provence s'en montrent très friands; aussi, le trouve-t-on sur les grands marchés, à un prix très minime. C'est le type que nous choisirons pour la description, puisque les étudiants pourront se le procurer facilement.

17. Examen des parties extérieures de l'oursin. — On appelle vulgairement les oursins des châtaignes de mer : ce nom rend assez bien l'aspect extérieur

---

(1) L'oursin noir ou oursin livide, était autrefois dénommé *Echinus lividus*. On l'a débaptisé pour l'appeler *toxopneustes lividus*, et l'on s'est alors aperçu que le nom le plus ancien qui lui avait été attribué était *strongylocentrotus*. C'est sous cette dernière dénomination qu'il figure dans les traités scientifiques les plus récents.

que présente l'animal dont le corps est tout hérissé de piquants.

En examinant avec attention cet échinoderme, on voit que les piquants sont supportés par un test globuleux formé de pièces calcaires.

Le test a la forme générale d'une sphère, très aplatie à l'un de ses pôles qui correspond à la bouche, tandis que l'autre pôle, moins déprimé, correspond à l'anus.

On doit examiner successivement les parties supportées par le test, puis le test lui-même, ainsi que la région anale et buccale.

18. Préparation des piquants. — En saisissant un piquant avec une paire de pinces, on constate que cet organe, rigide dans toute son étendue, est cependant mobile autour d'un point fixe. Si on l'arrache, on voit que sa base est creusée d'une cavité qui s'articule avec un tubercule correspondant du test (fig. 18).

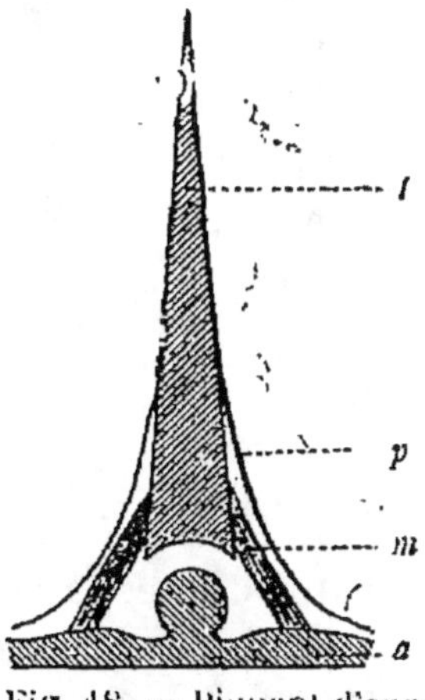

Autour de l'articulation, la peau (qui revêt toute la surface du test) paraît légèrement épaissie, elle recouvre des muscles qui, par leur contraction, déterminent le mouvement du piquant (fig. 18).

Fig. 18. — Piquant d'oursin. — *a*, test de l'oursin ; *m*, muscles ; *p*, peau ; *t*, tige du piquant.

19. Préparation des pédicellaires. — Il n'existe pas que des piquants à la surface du test ; pour s'en assurer, il suffit de mettre de l'eau dans une cuvette, avec une feuille de papier blanc au fond, et de gratter à l'aide de la lame d'un scalpel une portion de la cara-

2.

pace, particulièrement dans la région voisine de la bouche.

Par ce procédé brutal, on fait tomber sur le papier un grand nombre de piquants, au milieu desquels on distingue à l'œil nu d'autres organes d'une forme différente qu'on appelle les *pédicellaires*.

En en mettant un certain nombre sur une lame de verre et en les examinant au microscope, on constate que ces organes sont munis d'une tige calcaire, formant le squelette d'un tissu mou, qui se prolonge au delà de la tige calcaire pour servir de soutien aux mors d'une pince tridactyle.

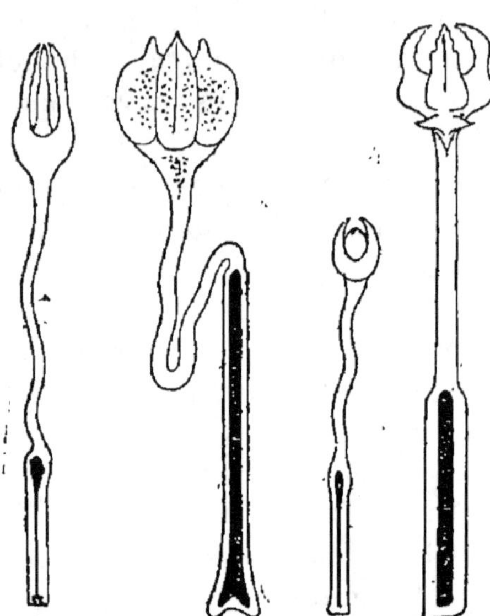

Fig. 19. — Différentes espèces de pédicellaires, tridactyles, gemmiformes, trifoliés et ophiocéphales.

On distingue quatre espèces de pédicellaires (fig. 19) :

1° *Pédicellaires tridactyles*, dont les trois branches sont minces, grêles et dépourvues de dents aiguës ;

2° *Pédicellaires gemmiformes*, dont les branches forment des valves charnues et qui présentent des glandes (glandes à venin de quelques auteurs) ;

3° *Pédicellaires trifoliés*, dont les branches ont la forme de feuilles échancrées ;

4° *Pédicellaires ophiocéphales*, massifs, à hampe courte et forte (on les trouve dans le voisinage de la bouche).

20. Préparation des ambulacres (1). — En écartant les piquants, on aperçoit par places des zones (zones ambulacraires) où les plaques qui constituent le test sont percées de pores par où font hernie de petits organes qu'on appelle les *ambulacres*.

Il faut détacher avec le scalpel quelques-uns de ces organes et les transporter sous le microscope ; on reconnait alors que les ambulacres sont des tubes creux terminés par une ventouse.

La ventouse est soutenue par un squelette calcaire formé par des plaques en rosette. Pour mettre ces plaques en évidence, il suffit de traiter les ambulacres par une dissolution de potasse. Quelques gouttes sur la lamelle suffisent et on chauffe légèrement. La matière organique est détruite et les pièces calcaires (fig. 20, n° 1) apparaissent.

Les plaques calcaires sont au nombre de 5, den-

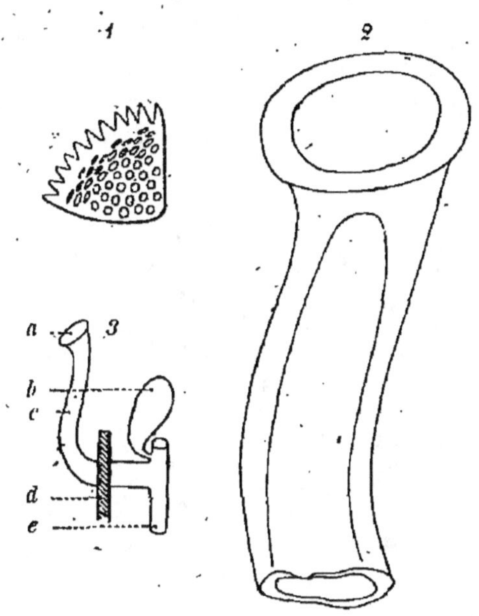

Fig. 20. — Ambulacre. — *1*, pièce calcaire faisant partie de la rosette ; *2*, partie extérieure de l'ambulacre grossi avec son canal ; *3*, ambulacre (schéma) ; *a*, ventouse ; *b*, vésicule ambulacraire ; *c*, canal ; *d*, test ; *e*, canal ambulacraire.

(1) Les ambulacres sont des organes en rapport avec le système aquifère et qui peuvent jouer un double rôle chez les oursins : respiratoire et locomoteur.

telées sur le bord externe et percées de nombreux trous.

21. Préparation de la **zone péri-anale** (**zone aborale ou apicale**).

— Pour préparer la zone péri-anale il faut dépouiller soigneusement le pôle le moins déprimé de la sphère des piquants qui l'encombrent et brosser, avec précaution, cette partie du corps dans un courant d'eau.

On distingue alors, au centre, une zone incomplètement solide avec l'anus, x, légèrement excentrique (fig. 21).

Tout autour, 5 plaques, g, dénommées plaques génitales parce qu'elles sont percées d'un orifice qui correspond au canal génital, w, qui s'ouvre en leur milieu.

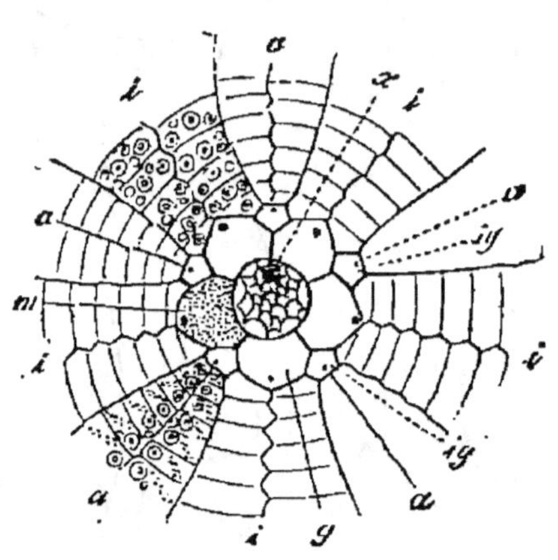

Fig. 21.— Pole apical de l'oursin (d'après Gegenbaur). — x, anus; a, aires ambulacraires; i, aires interambulacraires; g, plaques génitales; ig, plaques ocellaires; m, plaque madréporique.

L'une de ces plaques est plus grande que les autres et est criblée de trous, m, c'est la plaque madréporique. Elle correspond non seulement à l'un des canaux génitaux, mais aussi à l'appareil aquifère. Cet appareil se trouve en communication avec l'extérieur par les petits trous signalés plus haut.

Entre les plaques génitales, se trouvent 5 plaques improprement appelées ocellaires et auxquelles il vaut mieux donner le nom de plaques intergénitales, ig.

On avait appelé ces plaques, plaques ocellaires, parce qu'on avait remarqué un petit pore à leur surface qu'on avait pris pour un œil. On a reconnu que ce point était de nature nerveuse et M. Prouho a montré dans son travail sur le Dorocidaris papillata (1) que c'est en ce point que les gros nerfs qui suivent les zones ambulacraires dans l'intérieur sortent à l'extérieur, pour venir constituer un riche réseau nerveux à la surface du test calcaire.

Autour de cette série de 10 plaques (plaques géni-tales, et intergénitales) on voit se dessiner 10 zones régulières sur le test :

1° 5 qui correspondent exactement aux plaques génitales, portent exclusivement des piquants. On les appelle zones interambulacraires, *i* ;

2° 5 qui correspondent aux plaques intergénitales sont percées de pores disposés par paires pour le passage des ambulacres. On les appelle zones ambulacraires, *a*.

Les 10 zones, comprenant chacune chez le *Strongylocentrotus lividus*, 2 séries de plaques, il y a donc en tout 20 séries de plaques partant de la région péri-anale.

Ces plaques ont une forme pentagonale et s'engrè-nent en formant des lignes en zig-zag dans les zones de même nature et des lignes droites dans les zones différentes. Dans la figure 21, cette disposition n'a été exactement représentée que dans le haut de la planche.

---

(1) HENRI PROUHO. Recherches sur le Dorocidaris papillata et quelques autres Echinides de la Méditerranée (*Archives de zool exp. et génér. 1888*).

22. Préparation du pôle oral et de la lanterne d'Aristote. — Pour préparer le pôle oral et la lanterne d'Aristote on renverse l'oursin sur le pôle apical.

On constate d'abord que l'espace péri-buccal est constitué par une peau épaisse ne contenant pas un squelette complet comme le reste de la carapace.

Celui-ci s'interrompt autour du pôle oral en formant 10 échancrures recouvertes par la peau. Il se relève dans l'intérieur de l'animal pour former les auricules qu'on ne peut apercevoir qu'en incisant les téguments.

Au niveau des 10 échancrures, on distingue (dans les échantillons frais seulement) 10 petites touffes de tubes ramifiés qu'on désigne sous le nom de branchies.

Au centre de la zone péri-buccale, au centre d'une lèvre circulaire, on aperçoit les dents qui font partie de la lanterne d'Aristote et qui représentent l'appareil masticateur des oursins réguliers.

Pour préparer la lanterne d'Aristote, on incise la peau sur le pourtour du test, dans la région péri-buccale et l'on achève de s'en débarrasser en la découpant tout autour de la lanterne.

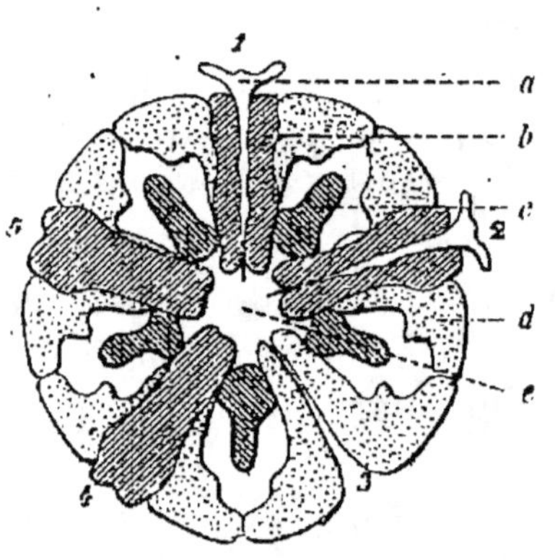

Fig 22. — Lanterne d'Aristote vue par la face interne. — *a*, pièce en faux; *b*, pièce en Y; *c*, plume de la dent; *d*, pyramide; *e*, lumière de l'œsophage. (d'après Lang.)

Nota. — En *1* et en *2* les pièces sont a. complet, en *3* la pièce en faux et celle en Y sont enlevées, en *4* et en *5* la pièce en faux est seule conservée.

La lanterne d'Aristote a la forme générale d'un cône ou plus exactement d'une pyramide à 5 faces dont la base (fig. 22) est située du côté interne du corps et la pointe (représentée par les dents) du côté externe (*f*, fig. 23).

L'appareil est maintenu en place par des muscles qui partent de la partie supérieure et inférieure, pour venir prendre leur point d'appui sur les auricules.

Le cône ou la pyramide à 5 faces est formé par le groupement de 5 pyramides triangulaires (mâchoires) qui s'appuient les unes contre les autres par deux de leurs faces et dont les arêtes internes délimitent un espace creux occupé par la première partie du tube digestif qu'on appelle le pharynx.

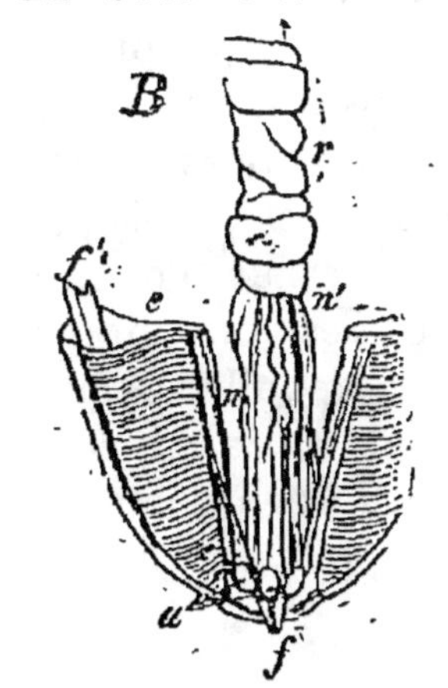

Fig. 23. — Oursin livide. — Deux pyramides sont écartées pour laisser voir la naissance de l'œsophage (d'après Brown); *a*, fossettes labiales; *c*, pyramides; *f*, extrémité des dents; B, pharynx; *n'*, limite de l'œsophage; *r* tube intestinal.

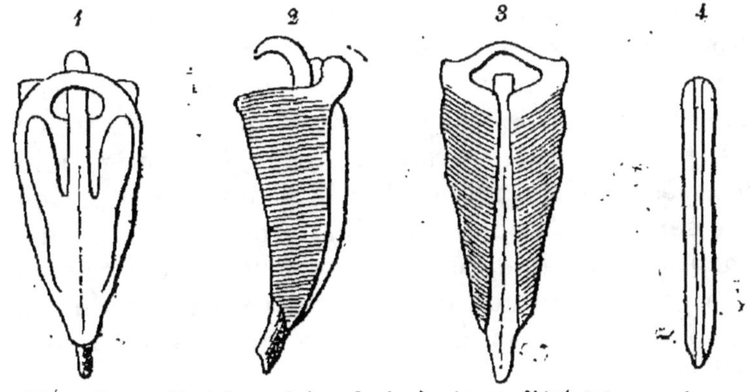

Fig. 24. — Pyramide triangulaire de la lanterne d'Aristote. — *1*, vue du côté externe; *2*, vue du profil; *3*, vue du côté interne; *4*, plume et dent (d'après Lang).

Dans l'intérieur des pyramides triangulaires (fig. 2

et 24) on trouve les *dents* formées vers le haut par une substance plus molle, la *plume*.

Dans les intervalles, entre les pyramides, on aperçoit de petites pièces échancrées à l'une de leurs extrémités et qu'on appelle les *faux*. Il en existe 5 (fig. 22).

Au-dessus, l'on rencontre également d'autres pièces calcaires en même nombre que les précédentes, qu'on appelle les pièces en Y ou les *compas* (fig. 22).

C'est à ce niveau que se montre le système nerveux interne, mais la préparation en est trop délicate pour que nous conseillions aux étudiants de l'essayer.

23. Préparation du tube digestif. — La préparation du tube digestif de l'oursin est assez difficile. Il est surtout difficile de la mener à bonne fin, à moins que l'animal n'ait été soumis à un jeûne préalable, pour débarrasser son tube intestinal du sable qui l'encombre d'ordinaire.

Les parois du tube digestif sont en effet fragiles et altérables, surtout dans la région correspondant à l'intestin proprement dit et à la région rectale.

Pour arriver à disposer le tube digestif comme dans la figure 25, il faut faire une incision circulaire, à l'aide de fort ciseaux, dans la zone équidistante des deux pôles. Avant de rabattre les deux calottes ainsi découpées, on doit rechercher la plaque madréporique et se servir de la zone ambulacraire située immédiatement à sa gauche, comme de charnière. C'est autour de ce point qu'on doit ouvrir les deux parties du test, si l'on ne veut pas amener une rupture du tube digestif.

On remarque, en effet, que le tube digestif, après être sorti de la lanterne d'Aristote, remonte vers la zone apicale, guidé par un canal appendu à la plaque

madréporique (canal aquifère). Il se recourbe ensuite
à droite, pour décrire une première anse. Celle-ci
contourne le test, jusqu'au niveau de la zone ambulacraire qui est située immédiatement à gauche de

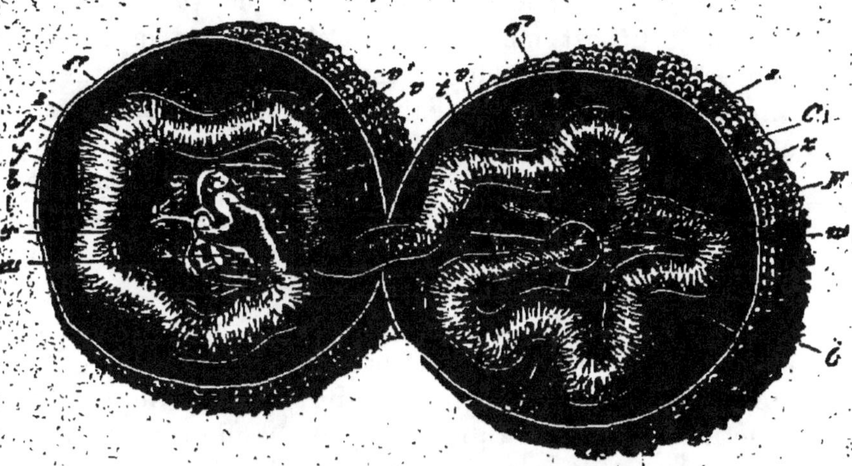

Fig. 25. — Oursin livide (d'après Brown) coupé horizontalement et
ouvert. — r, œsophage; s, intestin; t, rectum; F, anus; q, vésicules
de Poli ; f, muscles transversaux; h, compas; u, glande ovoïde.

la plaque madréporique (si l'on considère la plaque
madréporique par le pôle apical). Arrivé au niveau de
cette zone ambulacraire, le tube intestinal se recourbe,
revient sur ses pas et décrit ainsi une nouvelle anse
qui double la première pour aboutir finalement à
l'anus (1).

------

(1) Cette disposition du tube digestif permet d'orienter
l'oursin, d'après les idées de Loven, par un plan vertical passant d'une part par les deux pôles et, d'autre part, par la zone
ambulacraire située à gauche de la plaque madréporique, le
3ᵉ radius, ainsi qu'on l'appelle généralement.

La zone ambulacraire située à gauche de la plaque madréporique est donc le seul point que ne traverse pas le tube digestif, le point où ce dernier revient en arrière et peut, par conséquent, se déployer sans se rompre, quand on sépare le test en deux parties.

La préparation ainsi disposée, on constate que le tube digestif est maintenu en place dans la cavité générale par des brides mésentériques où circulént un grand nombre de vaisseaux; que l'œsophage, d'abord étroit et à parois assez épaisses, se continue par une portion qu'on appelle la portion gastrique; enfin, que la deuxième circonvolution du tube digestif présente des parois beaucoup plus minces que celle qui fait suite à l'œsophage.

Si la préparation est bien faite, on aperçoit aussi un tube qui s'embranche dans la partie supérieure de l'œsophage pour aboutir ensuite dans la deuxième anse intestinale. Ce tube est appelé siphon intestinal, on ne connaît pas exactement son rôle; il est, du reste, absent dans un certain nombre d'oursins réguliers.

24. Préparation du système aquifère de l'Oursin. — Il n'existe pas chez les oursins d'appareil vasculaire sanguin.

Les liquides renfermant des corpuscules figurés (amibocites) et jouant le rôle du sang et de la lymphe chez les animaux supérieurs ne sont pas mis en mouvement par des organes contractiles appropriés à ce but; ils sont renfermés dans des lacunes plutôt que dans des vaisseaux.

On a constaté chez les oursins la présence de liquides contenus dans trois appareils différents (1) :

---

(1) Les relations des trois systèmes, et en particulier du

1° Le liquide contenu dans l'appareil aquifère;

2° Le liquide renfermé dans la cavité générale (liquide périviscéral);

3° Enfin, le liquide qui se trouve dans le système lacunaire viscéral, appelé autrefois le système vasculaire sanguin.

Le liquide contenu dans l'appareil aquifère semble jouer le rôle d'intermédiaire entre le milieu extérieur et le liquide périviscéral.

Il emprunte au milieu extérieur l'oxygène et le transmet au liquide périviscéral, qui le fournit à son tour aux tissus.

Le liquide du système viscéral semble, au contraire, fournir uniquement aux tissus la matière plasmique.

L'étudiant ne doit essayer de préparer que le système aquifère (fig. 20 et 26), la mise en évidence du système lacunaire exigeant des injections délicates.

Rappelons tout d'abord la disposition de l'appareil aquifère (1) :

L'appareil aquifère débute au-dessous de la plaque madréporique, *a*; il est constitué par un canal, *b* (le canal du sable), en communication avec l'extérieur par les canalicules de la glande madréporique (fig. 26).

Ce canal se déverse au niveau de l'appareil mastica-

---

système aquifère et du système appelé improprement vasculaire, ont donné lieu à de nombreuses controverses. Beaucoup d'auteurs ont soutenu que ces deux appareils étaient en communication l'un avec l'autre. Nous conseillons à ceux qui désireraient étudier à fond cette question la lecture du beau travail de M. Prouho sur le Dorocidaris papillata, paru dans les *Archives de zoologie expérimentale et générale* en 1888. L'auteur semble prouver que ces trois systèmes sont sans communications directes; ce sont les idées de M. Prouho que nous adoptons dans notre exposé.

(1) Quant au liquide contenu dans la cavité générale, il suffit d'ouvrir la carapace pour se le procurer en grande abondance.

teur, au-dessus de la membrane qui recouvre cet appareil, dans un anneau, *f*, présentant lui-même 5 vésicules et d'où partent 5 vaisseaux.

Ces 5 vaisseaux, H, longent dans l'intérieur du test les zones ambulacraires et se terminent en cul-de-sac dans la région apicale.

Les ambulacres, M, et les vésicules, qui les accompagnent peuvent être considérés comme des diverticules de ces 5 vaisseaux ambulacraires.

Il existe une annexe de l'appareil aquifère représentée par la glande ovoïde, *c*, et son canal qui vient s'ouvrir également sous la plaque madréporique, où il se confond avec le canal du sable.

Cette glande ovoïde, qui a été considérée comme un cœur, puis comme un organe d'excrétion, parait, d'après les auteurs les plus récents, présider à la formation des éléments plasmiques du liquide périviscéral.

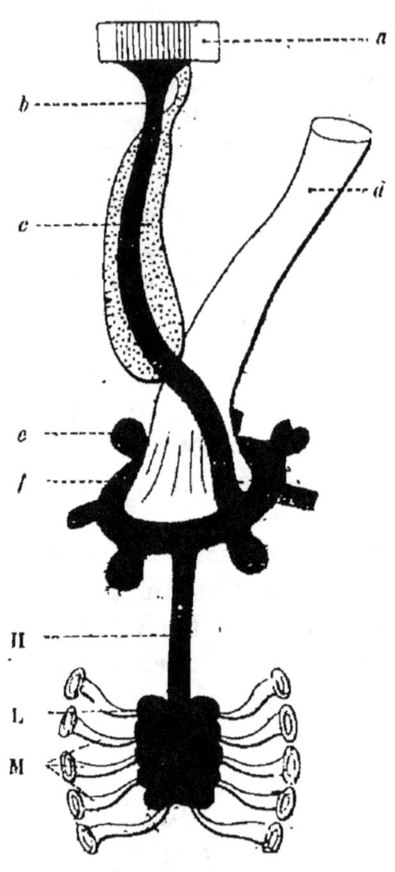

Fig. 26. — Système aquifère de l'oursin (d'après Prouho). — *a*, plaque madréporique; *b*, canal du sable; *c*, glande ovoïde; *d*, œsophage; *e*, vésicule de poli; *f*, anneau de poli; H, canal ambulacraire; L, vésicules ambulacraires; M, ambulacres.

Pour préparer l'appareil aquifère, il faut ouvrir l'oursin sur le côté, entre le pôle apical et la bouche, en respectant la plaque madréporique.

Cette ouverture pratiquée et largement agrandie permet d'apercevoir, appendue au-dessous de la plaque madréporique, une partie de l'intestin (l'œsophage) qui, vers le haut, constitue la première courbure de l'intestin.

A côté de l'œsophage, on aperçoit un corps renflé, la glande ovoïde (fig. 26), et enfin, toujours à côté mais plus difficile à distinguer, sans injection préalable, se trouve le canal du sable.

En regardant au niveau de la lanterne (appareil masticateur), on doit rechercher le cercle péri-œsophagien et les vésicules de poli.

On ne distinguera pas nettement les 5 vaisseaux ambulacraires dans cette région, parce qu'ils s'engagent au-dessous des pièces en Y qui les masquent, mais il est facile de les retrouver plus loin.

En enlevant le tube digestif et les glandes génitales, on apercevra sans difficulté, le long des zones ambulacraires, le canal avec les nombreuses rangées de vésicules ambulacraires.

25. Préparation des glandes génitales de l'Oursin. — La préparation des glandes génitales n'offre aucune difficulté. Elles sont très développées, et ce sont elles que mangent presque uniquement les amateurs d'oursin.

Il suffit d'entailler le test dans la région péri-buccale et de dégager largement cette région, pour distinguer les grosses masses rougeâtres qui les constituent.

Pour achever la préparation, on enlève les diverses parties du *tube digestif* et l'on distingue alors les 5 glandes volumineuses qui viennent aboutir *séparé-*

ment (du moins selon les auteurs les plus récents) aux 5 pores génitaux, y compris celui de la plaque madréporique.

Quoique les sexes soient séparés, il existe très peu de différences dans la forme extérieure de la glande mâle et de la glande femelle, au moins pendant la période d'inactivité fonctionnelle.

Cependant, les glandes sont faciles à distinguer, par leur coloration.

Elle est rose chez les mâles, beaucoup plus foncée et plus jaune chez les femelles.

4° MANIPULATION

DOUVES (Vers plats).

26. Description générale des Douves (*Distomum hepaticum* et *Distomum lanceolatum*). — Ces animaux font partie des trématodes, chez lesquels le corps est aplati et non segmenté.

Ils possèdent deux organes de fixation (ventouses) : abdominal et céphalique.

Leur corps, limité à la périphérie par un épithélium, revêtu d'une cuticule épaisse, est rempli par du tissu conjonctif, au milieu duquel sont situés les différents organes.

Ils ont un appareil aquifère s'ouvrant à l'extérieur, un tube digestif de forme variable, un système nerveux et des organes reproducteurs.

Grâce à la disposition des ventouses, les opérateurs peuvent facilement s'orienter.

L'une des ventouses est terminale et correspond à la bouche, l'autre est ventrale.

Par conséquent, en plaçant l'animal, la ventouse terminale en haut, l'animal étant étalé, on le verra, ou par la face ventrale si la deuxième ventouse oc-

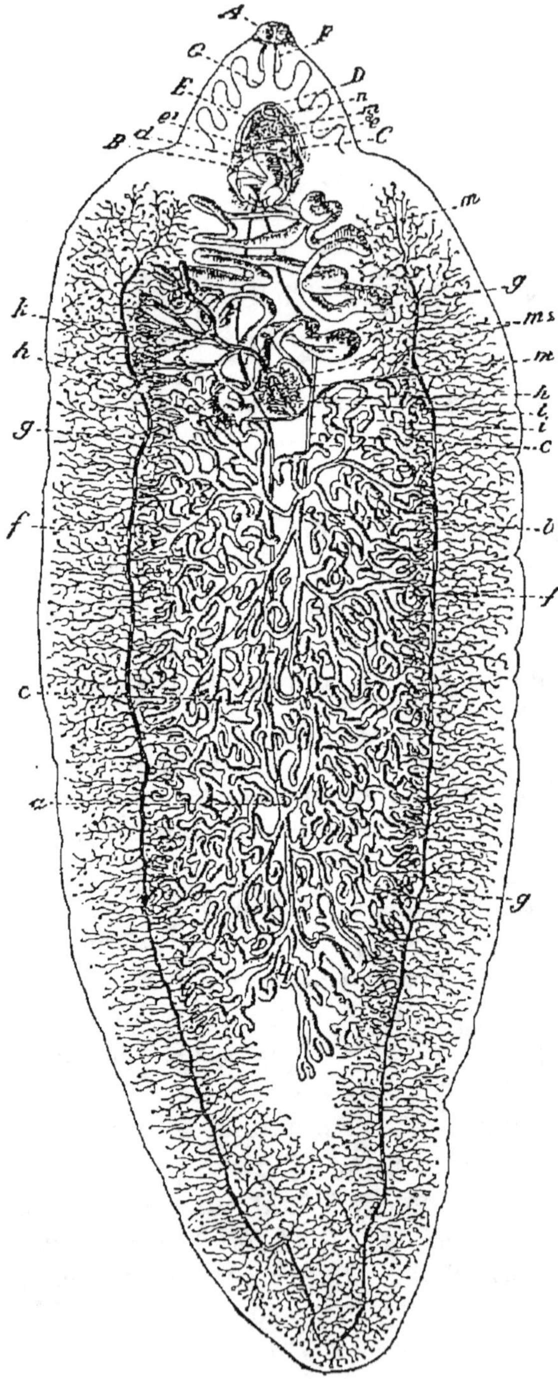

Fig. 27. — *Distomum hepaticum*. Organes reproducteurs d'après Sommer). — A, ventouse buccale et bouche; B, ventouse abdominale; C, poche du cyrrhe; D, pore génital; E, sinus génital et cloaque; F, contour du pharynx; G, contour des culs-de-sac supérieurs de l'intestin; *a*, testicule postérieur; *b*, testicule antérieur; *c, c*, canaux déférents droit et gauche; *d*, vésicule séminale; *e*, canal éjaculateur; *e¹*, glandes annexes de l'appareil excréteur mâle; *f*, glande albuminigène; *g, g*, canaux albuminifères longitudinaux; *h, h*, canaux albuminifères transversaux; *i*, réservoir albuminifère; *k*, ovaire; *l*, glandes de la coque; *m*, canal excréteur femelle ou utérus; *m¹*, entrée du canal excréteur femelle; *m²*, anse ootypoïde du canal excréteur femelle; *m³*, portion terminale du canal excréteur femelle; *n*, orifice du vagin.

cupe le plan supérieur, ou par la face dorsale si la deuxième ventouse occupe le plan inférieur du corps.

27. Recherche des Douves du foie. — Presque tous les foies de mouton qu'on trouve aux abattoirs sont infestés par la douve lancéolée (*Distomum lanceolatum*) et par la douve hépatique (*Distomum hepaticum*).

Il suffit d'ouvrir les canaux biliaires pour en trouver en extrême abondance. Un foie fournira, d'ordinaire, assez de matériaux non seulement pour un travailleur, mais pour tous les étudiants prenant part à la manipulation.

Le *Distomum lanceolatum* ne dépasse guère un centimètre et est très facile à distinguer du *Distomum hepaticum*, qui est beaucoup plus long (2 à 3 cent.). Cette forme allongée est caractéristique de l'espèce (fig. 27).

En faisant passer un courant d'eau au-dessus d'une cuvette dans les canaux biliaires préalablement fendus, on en entraîne un grand nombre; il suffit même de presser les fragments du foie.

Il vaut mieux cependant rechercher directement : la douve hépatique, dans les canaux volumineux, la douve lancéolée, dans les canaux plus petits qu'on incise à travers la substance même du foie.

L'eau constituant un déplorable réactif pour ces animaux, il est préférable de les laisser séjourner dans la bile pour les observer dans de bonnes conditions.

28. Examen des Douves du foie sans préparation spéciale. — On a d'abord intérêt à examiner les douves sans préparation spéciale. Il est utile de choisir les échantillons de petite taille, dont le maniement est plus facile et la transparence plus grande.

On les étale sur une lame au milieu d'une goutte de bile puisée dans la vésicule biliaire, et on les recouvre avec une lamelle, en ayant soin de ne pas trop les comprimer.

Il faut d'abord rechercher les orifices qu'on aperçoit avec une bonne loupe (fig. 27) :

Dans la portion antérieure et terminale, se trouve la ventouse buccale, A, qui masque l'entrée du tube digestif.

La seconde ventouse, B, est située sur la face ventrale au-dessous de la précédente (fig. 27).

A l'autre extrémité du corps, sur la face dorsale, existe l'orifice de l'appareil excréteur, mais il se distingue rarement sans préparation.

En avant de la ventouse abdominale (fig. 28), on doit rechercher également les orifices des organes génitaux, D, et le pénis, ainsi que des masses volumineuses (vitellogène) qui font partie de l'appareil reproducteur.

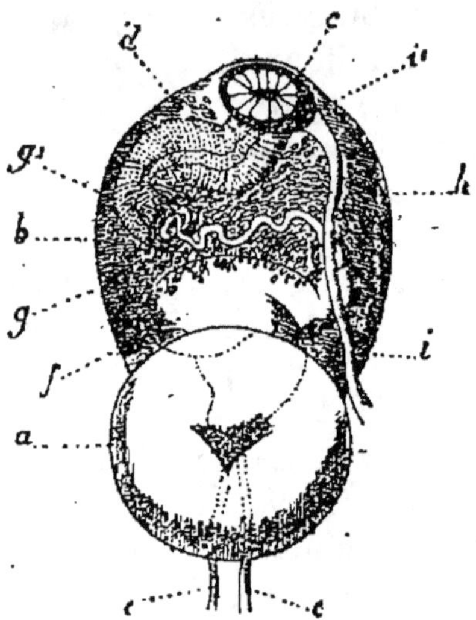

Fig. 28. — *Distomum hepaticum.* Portion externe des organes reproducteurs (d'après Sommer). — *a*, ventouse abdominale; *b*, poche du cyrrhe; *c*, pore génital; *d*, sinus génital; *e, e*, canaux déférents; *f*, vésicule séminale; *g*, canal éjaculateur; *g'*, extrémité protractile du canal éjaculateur, avec l'orifice de l'appareil excréteur mâle; *i*, canal excréteur femelle; *i'*, son orifice.

Selon que l'on a affaire à la douve hépatique ou à la douve lancéolée, l'appareil digestif offre une forme différente.

Dans la douve hépatique, le tube digestif est ramifié (fig. 29).

Dans la douve lancéolée, il n'offre que deux cœcums non ramifiés.

29. Préparation des Douves. — L'examen superficiel que nous avons conseillé dans le paragraphe précédent ne satisfera pas complètement l'observateur ; bien des points resteront obscurs. C'est ainsi que, dans la plupart des échantillons, l'intestin ne se distingue qu'en partie, s'il n'est pas complètement rempli de bile, et que l'appareil excréteur reste invisible, ainsi que le système nerveux.

Pour avoir chance de rendre plus apparents ces différents organes, il est nécessaire de recourir à des préparations spéciales (fig. 29). Les coupes seraient particulièrement avantageuses, mais nous n'osons les recommander, dans le cours de ces rapides manipulations. On peut se contenter de laver soigneusement un certain nombre de douves lancéolés, de leur faire dégorger l'excès de bile que contient leur tube digestif et de les plonger ensuite dans une solution alcoolique de carmin (solution faible).

On les y laisse séjourner pendant vingt-quatre heures environ, puis on lave et on monte entre lame et lamelle après avoir mis l'animal dans un mélange d'eau et de glycérine.

On pourra ainsi distinguer les trois appareils (digestif, excréteur et génital) (fig. 27, 28, 29, 30) qui sont représentés séparément sur les figures, mais qui sont superposés, en réalité, dans les préparations.

30. Injection du tube digestif. — J'indique dans ce paragraphe, d'après Carl Vogt et Yung, un procédé qui permet de faire apparaître avec grande évidence l'appareil digestif ramifié des douves du foie.

Sur les distomes frais, le trajet du canal intestinal

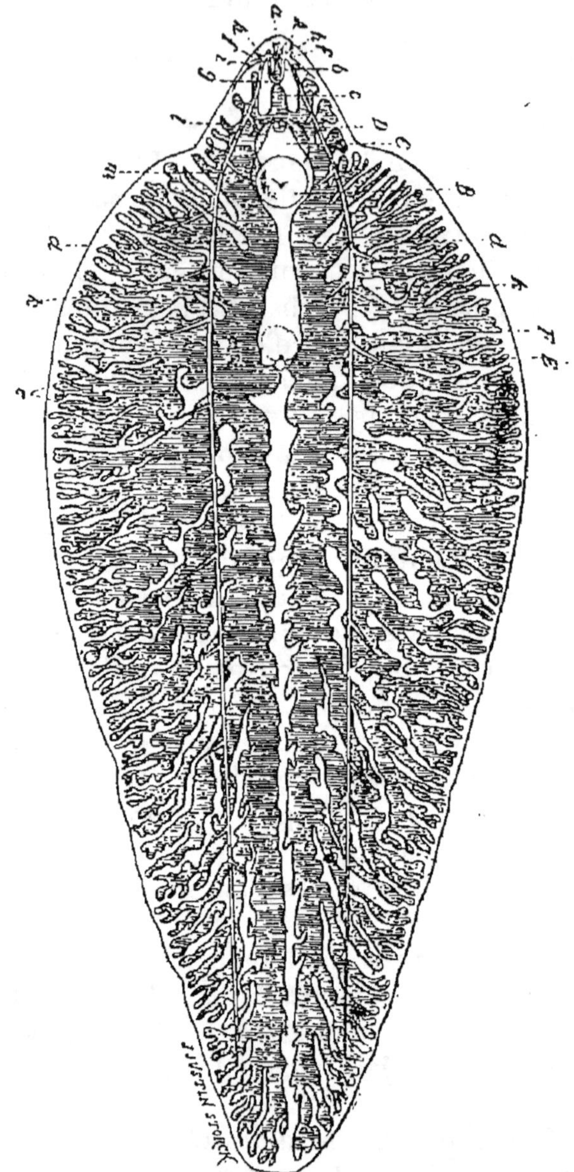

Fig. 29. — *Distomum hepaticum*. Tube digestif et système nerveux
(d'après Sommer). — A, ventouse buccale ; B, ventouse abdominale ;
C, poche du cyrrhes ; D, pore génital ; E, réservoir; F, contour des
glandes de la coque ; d, d, culs-de-sac intestinaux; c, c, branches latérales de l'intestin ; f, f, ganglions sous-œsophagiens; g, g, ganglions
sous-œsophagiens ; K, K, cordons nerveux latéraux.

NOTA. L'intérieur du tube digestif est représenté par une teinte foncée.

peut être aperçu quelquefois, grâce aux substances colorantes de la bile dont l'animal se nourrit. Il est rare, cependant, que l'intestin en soit rempli, et alors les parties qui ne sont pas colorées ne se laissent pas voir; c'est le cas, en particulier, chez les individus que l'on a lavés dans l'eau, car ils y dégorgent le contenu de leur intestin que l'on voit couler par la bouche sous forme d'un filet trouble. C'est la raison pour laquelle il est à peu près indispensable d'injecter l'intestin au bleu de Prusse avant de procéder à son étude. A cet effet, l'animal étant bien lavé et vidé, on le couche sur le dos en lui relevant un peu la partie antérieure du corps, afin de voir distinctement la ventouse buccale, et on introduit dans cette dernière une fine canule de verre par laquelle on pousse lentement l'injection, afin d'éviter les déchirures. Il arrive quelquefois que l'intestin, bouché par les substances qu'il renferme, ne s'injecte que partiellement; lors même cependant que l'une des branches seulement est injectée, il est bon de conserver la préparation, car la distribution des ramifications est à peu près la même dans les deux cœcums. Dans les cas les plus heureux, alors que l'injection a pénétré dans toutes les ramifications des branches latérales, le montage du ver au baume de Canada fournit une préparation magnifique.

34. Injection de l'appareil excréteur. — Voici, d'après Sommer, le procédé qui permet de mettre en évidence l'appareil excréteur:

On place le ver sous une forte loupe et on le pique avec une aiguille enduite de bleu de Prusse sur sa face dorsale, au point où le grand canal collecteur présente son plus large diamètre, c'est-à-dire un peu en arrière de la glande coquillière, qui se montre sous

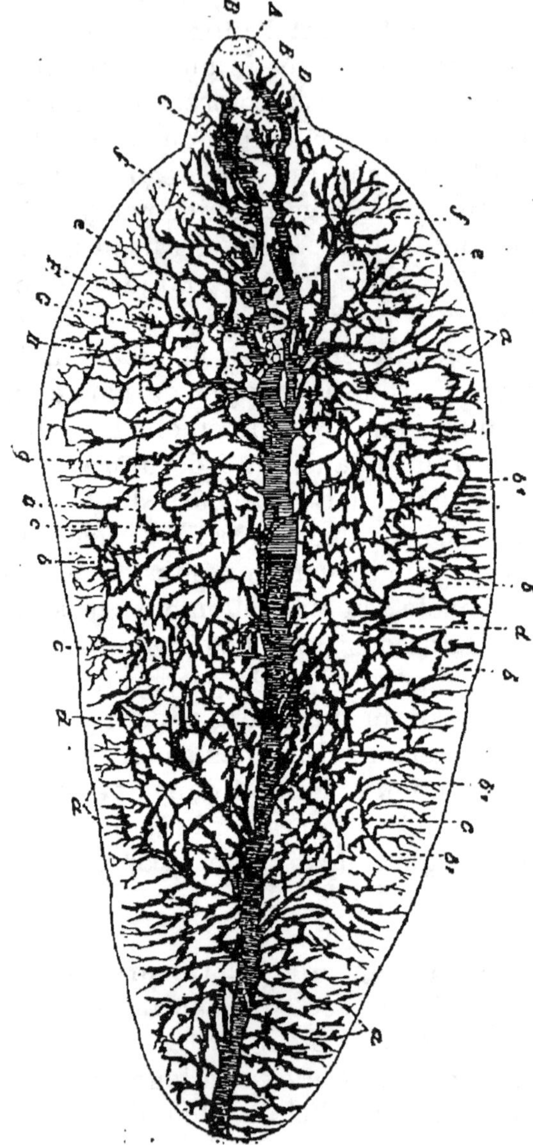

Fig. 30. — *Distomum hepaticum*. Appareil excréteur (d'après Sommer).

la forme d'un point arrondi et opaque. Puis, on introduit dans la piqûre ainsi pratiquée la pointe d'une fine canule de verre, par laquelle on pousse la masse d'injection. Lorsque l'opération est bien conduite, le bleu de Prusse remplit d'abord le grand canal collecteur et gagne de là la majeure partie de ses ramifications.

Le commençant, ajoutent MM. Carl Vogt et Yung, à qui nous empruntons ces lignes, ne doit pas se laisser rebuter par l'insuccès de ses premières tentatives. Il est rare de réussir dès la première fois et l'expérience de notre laboratoire nous a montré que les étudiants n'atteignent le but qu'une fois sur dix. Mais on est récompensé de sa peine, car la préparation obtenue à la suite d'une bonne injection (le ver monté au baume de Canada) est vraiment superbe et très instructive.

ASCARIS (Vers ronds).

32. Description générale de l'Ascaris (*Ascaris lumbri-coïdes*). — L'ascaris fait partie des nématoïdes, des vers cylindriques, dont la bouche et l'anus sont disposés dans le voisinage des deux extrémités du corps.

L'*Ascaris lumbricoïdes* est un ver de grande taille, parasite de l'homme, dont il habite le duodénum. Il atteint facilement vingt centimètres de long.

Si les étudiants sont embarrassés pour se le procurer, ils pourront aller chercher à l'abattoir l'ascaris du cheval (*Ascaris mégalocéphale*), qu'ils trouveront en grande quantité en fendant l'intestin de ces mammifères. Il représente, sinon la même espèce, au moins une espèce tout à fait voisine, qu'on ne distingue, je crois, qu'à cause de la différence d'habitat.

33. Manière d'orienter les Ascaris. — Il est embarrassant, à première vue, de distinguer la tête et la queue de ce ver, et, à plus forte raison, la face ventrale et la face dorsale.

Il faut remarquer que *la bouche, presque terminale, présente trois renflements visibles à l'œil nu, trois mamelons petits et pourtant bien accentués.*

Commé l'anus n'offre rien de semblable et porte même chez les mâles un long spicule, il devient facile de distinguer les deux orifices et de placer l'animal étendu la bouche en haut.

Il reste à reconnaitre la face ventrale et la face dorsale.

Pour y arriver, il faut examiner les trois mamelons de face (fig. 31). Ils sont encadrés dans un triangle isocèle (fig. 32).

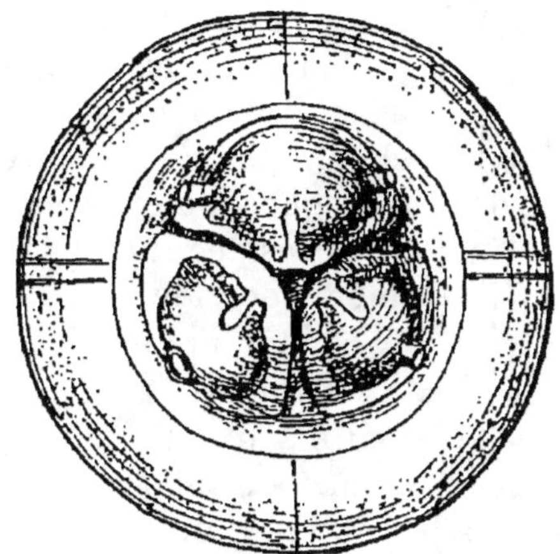

Fig. 31. — Ascaris lumbricoïdes (d'après Leuckart). — Bouche vue de face avec ses trois mamelons.

L'un d'eux, celui de la face dorsale, est un peu plus gros que les autres et si, par la pensée, on le divise à l'aide de son axe de symétrie, cet axe coincide avec le plan médian, dorso-ventral et passe entre les deux autres mamelons, sans les intéresser.

Si l'on trace, au contraire, l'axe de symétrie des deux autres mamelons, cet axe coupe sur son passage le mamelon correspondant, comme l'indique la figure théorique n° 32.

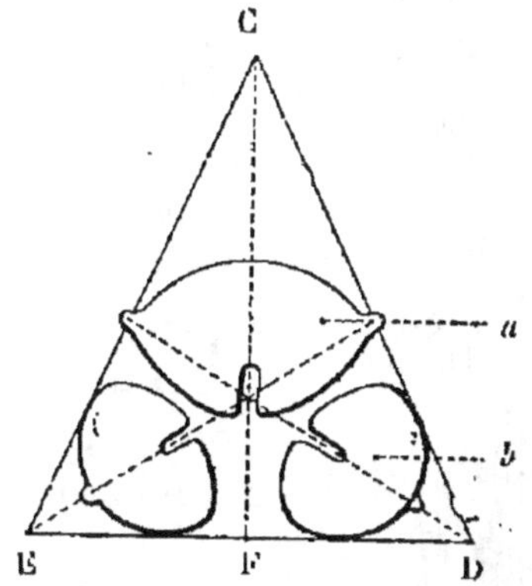

Fig. 32. — Ascaris lumbricoïd es (dessin schématique). — a, mamelon dorsal; b, mamelon latéral; C, F, axe de symétrie passant par le plan dorso-ventral; C, E, D, triangle isocèle encadrant les trois mamelons.

34. Préparation de l'*Ascaris lumbricoïdes*. — Le ver

est étendu sur la face ventrale, dans la cuvette liégée.

Après avoir orienté l'animal et rétabli la symétrie primitive à l'aide d'épingles (cette précaution est presque toujours nécessaire), on fend les téguments selon la ligne médio-dorsale.

On les épingle de chaque côté de l'animal, après les avoir rabattus, et l'on se trouve en présence du tube digestif qui s'étend en ligne droite, d'une extrémité à l'autre du corps. On y distingue un œsophage musculeux, *b* (fig. 33), et un tube intestinal non différencié en estomac, *c*, qui se termine par un anus bordé chez les femelles, de deux rebords peu saillants, *d'*.

Chez les mâles, le tube digestif présente à son extrémité un cloaque commun avec les organes génitaux (fig. 34).

Dans un sexe comme dans l'autre, on trouve de chaque côté du tube digestif deux longs cordons

Fig. 33. — Ascaris lumbricoïdes femelle.—*a*, bouche ; *b*, pharynx ; *c*, tube digestif ; *d*, anus ; *e*, orifice génital ; F, oviductes ; *y*, ovaires.

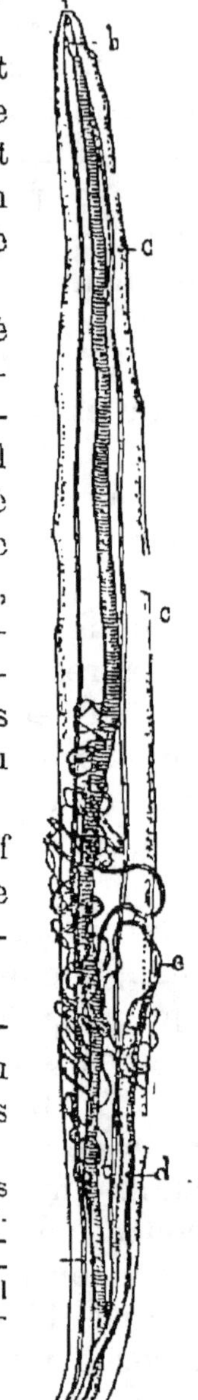

Fig. 34. — Ascaris lumbricoïdes mâle. *a*, bouche ; *b*, pharynx ; *c*, tube digestif ; *d*, canal déférent ; *e*, testicule.

flexueux et blanchâtres représentant, soit les testicules, soit les ovaires.

Dans le premier cas, les testicules viennent s'ouvrir dans le cloaque, à la partie inférieure du corps, au

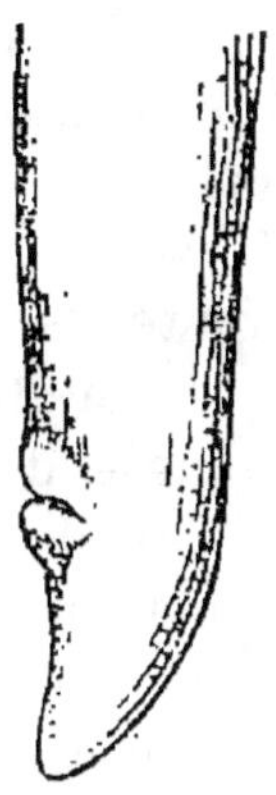

Fig. 34 *bis*. — Ascaris lumbricoïdes (d'après Leuckart).
Extrémité postérieure du mâle montrant les deux lèvres de l'anus.

niveau d'un spicule chitineux (fig. 34 *bis*).

Dans le second, les ovaires débouchent vers le tiers antérieur du corps en E (fig. 33). C'est là, je crois, tout ce qu'il est possible de distinguer dans une manipulation rapide (1).

------

(1) Nous ne conseillons pas la préparation du système nerveux qui a une forme aberrante dans l'ascaris.

LUMBRICUS (Vers oligochètes).

35. Description du Ver de terre (*Lumbricus agricola*).

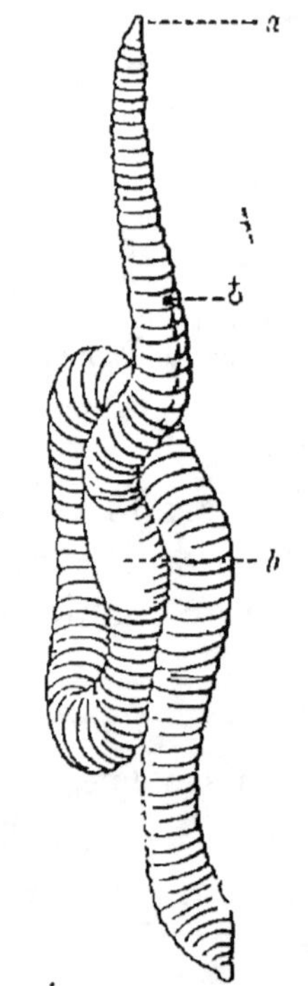

Fig. 35. — Extérieur du lombric ; *a*, extrémité céphalique ; *b*, selle ou clitellum.

— Le ver de terre fait partie de la classe des annelides et de la division des oligochètes.

C'est un animal allongé, cylindrique (fig. 35), dont le corps est segmenté par de nombreux anneaux.

Il existe des soies à la surface du corps, mais ces organes ne sont jamais implantés dans des pieds comme chez les polychètes, qui comprennent les annelides proprement dits.

Les soies sont en petit nombre et rangées symétriquement, selon quatre bandes longitudinales.

L'intérieur du corps est divisé par des cloisons répondant aux anneaux, cloisons que traverse le tube digestif qui s'étend d'un bout à l'autre du corps.

Les vers de terre sont hermaphrodites, les testicules et les ovaires sont situés, par paires, dans certains segments du corps, et offrent des conduits déférents qu'on devra également rechercher.

Après avoir étudié l'extérieur, les étudiants auront

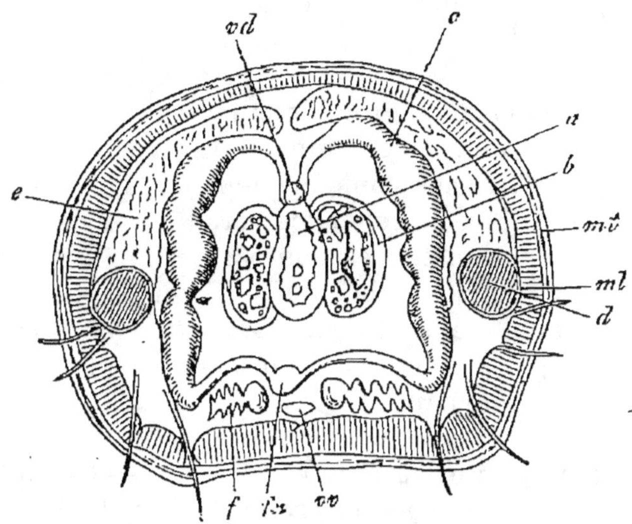

Fig. 36. — Coupe transversale du onzième segment du *Lumbricus agricola* Hoffm (d'après Claparède). — *mf*, couche de muscles circulaires; *ml*, couche de muscles longitudinaux; *vd*, vaisseau dorsal; *fn*, vaisseau abdominal; *vv*, cordon nerveux; *a*, lumen de l'œsophage; *b*, poches latérales avec des cristaux calcaires; *c*, vaisseaux circulaires de nature cardiaque; *d*, réceptacle séminal; *e*, testicule; *f*. coupe transversale de l'entonnoir séminal plissé.

avantage à préparer le tube digestif, le système nerveux, le système circulatoire et les organes en lacets.

36. Moyens de se procurer les Vers de terre. —

Les vers de terre vivent dans les endroits humides, particulièrement dans la terre meuble des jardins. Pour les recueillir, il faut les rechercher la nuit, après une pluie abondante. On les voit alors sortir de leurs trous et ramper à la recherche d'un autre individu de la même espèce (quoique hermaphrodites, ces animaux s'accouplent et se fécondent réciproquement).

Si l'on ne peut attendre ce concours de circonstances favorables, il faut piocher le sol assez profondément ; et, au milieu des mottes de terre on en trouvera un grand nombre, surtout dans les endroits où l'on constate à la surface du sol la présence de leurs déjections, en forme de tortillons terreux.

Pour éviter tout mécompte, il est bon d'avoir la précaution d'arroser copieusement le sol quelques heures avant de rechercher les vers.

Quand les circonstances sont favorables et que la terre est fortement imbibée d'eau, il suffit, pour faire sortir les vers, d'enfoncer un fort bâton à coups de maillet à vingt ou trente centimètres de profondeur et de l'agiter en tournant.

37. Procédé pour orienter le Ver de terre. — Les opérateurs qui étudient, pour la première fois, le lumbricus sont embarrassés pour orienter cet animal cylindrique et reconnaitre la tête et la queue.

La bouche et l'anus sont cependant situés aux deux extrémités opposées du corps. Mais comment les distinguer à coup sûr ?

Fig. 37. — Un fragment des téguments du lombric étalé pour montrer les soies.

Nous indiquons un moyen très simple d'opérer cette distinction.

Il faut se rappeler que l'on a affaire à des oligochètes, c'est-à-dire à des animaux pourvus de soies et que ces soies sont toutes dirigées obliquement vers la partie caudale.

Quoique ces soies présentent de trop petites dimensions pour être observées à l'œil nu, elles vont cependant nous servir à orienter le ver.

Il suffit de prendre le lumbricus entre les doigts de la main gauche et de promener ceux de la main droite à la surface du corps.

Dans un sens, vers la partie caudale, les doigts glissent sans efforts ; dans le sens opposé, vers la partie céphalique, les doigts sont retenus par les soies et donnent la même impression que si on les promenait sur une rape.

38. Préparation extérieure du Lumbricus agricola.
— Le procédé sommaire que nous avons donné dans le paragraphe précédent permet d'étendre le ver sur le fond d'une cuvette la bouche en haut et l'anus en bas ; mais il ne nous donne pas le moyen de reconnaître, dans cet animal cylindrique, la face ventrale et la face dorsale.

Un examen moins superficiel de la surface du corps du ver va nous permettre une orientation définitive.

La bouche, située dans le premier anneau, est recouverte par une petite lèvre (prostomum) située sur la face dorsale.

Le corps tout entier est formé d'une centaine d'anneaux (nombre variable avec les individus), mais au niveau du 33e jusqu'au 37e, ces anneaux sont épaissis, sur la face dorsale et sur les faces latérales. Ils constituent un organe reconnaissable au premier coup d'œil, *la selle* ou *le clitellum, b* (fig. 35).

Pour placer le ver sur la face ventrale, *il suffit donc de le disposer la bouche en avant, le prostomum en dessus et la selle ou le clitellum en haut.*

L'axe de symétrie du clitellum coïncidera avec la ligne médiane dorsale.

Il reste encore à rechercher les autres orifices qui se trouvent à la surface du corps :

Ils sont tous situés sur les faces ventrale et latérale du corps.

Au niveau du 15e anneau, on distingue deux bourrelets qui sont rejetés latéralement et qui présentent une fente médiane et transversale; ce sont les orifices des canaux déférents de la glande mâle.

Il existe également, au niveau du 14e segment, deux petits orifices correspondant aux oviductes; mais d'ordinaire ils ne sont pas visibles, sauf dans la période de reproduction.

Il en est de même pour l'ouverture des poches séminales placées du 9e au 11e anneau.

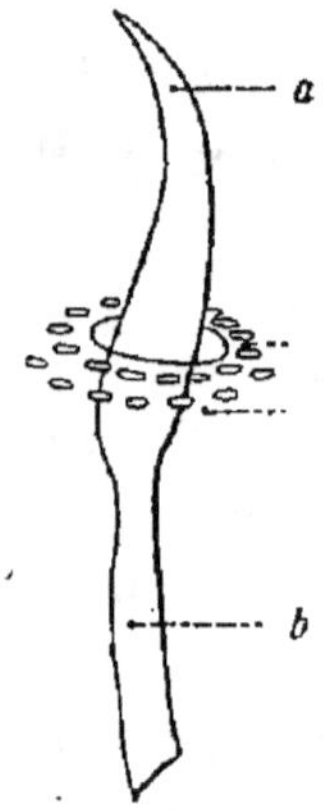

Enfin, sur chaque segment, disposés de chaque côté de la ligne médiane ventrale, se trouvent les orifices des organes segmentaires, également peu visibles. Il ne faut pas les confondre avec les quatre petits points noirs qu'on distingue sur chaque segment et qui sont visibles à l'œil nu.

Ces points noirs représentent deux paires de soies géminées qu'on distingue en soies ventrales et latérales (fig. 37).

Il y a donc huit soies dans chaque segment.

Fig. 38. — Soie de lombric fortement grossie. — a, partie extérieure du crochet; b, partie interne ou manche.

Pour bien les apercevoir, il faut détacher, au niveau des points noirs, un morceau de la peau aussi mince que possible et l'observer entre lame et lamelle sous le microscope (fig. 37).

On constatera alors que les soies de nature chitineuse ont la forme d'un S allongé avec un renflement en leur milieu.

Chaque soie prend naissance dans un follicule clos, logé dans le tissu conjonctif sous-cutané et entouré de nombreux noyaux (fig. 38). La cuticule se prolonge autour d'elle et forme son revêtement.

Les soies sont jaunâtres et leur forme varie légèrement, selon le point où on les considère. Dans les environs du clitellum, leur forme est plus effilée et elles sont plus longues que partout ailleurs.

39. Préparation du tube digestif et de l'appareil circulatoire. — On étend l'animal sur la face ventrale, après l'avoir fait mourir dans de l'eau additionnée de chloroforme et on l'épingle soigneusement, de manière à conserver la face dorsale tournée du côté de l'opérateur. C'est un point important qu'il faut vérifier à l'aide de la position du clitellum (voir n° 38). Il est bon de ne pas planter trop d'épingles et il faut avoir soin de les placer latéralement pour ne pas léser les organes qui se trouvent sur la ligne médiane.

On fend ensuite l'animal sur la ligne médio-dorsale, sans pénétrer trop profondément dans l'intérieur des tissus.

Il faut soulever les téguments avec des pinces, pour faire la première incision et tenir ensuite la lame des ciseaux presque horizontale. On ne doit pas oublier, en effet, que le tube digestif qu'il s'agit de préparer pourrait être perforé à la moindre fausse manœuvre.

L'incision une fois faite, on dissèque au scalpel les *dissepiments*, cloisons qui séparent les divers segments. On rabat, de chaque côté, les téguments qu'on épingle de manière à maintenir la symétrie bilatérale (voir n° 37).

Si cette première partie de l'opération est bien exécutée, on obtient sans peine une bonne préparation du
tube digestif et de l'appareil circulatoire.

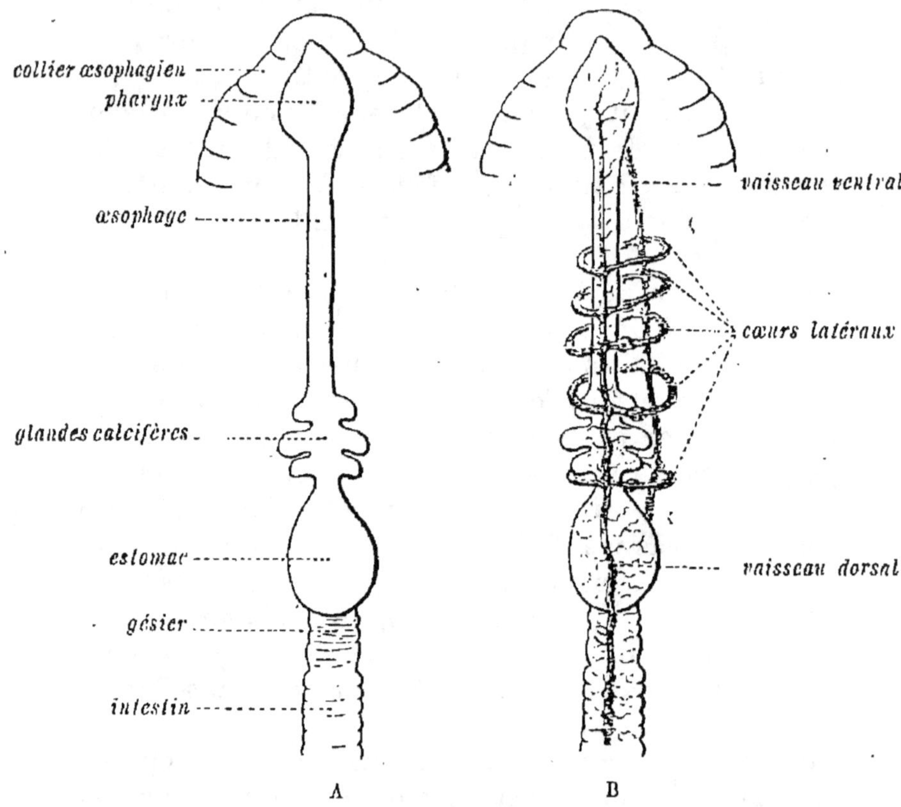

Fig. 39. — Partie antérieure du tube digestif du *Lumbricus agricola*. —
A, isolé; B, en rapport avec les vaisseaux (le vaisseau ventral est
supposé tiré sur le côté).

On constatera qu'immédiatement après la bouche,
il existe un pharynx musculeux à parois épaisses
qui limitent une très petite cavité (fig. 39).

Il se continue par un œsophage allongé, qui présente sur son parcours trois paires de glandes (glandes
calcifères), et se dilate pour constituer l'estomac.

Au-dessous de l'estomac, se trouve une partie musculaire qu'on appelle assez improprement le gésier et qui se poursuit par l'intestin proprement dit.

L'intestin présente une particularité remarquable, sa surface interne est considérablement augmentée par la présence d'une invagination en forme de cordon qu'on appelle le *typhlosolis*.

La préparation du système circulatoire est faite en même temps. Le Lumbricus, ayant ses vaisseaux remplis d'un liquide rouge (1), ces derniers se trouvent injectés naturellement et sont très visibles.

Il existe deux principaux troncs vasculaires facilement reconnaissables : l'un dorsal, l'autre ventral.

Le vaisseau dorsal, sur toute la surface de l'intestin, est renflé entre chaque segment et est contractile. Il pousse le sang d'arrière en avant et forme un très riche réseau sur toute la surface de l'intestin.

Au niveau de l'œsophage, il donne naissance à cinq paires de branches contractiles, les cœurs latéraux qui établissent une large communication avec le vaisseau ventral (voir fig. 39).

Le vaisseau ventral, qui flotte librement dans la cavité viscérale, n'est pas renflé en vésicules contractiles ; le sang y circule d'avant en arrière, il irrigue l'intestin et les parois latérales du corps.

Telles sont les parties de l'appareil circulatoire, faciles à mettre en évidence. En réalité, l'appareil est beaucoup plus compliqué ; et à ces deux vaisseaux principaux s'ajoutent d'autres troncs vasculaires moins facilement visibles. Les principaux sont un gros vais-

---

(1) Ce liquide rouge diffère du sang des vertèbres. La coloration appartient en propre au liquide, les globules étant incolores, contrairement à ce qu'on observe dans les animaux supérieurs.

seau situé sur la chaîne nerveuse et deux plus petits, placés de chaque côté de la chaîne.

40. Préparation du système nerveux, — On ouvre l'animal par la face dorsale, comme pour la préparation du tube digestif.

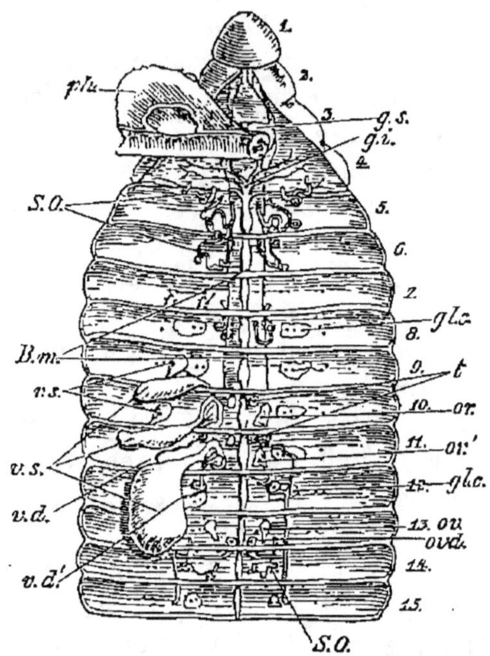

Fig. 40. — Les quinze premiers segments du *Lumbricus agricola* HOFFM, ouverts sur la ligne médiane dorsale ; la plus grande partie du tube digestif a été enlevée ainsi que les vaisseaux sanguins (d'après Rolleston). — 1-15, du premier jusqu'au quinzième segment ; *ph*, la moitié droite du pharynx est rabattue vers la gauche ; *gs*, cerveau ; *gi*, premiers ganglions de la chaîne ventrale ; S, O, organes segmentaires ; *rs*, réceptacle séminal ; *vs*, vésicules séminales ; *vd*, *vd'*, canal déférent ; *t*, testicules, ceux du côté opposé ne sont pas indiqués ; *or*, orifice en entonnoir du canal déférent ; *glc*, glandes capsulogènes ; *ov*, ovaire, celui du côté opposé n'est pas indiqué ; *ovd*, oviducte avec un large orifice abdominal ; *Bm*, chaîne ganglionnaire ventrale.

En écartant le tube intestinal, on distingue sans difficulté la chaîne dans la région médio-ventrale (fig. 40, *gi*, *gs*).

En la suivant jusque dans la partie antérieure de l'animal, on trouve le collier œsophagien situé très

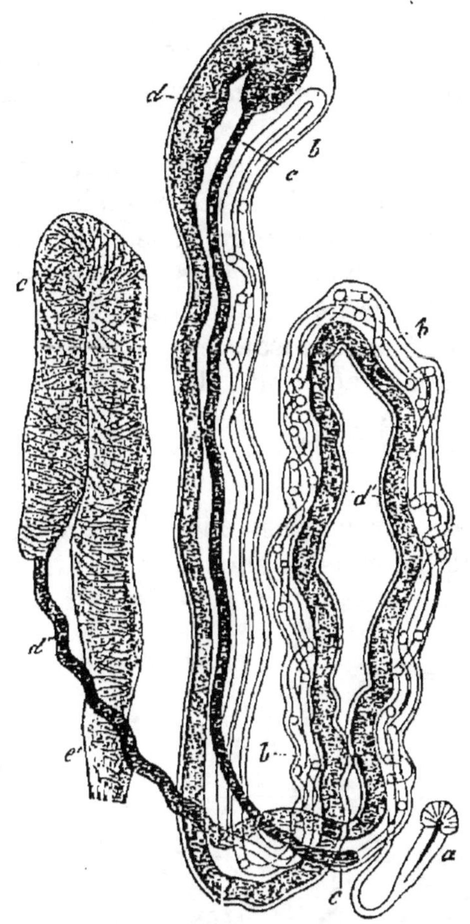

Fig. 41. — Canal en lacet du Lumbricus (d'après Gegenbaur). — *a*, orifice interne ; *b*, *b*, *b*, partie transparente du canal formant deux lacets doubles ; *c*, *c*, partie plus étroite à parois glandulaires ; *d*, *d'*, *d''*, partie plus large ; *e*, partie musculeuse ; *e'*, orifice externe.

haut, qui aboutit à deux ganglions cérébroïdes intimement soudés et placés en avant du pharynx.

La chaîne nerveuse, enveloppée de névrilème, est

4.

constituée par des ganglions très rapprochés et soudés sur la ligne médiane.

41. Préparation des organes segmentaires. — Nous avons indiqué plus haut (n° 38) la position des orifices des organes en lacets (organes segmentaires) (fig. 41).

Il est facile de les isoler des organes voisins en ouvrant le ver par la ligne médio-dorsale.

On les reconnaît à leur aspect blanchâtre et on les retrouve au niveau de tous les segments, sauf des trois premiers; ils flottent de chaque côté de l'intestin dans la cavité périviscérale.

On peut donc facilement les détacher, mais pour dérouler leurs lacets, la chose est plus difficile, à cause de la présence des vaisseaux sanguins et du tissu conjonctif.

Le tube est ouvert à ses deux extrémités et l'ouverture interne est constituée par un pavillon cilié.

7ᵉ MANIPULATION

SANGSUE MÉDICINALE (Annélides).

42. Description générale de la Sangsue (*Hirudo medicinalis*). — On trouvera l'animal chez tous les pharmaciens, puisqu'il est employé en médecine.

C'est un annélide appartenant au groupe des hirudinés et à la famille des gnathobdellidés.

Le corps est segmenté à l'extérieur et présente quatre-vingt-quinze anneaux qui ne correspondent pas, du reste, aux segments internes, beaucoup moins nombreux.

Le ver est aplati ; la bouche qui forme ventouse, munie de trois dents en scie, est ventrale. L'extrémité anale du corps est terminée également par une ventouse, mais celle-ci est imperforée.

Il est donc facile de reconnaître et la face ventrale et la face dorsale de l'animal. *Il suffit de placer la bouche en avant, et en bas pour que l'animal soit couché sur la face ventrale, l'anus, en haut, puisqu'il est dorsal.*

C'est également sur la face ventrale que l'on trouve l'orifice mâle et l'orifice femelle de la reproduction.

L'orifice mâle est situé entre le vingt-quatrième et

le vingt-cinquième anneau ; l'orifice femelle, entre le vingt-neuvième et le trentième.

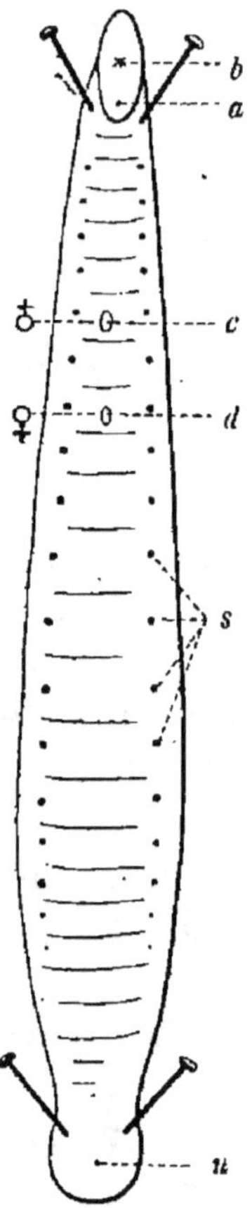

Fig. 42. — Sangsue médicinale. Extérieur face ventrale. — *b*, bouche ; *a*, ventouse buccale ; *c*, orifice mâle ; *d*, orifice femelle ; *s*, orifices des organes segmentaires ; *n*, ventouse anale.

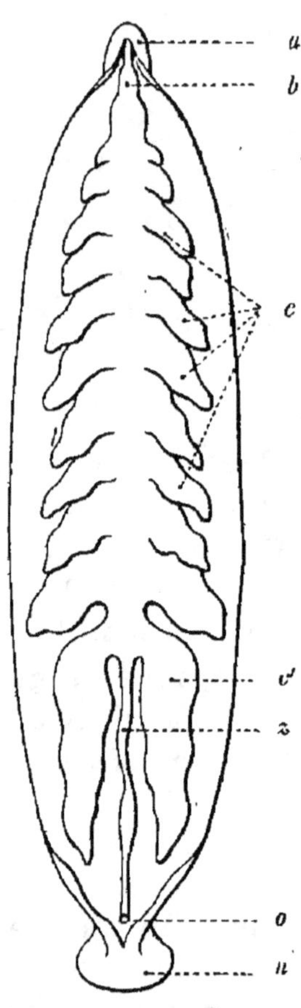

Fig. 43. — Sangsue médicinale. Tube digestif gonflé par l'injection (l'animal est ouvert par la face dorsale). — *a*, ventouse buccale ; *b*, œsophage ; *c*, cœcum de l'estomac ; *c'*, dernier cœcum de l'estomac ; *z*, rectum ; *o*, anus ; n, ventouse anale.

Sur la face dorsale, on trouve des taches oculaires

sur les trois premiers anneaux, sur le cinquième et sur le huitième.

Sur la face ventrale, on trouve encore les orifices des organes en lacets (organes segmentaires).

43. Préparation du tube digestif de la Sangsue. —

Après avoir tué la sangsue (1) par le chloroforme (voir n° 4), on la couche sur le dos dans la cuvette liégée et on l'épingle solidement de chaque côté de la ventouse anale.

On tire ensuite progressivement sur le corps de manière à l'étendre en droite ligne, la face ventrale en haut.

Cette partie de l'opération est importante.

Il faut arriver à bien étendre l'animal et à le fixer un peu au-dessous de la bouche, comme l'indique la figure 42, en ayant soin de ne pas enfoncer d'épingle sur la ligne médiane.

Avec une masse solidifiable à froid (2) (voir n° 5), on remplit la seringue à injection sur laquelle on adapte la canule, en ayant soin de faire écouler quelques gouttes, de manière à ce que la canule soit bien pleine (3). On introduit ensuite l'extrémité de la canule dans la bouche, où on l'enfonce légèrement, sans cependant perforer la paroi de l'œsophage (4).

---

(1) Il faut choisir une sangsue qui ne soit pas gorgée de sang.

(2) On peut choisir l'injection au suif, la masse à injecter n'ayant pas besoin d'être très pénétrante.

(3) Si l'injection est bien chaude, il est inutile de réchauffer l'animal dans l'eau tiède.

(4) Cet accident n'arrive jamais lorsque l'on tient horizontalement la canule; ce qu'on ne peut faire si la bouche se trouve placée à une distance insuffisante du rebord de la cuvette.

On remplit ensuite le tube digestif par une pression modérée mais continue et on fait glisser le doigt sur le corps de l'animal, de manière à bien répartir la masse à injection. Quand le ver est très gonflé, on fait verser par un aide de l'eau froide dans la cuvette avant de retirer la seringue, qu'on n'enlève que lorsque l'animal est suffisamment refroidi. Alors seulement la masse solidifiable est coagulée.

L'opération terminée, on enlève les épingles et l'on retourne la sangsue sur le dos (1). On épingle de nouveau l'annélide, la face ventrale sur la cuvette, et on fend les téguments selon la ligne médiane dorsale.

Il ne reste plus qu'à étaler les téguments de chaque côté. Le tube digestif gonflé par l'injection se voit dans ses moindres détails, comme dans la figure 43. On peut séparer les cœcums en tranchant les fibres conjonctives et rendre ainsi la préparation plus lisible.

44. Préparation du système nerveux de la Sangsue. — La préparation du système nerveux de la sangsue exige beaucoup de délicatesse de main.

L'animal étalé, comme pour la préparation du tube digestif (voir n° 43), est ouvert par la face dorsale.

L'incision doit être poussée très haut du côté de la bouche, le collier œsophagien étant situé dans la partie tout à fait antérieure du corps.

On recherche, sur les côtés de l'œsophage, les ganglions cérébroïdes, situés presque sur la face ventrale; puis, l'on tranche le tube digestif, depuis l'œsophage jusqu'à l'anus.

On distingue alors la chaîne nerveuse ventrale,

---

(1) De cette manière on peut utiliser l'animal pour la préparation du système nerveux, ce qu'on ne pourrait pas faire si on l'ouvrait par la face ventrale.

mais très vaguement, sur la ligne médiane ventrale : elle est, en effet, renfermée dans l'intérieur d'un sinus sanguin, reste de la cavité générale (1).

Il faut disséquer la paroi du sinus, sans trancher la chaîne nerveuse.

C'est là que l'opérateur fera montre de son habileté de main et qu'il devra se munir d'aiguilles bien tranchantes et bien effilées.

Il constatera alors que la chaîne nerveuse est constituée par un double cordon, mais que les ganglions, d'un beau blanc nacré sont fusionnés en ganglions d'apparence unique. Les premiers ganglions de la chaîne sous-œsophagiens, ainsi, du reste, que les derniers abdominaux, sont fusionnés dans le sens de la longueur et forment des masses nerveuses segmentées.

Il existe également un

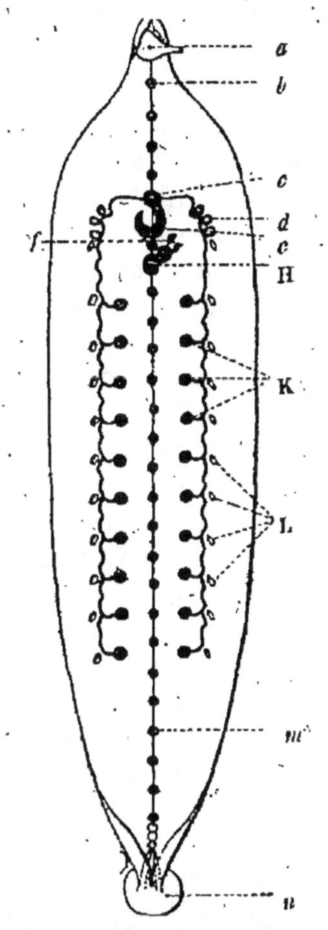

Fig. 44. — Sangsue médicinale. Chaîne nerveuse et organes génitaux (l'animal est ouvert par la face dorsale). — *a*, œsophage sectionné; *b*, ganglion de la chaîne nerveuse ventrale; *c*, glande accessoire; *d*, canal déférent; *e*, pénis; *f*, ovaire; H, utérus; K, testicule; L, organes segmentaires; *m*, ganglion de la chaîne nerveuse ventrale; *n*, ventouse anale.

(1) La nature réelle, la signification morphologique de ce

système nerveux sympathique, mais nous penserions sortir du cadre de ces manipulations en en conseillant la préparation.

45. Préparation des organes génitaux et des organes segmentaires de la Sangsue. — Pour préparer les organes génitaux et les organes segmentaires de la sangsue, on peut indifféremment ouvrir l'animal sur la ligne médiane ventrale ou dorsale.

Cependant, pour bien voir la disposition des organes génitaux femelles, il est préférable d'ouvrir sur la ligne médiane dorsale, comme pour la préparation du tube digestif.

On enlève alors le tube digestif en le disséquant très soigneusement, de manière à ne pas arracher les organes situés au-dessous.

Quand on l'a ouvert dans toute sa longueur, il faut l'enlever lambeaux par lambeaux en s'armant de patience.

Avec un peu de soin, on en viendra à bout. Il ne reste plus alors qu'à détacher les fibres de tissu conjonctif qui retiennent les testicules, qu'on peut dégager sur toute leur longueur, comme le montre la figure 44.

Les organes femelles sont très petits ; et, pour les voir en détail, il faut les détacher, les transporter sous le microscope et les observer à un faible grossissement.

---

sinus sanguin a donné lieu à des controverses, mais il est hors de doute qu'il représente la cavité générale chez la sangsue, puisque, dans d'autres types, il enveloppe non seulement le système nerveux, mais aussi le tube digestif et même, dans certains cas, les autres vaisseaux sanguins.

8ᵉ MANIPULATION

MOLLUSQUES ACÉPHALES

(Lamellibranches ou Pélécypodes.)

ÉTUDE PARTICULIÈRE DE LA MOULE COMMUNE

**46. Description générale du mollusque acéphale. —
Coquille.** — Les acéphales sont presque tous enfermés

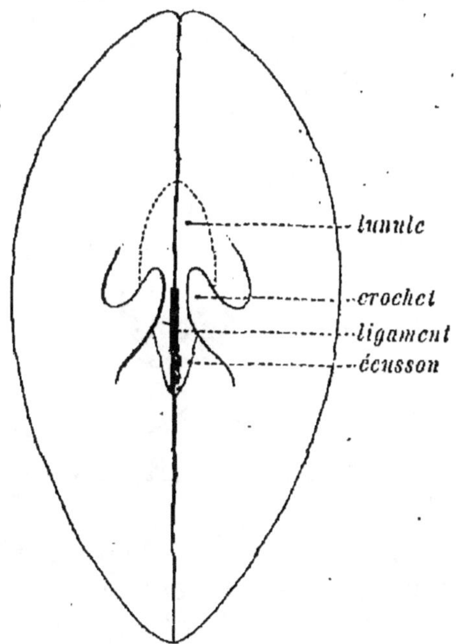

Fig. 44 *bis*. — Coquille théorique d'acéphale vue de dos (extérieur).

dans une coquille formée de deux *valves* (fig. 44 *bis*).

A l'extérieur, sur la face dorsale de la coquille, se trouve un *ligament élastique* qui tend à maintenir les deux valves béantes.

Au-dessus du ligament (l'animal étant supposé placé la bouche en haut), on distingue les *crochets*, tantôt droits, tantôt recourbés.

Entre les crochets et *au-dessus*, se trouve un espace qu'on appelle la *lunule*.

Entre les crochets et *au-dessous*, un espace qu'on appelle l'*écusson*.

A l'intérieur, également sur la face dorsale, on

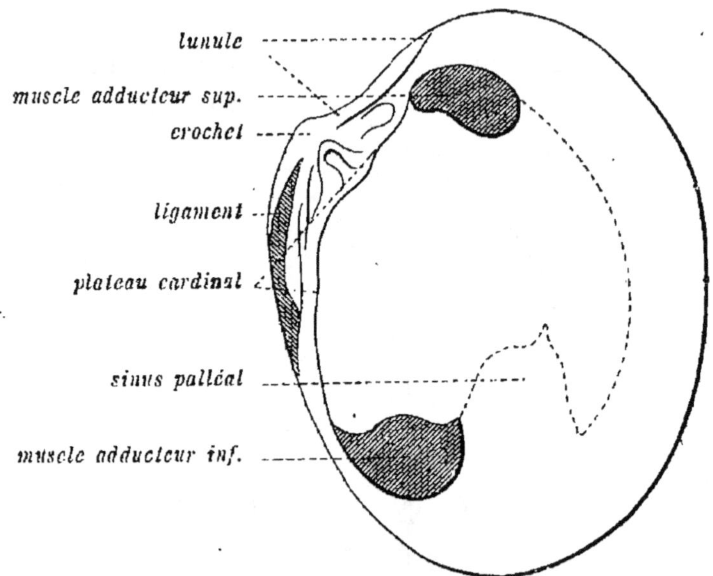

Fig. 45. — Cithcrea chione (d'après Wodward).

aperçoit, en entr'ouvrant les valves, la *charnière* qui peut présenter, au milieu, la *dent cardinale;* au-dessus et au-dessous, les *dents latérales* (plateau cardinal).

On remarque encore sur la face interne et latérale des valves, des *impressions musculaires* produites :

1° Par le bord du manteau et pouvant donner naissance au *sinus palléal* ;

2° Par le muscle *adducteur supérieur* (qui disparaît chez les monomyaires) et par le muscle *adducteur inférieur*, constant ;

3° Par les muscles du pied et du byssus (impressions moins larges et moins visibles).

47. Manteau. — Le manteau tapisse exactement l'intérieur des valves. D'ordinaire, il est constitué par une membrane délicate, fine et transparente, renflée et épaissie sur le pourtour des valves. Exceptionnellement, il contient des diverticules des organes génitaux.

Il peut également présenter à sa périphérie des organes des sens.

Souvent, les deux bords renflés se soudent sur la ligne médiane sur un ou plusieurs points et l'acéphale est plus ou moins enfermé dans l'intérieur de son manteau. (Les parties inférieures du manteau se prolongent alors sous forme de deux longs tubes accolés qu'on appelle les siphons).

48. Pied. — Le pied est l'organe locomoteur des acéphales; il est absent parfois (exemple l'huître).

Il est situé sur la ligne médiane du corps, du côté ventral. Très musculeux, lorsqu'il est assez long pour faire saillie hors de la coquille, il aide l'animal à progresser en s'appliquant sur la face des corps étrangers, auxquels il adhère par un mécanisme analogue à celui de la ventouse.

Il porte à sa face inférieure un organe spécial aux acéphales, *le byssus*, tantôt compact, tantôt filamenteux qui sert à la fixation du mollusque.

49. Branchies. — Les branchies sont des organes
pairs, situés de chaque côté du pied, le long de la paroi
interne du manteau. Elles sont constituées (quand

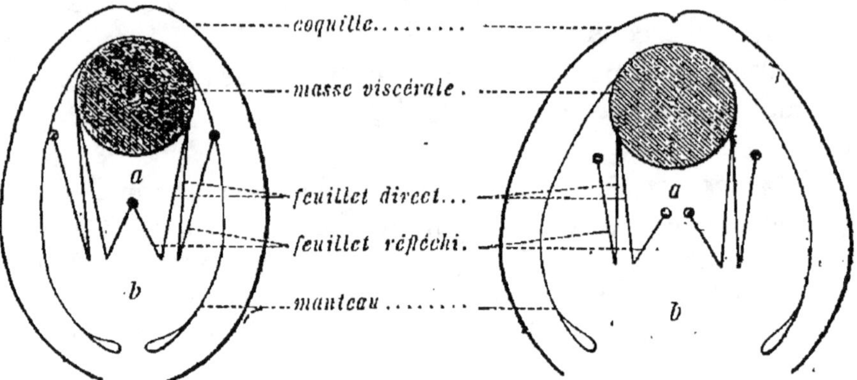

Fig. 46. — Coupe théorique de l'encéphale montrant
la disposition des branchies (d'après de Lacaze-Duthiers).

l'organe est complet) par quatre feuillets de chaque
côté :

1° Deux feuillets directs ;
2° Deux feuillets réfléchis.

Chaque feuillet se compose de plusieurs filets garnis
de cils vibratiles.

Tantôt les filets restent libres et ne contractent aucune adhérence (fig. 46, n° 2). Tantôt les filets peuvent
se souder par place (constituant ainsi un treillage).

Dans ces divers cas, les feuillets réfléchis internes
se soudent entre eux ; et les feuillets réfléchis externes
se soudent avec le bord du manteau (fig. 46, n° 1).

Par suite de cette disposition, la cavité centrale du
corps de l'acéphale, limitée par le manteau, se trouve
subdivisée en deux cavités superposées, *a* et *b*.

Les cils vibratiles de la branchie déterminent par
leurs mouvements un courant ascendant, dirigé vers la
bouche, dans la cavité *a*, et descendant dans la cavité *b*.

50. Tube digestif. — Le tube digestif des acéphales a ses deux orifices situés sur la ligne médiane du corps.

La bouche s'ouvre, au-dessus du pied, entre quatre

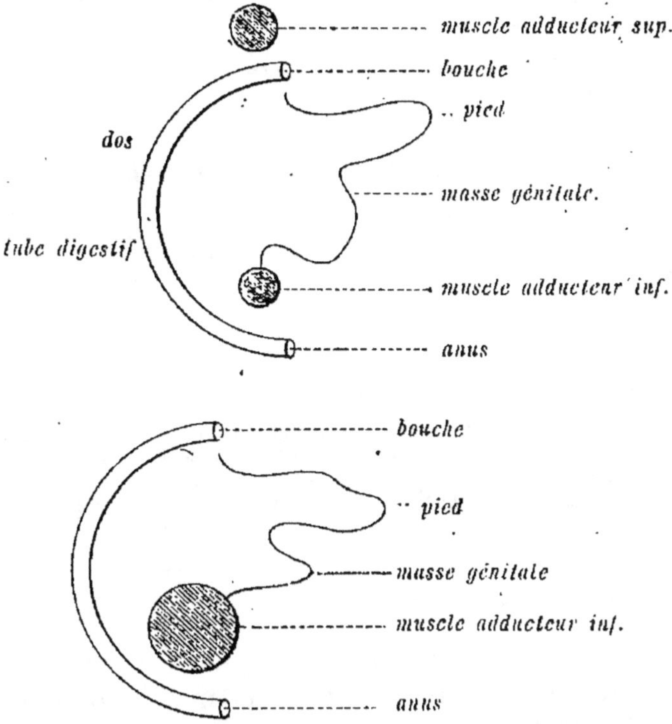

Fig. 47.—Schéma des orifices du tube digestif des acéphales.
Leur rapport avec les muscles adducteurs supérieur et inférieur
(d'après de Lacaze-Duthiers).

palpes labiaux, sous forme d'une fente transversale située au-dessous du muscle adducteur supérieur des valves, sur le prolongement de la cavité a (n° 47).

L'anus s'ouvre au-dessous du muscle adducteur inférieur des valves, dans l'intérieur de la cavité b.

Cette disposition est constante chez les acéphales (1). L'œsophage étant rudimentaire, la bouche commu-

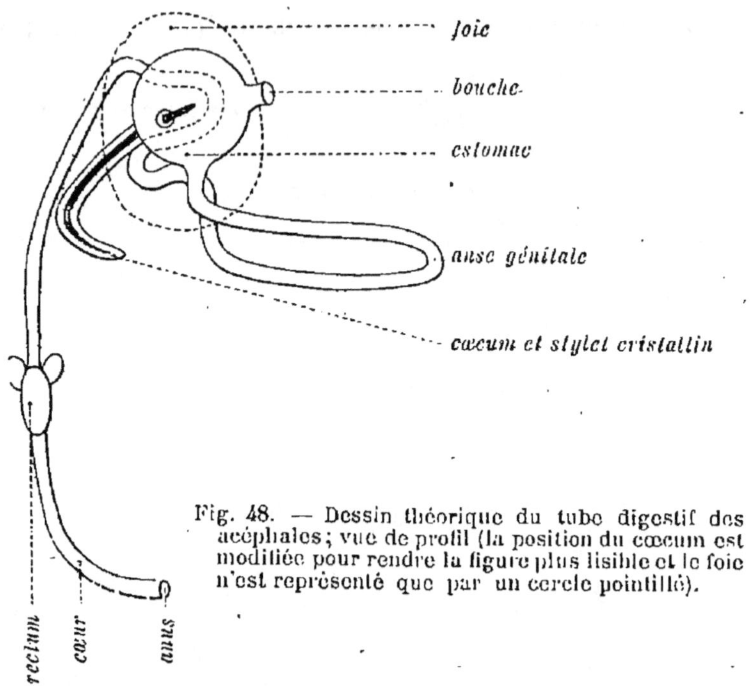

Fig. 48. — Dessin théorique du tube digestif des acéphales ; vue de profil (la position du cœcum est modifiée pour rendre la figure plus lisible et le foie n'est représenté que par un cercle pointillé).

nique presque directement avec un estomac compliqué qui est situé au milieu de la masse du foie. Cet estomac présente souvent un *long cœcum* qui contient dans son intérieur la *tige cristalline*.

Le rôle de ce stylet cristallin a longtemps intrigué les naturalistes. On l'a considéré, tour à tour, comme jouant

---

(1) Les deux schémas que nous donnons dans ce chapitre sont empruntés aux savantes leçons professées à la Sorbonne par M. de Lacaze-Duthiers.

un rôle dans l'acte de la génération; comme un vestige de squelette destiné à donner de la rigidité au pied ; comme un organe de mastication; comme une provision de réserve pour les moments de disette. Enfin, M. Th. Barrois, qui en fait une étude consciencieuse, le considère comme constituant, par son usure, la membrane adventive du bol fécal. Il permettrait le glissement plus facile des matériaux étrangers dans l'intestin.

L'intestin qui fait suite à l'estomac passe au-dessous du pied, se loge au milieu de la glande génitale, remonte jusqu'au niveau du foie pour suivre la face dorsale du corps le long de la charnière, traverser le ventricule du cœur et s'ouvrir au-dessous du muscle adducteur inférieur des valves dans la position indiquée figures 47 et 48.

51. Organes d'excrétion. — Le corps de Bojanus est l'organe d'excrétion des acéphales. C'est un organe pair composé de deux parties, souvent presque complètement distinctes. Chacune de ces parties est située entre le pied et le manteau, de chaque côté de la ligne médiane.

Le corps de Bojanus offre des rapports remarquables avec le péricarde. Il est en communication avec lui et communique également avec l'extérieur par un pore externe qui peut être commun avec l'orifice génital et qui est situé sur la face ventrale, tantôt dans la partie supérieure, tantôt dans la partie médiane, tantôt enfin dans la portion inférieure de l'organe.

On peut schématiser chaque partie du corps de Bojanus de la façon suivante :

Deux sacs emboîtés l'un dans l'autre et communiquant largement entre eux ;

La paroi de ces sacs formée par l'épithélium excréteur ; le sac interne communiquant avec le péricarde ; le sac externe avec l'extérieur.

52. Appareil circulatoire. — L'appareil artériel est représenté par deux oreillettes et un ventricule. Il est ordinairement traversé par le rectum.

Du cœur partent une aorte ascendante et une aorte descendante qui se subdivisent en branches secondaires pour irriguer les différents organes.

La particularité présentée par ce système circulatoire est la suivante. Le sang, au lieu de retourner directement à la branchie, passe d'abord par l'organe de Bojanus, où il forme un système porte, avant d'aller s'hématoser soit dans la branchie, soit dans le manteau. Les veines sont constituées par de simples lacunes.

53. Système nerveux. — Dans le système nerveux des acéphales il y a lieu de distinguer :

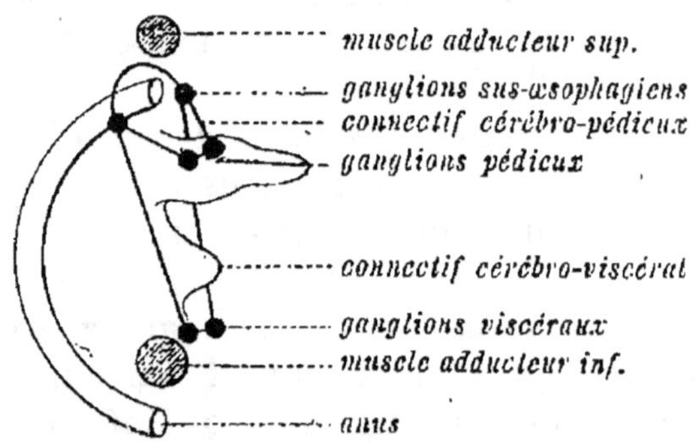

Fig. 49. — Schéma du système nerveux des acéphales.
(d'après de Lacaze-Duthiers).

1° Les centres nerveux ;
2° Les commissures qui unissent entre eux les ganglions du même centre ;

3° Les connectifs qui unissent entre eux les ganglions de centres différents ;

4° Les nerfs proprement dits qui se répandent dans les diverses parties du corps.

Les centres nerveux sont au nombre de trois :

a. Le centre sus-œsophagien, formé de deux ganglions (cérébroïdes), réunis par une commissure qui passe toujours au-dessus de la bouche, quelle que soit

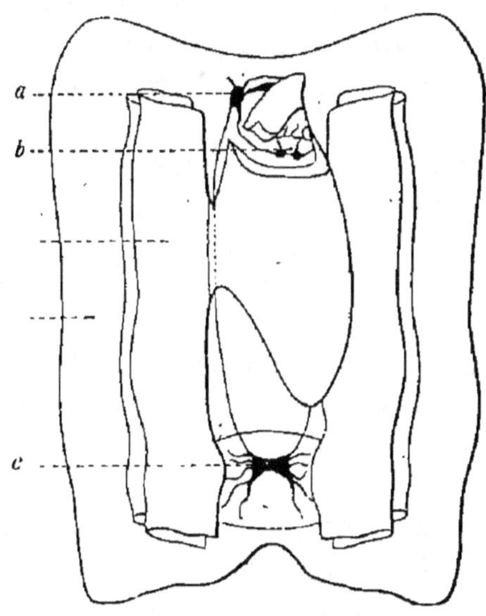

Fig. 50. — Système nerveux de l'anodonte.
a, ganglions cérébroïdes ; *b*, ganglions pédieux ; *c*, ganglions viscéraux.

la position des ganglions (situés d'ordinaire au niveau de la commissure des lèvres) ;

b. Le centre pédieux, formé de deux ganglions réunis par une courte commissure (souvent virtuelle), situés à la base de l'organe locomoteur ;

c. Le centre viscéral, formé, comme les précédents, de deux ganglions réunis par une commissure (souvent

5.

virtuelle), situés exactement sur la face ventrale du muscle adducteur inférieur des valves.

Ces trois centres sont unis, deux à deux, par deux paires de connectifs (cérébro-pédieux et cérébro-viscéraux) et constituent ainsi deux colliers nerveux autour du tube digestif (fig. 49 et 50).

Le centre sus-œsophagien fournit des nerfs aux parties supérieures du corps et du manteau.

Le centre pédieux innerve exclusivement le pied.

Le centre viscéral envoie des ramifications dans la branchie, les organes génitaux, le corps de Bojanus et les parties inférieures du manteau.

54. Organes des sens. — Les organes des sens sont peu développés chez les acéphales.

Les otocystes sont rarement représentés.

Des yeux rudimentaires peuvent se former sur le bord du manteau.

Les organes du tact sont disposés sur le pourtour du manteau et constituent parfois de longs tentacules très contractiles.

55. Appareil reproducteur et développement. — L'appareil reproducteur consiste en une glande mâle et une glande femelle, un grand nombre d'acéphales étant hermaphrodites. C'est dans le pecten que la différence extérieure entre la partie mâle et la partie femelle de la glande est le mieux accusée. La partie mâle est blanchâtre et la portion femelle est d'un beau rouge (bosse de polichinelle).

Les deux glandes acineuses ne mûrissent pas en même temps. Les œufs et les spermatozoïdes sont évacués par deux canaux, situés de part et d'autre de la glande et qui aboutissent, tantôt dans l'organe de Bojanus, tantôt à côté de son orifice.

Pour mettre en évidence ces canaux déférents, peu visibles d'ordinaire, il suffit de presser sur la glande et d'amener artificiellement la sortie des éléments sexués toujours vivement colorés.

56. Etude particulière de la moule commune (*Mytilus Edulis*). Disposition extérieure des organes. — Plan général. — L'étudiant peut consacrer utilement

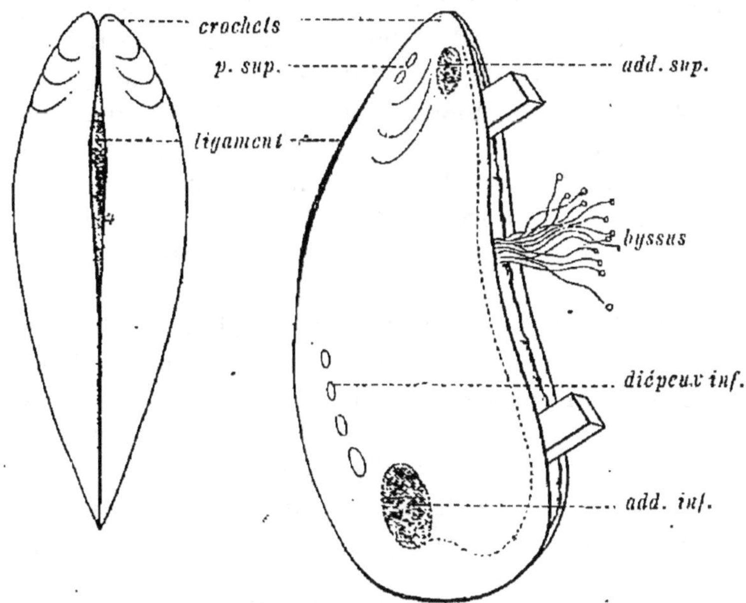

Fig. 51. — Moule préparée pour la section des adducteurs. Valve droite de la moule (dessin théorique); les muscles et l'impression palléale sont supposés vus par transparence à travers la coquille.

deux manipulations à l'étude de cet acéphale, facile à se procurer sur tous les marchés.

Il étudiera la disposition extérieure des organes; puis fera une préparation du tube digestif et du système nerveux.

La coquille, chez la moule, est recouverte d'un épiderme noir bleuâtre ou violacé.

Les deux valves de la coquille sont égales. Leur forme générale est celle d'un coin arrondi en arrière.

Les crochets sont antérieurs et pointus.

Le ligament (linéaire et submarginal) est très long et se voit facilement à l'extérieur.

Grâce à ces deux points de repère (crochets et ligaments), il est facile de déterminer la position de l'animal dans l'intérieur de la coquille (Voir fig. 51).

Le ligament correspond à la face dorsale de l'animal. En disposant la coquille de manière à ce que les crochets soient placés au-dessus du ligament, la bouche se trouve en haut.

Le bord opposé au ligament correspond à la face ventrale, au bord libre des valves, entre lesquelles on voit souvent les filaments du byssus faire saillie.

57. Procédé pour ouvrir la coquille. — Il est important, pour arriver à faire une bonne préparation, d'enlever l'animal de la coquille sans déchirer les parties molles.

Or, nous savons (n° 46) que le mollusque est renfermé tout entier entre les deux valves, maintenues rapprochées par les muscles : adducteur supérieur et adducteur inférieur.

Il faut vaincre la résistance de ces deux muscles et les sectionner.

A cet effet, on prépare deux ou trois petits coins en bois, puis on introduit la lame du scalpel entre les deux valves, sur la face ventrale, dans la région du byssus (fig. 51, n° 2).

On produit un premier écartement des valves, dont on profite pour insérer un des coins.

En insistant doucement avec la lame du scalpel, on

augmente peu à peu l'écartement des valves et on loge un deuxième et un troisième coin, si la chose est nécessaire.

La section des muscles adducteurs devient alors chose facile. Avec le manche du scalpel on frotte doucement le long du bord libre des valves de manière à décoller le manteau de la coquille. L'adhérence étant très faible, une pression modérée suffit pour conduire le scalpel jusqu'au niveau de l'adducteur inférieur, qu'on tranche au ras de la coquille.

Sous l'influence du ligament élastique, les deux valves s'écartent dans leur partie inférieure, rendant désormais les coins inutiles et l'on achève sans peine de décoller le manteau sur tout le pourtour et de trancher les autres muscles représentés figure 51.

58. Préparation extérieure des principaux organes chez la moule. — L'animal, retiré de sa coquille, est placé dans une cuvette à fond de liège, remplie d'eau.

Il est complètement enveloppé du manteau, presque toujours encombré par les produits génitaux et libre sur ses bords, sauf en arrière, où l'on remarque un épithélium très pigmenté qu'on désigne sous le nom de membrane anale.

Le manteau se replie au-dessus de la bouche en constituant un capuchon céphalique.

Pour faire la préparation extérieure des principaux organes, il faut écarter les bords du manteau, fendre le capuchon céphalique, rejeter les deux lobes du manteau à droite et à gauche, et les épingler sur le fond de liège. On dispose les épingles de manière à ce que l'animal soit couché sur le dos.

On distingue alors sur la ligne médiane :

La bouche, fente transversale courbe, à concavité

supérieure, masquée par deux lèvres minces formées par le prolongement des palpes labiaux :

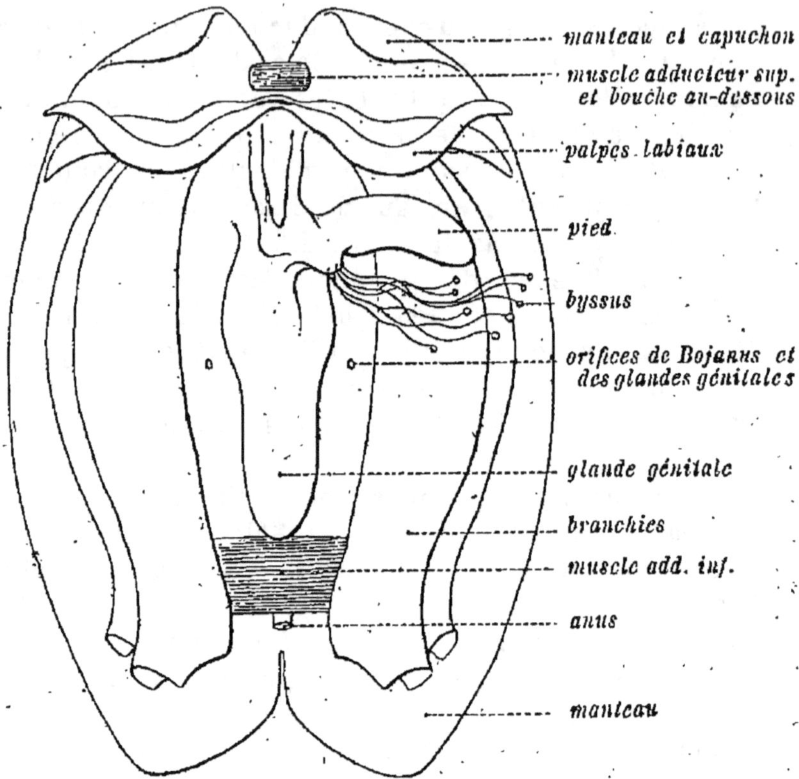

Fig. 52. — Dessin schématique montrant l'extérieur des principaux organes de la moule (face ventrale).

Le pied, ayant l'apparence d'une langue de mammifère et muni d'un large talon qui porte le byssus.

Le byssus de la moule se présente tout d'abord comme un enchevêtrement de filaments sans nombre, tous terminés par une petite plaque adhésive, mais une observation attentive permet de reconnaître que cette complication n'est qu'apparente et qu'il existe deux parties nettement distinctes :

1° L axe ;

2° Les filaments.

L'axe se compose d'une masse verdâtre ou jaunâtre, conique
et terminée en pointe mousse dans sa partie la plus éloignée
du pied ; dans la portion dorsale, au contraire, on distingue,
après arrachement, une série de lamelles.

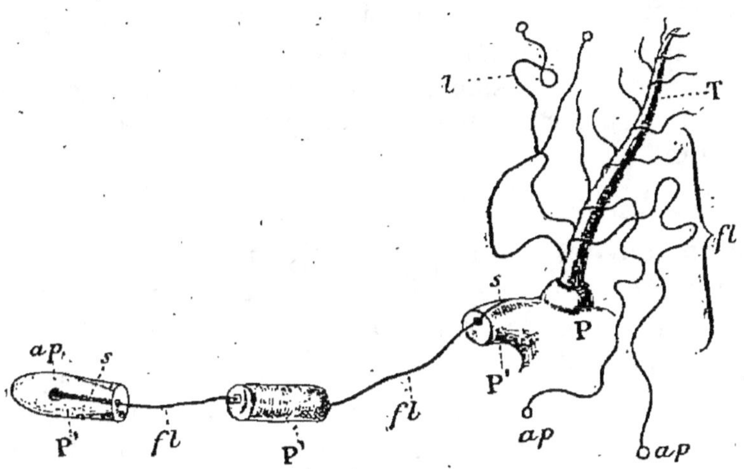

Fig. 53. — Figure théorique du byssus de la moule (1). — P, P', P', pied ;
T, tige ou axe des byssus ; *fl*, filaments ; *ap*, dilatation terminale des
filaments ; *s*, sillon.

A cette partie centrale du byssus viennent s'ajouter des
filaments nombreux.

Quoique cette disposition ne soit pas générale, nous pouvons cependant nous représenter les filaments comme prenant tous naissance le long de l'axe sur une même ligne, ainsi
que nous l'avons figuré schématiquement (fig. 53).

En réalité, dans presque toutes les moules considérées,
les filaments, au lieu de prendre naissance sur une seule
ligne peuvent saillir en des points différents, soit selon les

---

(1) Cette figure est extraite des *Archives de zoologie expérimentale et générale*, année 1895 : Recherches sur le
byssus des lamellibranches, par Louis Boutan.

deux côtés opposés de l'axe, soit dans le voisinage de deux lignes très rapprochées.

La glande byssogène est formée par une série de lames contenant dans leur intérieur les glandes unicellulaires. Celles-ci secrétent les lamelles du byssus.

Ces lames sont renfermées dans une cavité profonde qui communique avec le sillon, lequel suit la languette du pied dans toute son étendue et se termine par une dilatation semi-circulaire.

Enfin, au-dessous du pied, on trouve également sur la ligne médiane une saillie (bosse de polichinelle du pecten) qui représente la glande génitale.

Les branchies s'insèrent entre les palpes labiaux, de chaque côté, et descendent de part et d'autre, du corps, pour venir se réunir inférieurement sur la ligne médiane (voir fig. 52).

Les quatre lames sont constituées par des filets unis entre eux par des cils vibratiles dont certains amas forment les renflements désignés, à tort, sous le nom de *renflements musculoïdes*.

La préparation de ces filets branchiaux est très simple, il suffit d'en détacher un fragment d'un coup de ciseau et de le transporter sur une lame de verre, pour l'étudier au microscope à un faible grossissement. (On doit opérer sur une moule fraiche et mettre le fragment dans une goutte d'eau retirée de la coquille de la moule, l'eau douce altérant rapidement la préparation.)

En écartant les branchies, on distingue le corps de Bojanus coloré en brun et l'on distingue à la loupe son orifice externe.

Pour apercevoir le cœur, il faut renverser l'animal sur la face ventrale et regarder au-dessous de la charnière. On le voit par transparence à travers la fine membrane péricardique.

59. Préparation du tube digestif de la moule. — La dissection du tube digestif d'un acéphale est toujours une opération difficile à cause de la délicatesse de ses parois. Il est presque impossible de ne pas causer de rupture.

Nous conseillons, pour faciliter cette préparation, l'animal étant étalé sur le dos, le capuchon céphalique fendu, d'injecter par la bouche une masse solidifiable (nº 5) de manière à remplir, autant que possible, la lumière du canal intestinal.

Ce procédé ne réussit pas toujours complètement, surtout si l'on opère sur des animaux ayant le tube digestif rempli de sable, mais parfois cependant on obtient un succès complet.

Il devient alors facile de constater la présence de l'estomac au milieu de la masse du foie, immédiatement au-dessous de la bouche; de suivre le tube digestif au-dessous du pied, de le voir revenir en arrière, longer la face dorsale, traverser le ventricule du cœur, pour aboutir au-dessous du muscle adducteur inférieur, dans la cavité correspondant à l'ouverture anale.

60. Préparation du système nerveux de la moule (fig. 49). — Pour préparer le système nerveux de la moule, il faut enlever l'animal de la coquille avec les précautions indiquées plus haut (nº 57), le coucher sur la face dorsale et épingler le manteau sur le liège, de manière à disposer le sujet, la face ventrale dirigée vers le haut.

On fend le capuchon céphalique du manteau et l'on

aperçoit immédiatement les palpes labiaux qui entourent la bouche; au-dessous, et sur la ligne médiane, on distingue le pied qui porte le byssus, et les branchies qui viennent se souder au-dessous de lui.

L'opérateur doit rechercher tout d'abord les ganglions viscéraux.

Ils sont faciles à préparer, car ils offrent une connexion constante avec le muscle adducteur inférieur des valves, à la face ventrale duquel ils sont toujours situés (fig. 52). Pour les mettre en évidence, il suffit donc de trancher le point d'union des branchies sur la ligne médiane, au-dessous de la bosse génitale.

On les aperçoit alors par transparence au milieu du tissu conjonctif, ils sont souvent colorés en jaune pâle.

De chacun des ganglions part une série de nerfs; celui qui se rapproche le plus de la ligne médiane est le plus intéressant pour l'opérateur. C'est le fil conducteur qui va lui permettre de disséquer le reste du système nerveux et de trouver le centre sus-œsophagien et les ganglions pedieux.

Il se dirige vers la bouche, d'abord visible sans dissection, puis, il s'enfonce progressivement au milieu du tissu brunâtre du corps de Bojanus.

Il faut le suivre, dans toute sa longueur, par une dissection attentive, il conduira à l'un des ganglions sus-œsophagiens situé au niveau de la commissure des lèvres. Il représente, en effet, le connectif *cérébro-viscéral* de la moule.

Pour atteindre l'un des ganglions pédieux, il faut partir du ganglion sus-œsophagien et suivre le connectif *cérébro-pédieux* qui réunit ces deux centres. Dans la moule, la dissection de ce connectif est facilitée par ce fait que les connectifs cérébro-viscéraux et cérébro-pédieux sont coalescents à leur point de départ

sur une certaine longueur. Au moment de leur séparation, le connectif cérébro-pédieux est recouvert par
un gros muscle (muscle abducteur supérieur du pied)
qui se voit sans dissection. Pour isoler le connectif
cérébro-pédieux, il suffit de réséquer ce gros muscle
dans sa portion la plus voisine de la bouche et de le
soulever en disséquant soigneusement sa face infé
rieure ou dorsale.

9° MANIPULATION

HUITRE — PECTEN — ANODONTES

(Mollusques acéphales.)

61. Préparation d'autres acéphales communs. — La moule comestible que nous avons prise comme type, à cause de la facilité que présente sa préparation, n'est pas le seul acéphale que les étudiants puissent se procurer aisément.

L'huître et le pecten ou coquille de Saint-Jacques sont vendus journellement sur les marchés.

Les anodontes, les unio et les dreissènes se rencontrent dans presque tous les cours d'eau français.

Il y a donc intérêt, sans refaire une étude complète de chacun de ces mollusques, à indiquer leurs principales particularités.

La méthode suivie pour la dissection de la moule pourra également s'appliquer à chacun des types que nous indiquons plus loin.

62. Particularités présentées par l'huître. — L'huître est munie de deux muscles (dimyaire).

Le manteau forme un capuchon qui recouvre les

palpes labiaux et l'entrée de la bouche, il est encombré des produits génitaux.

Le pied est absent chez l'adulte.

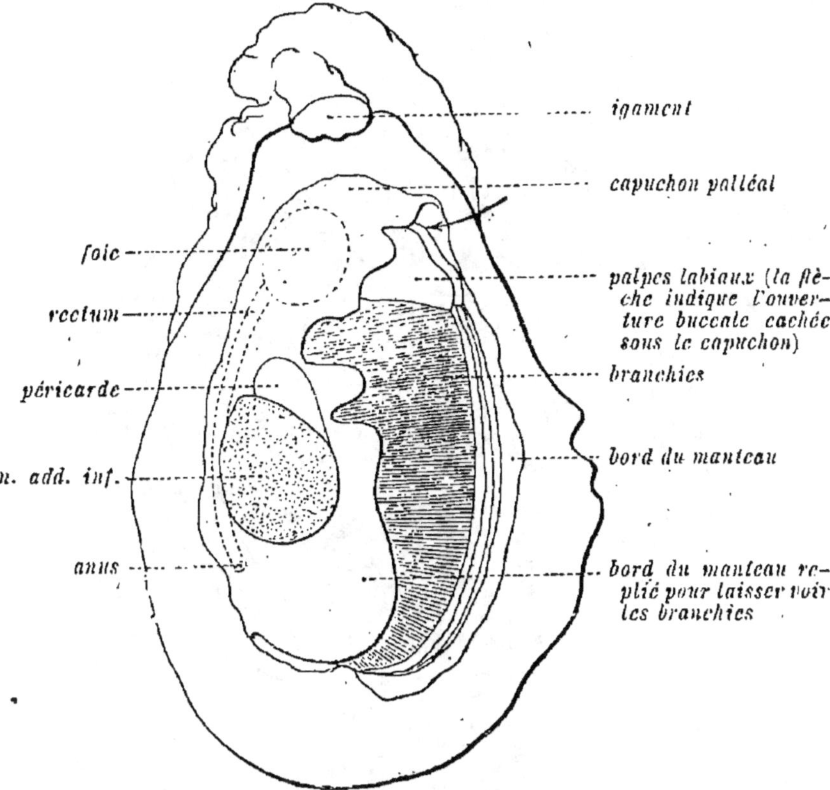

Fig. 54. — Huître portugaise couchée dans la valve gauche et vue du côté droit. Le tube digestif (rectum, anus, bouche, foie) sont vus par transparence.

Le cœur n'est pas traversé par le rectum (fig. 51).

Les branchies sont soudées en lames continues.

Enfin, dans le système nerveux, les ganglions pédieux sont très petits et rapprochés des ganglions cérébroïdes ou sus-œsophagiens.

63. Particularités du Pecten. — Le pecten est un

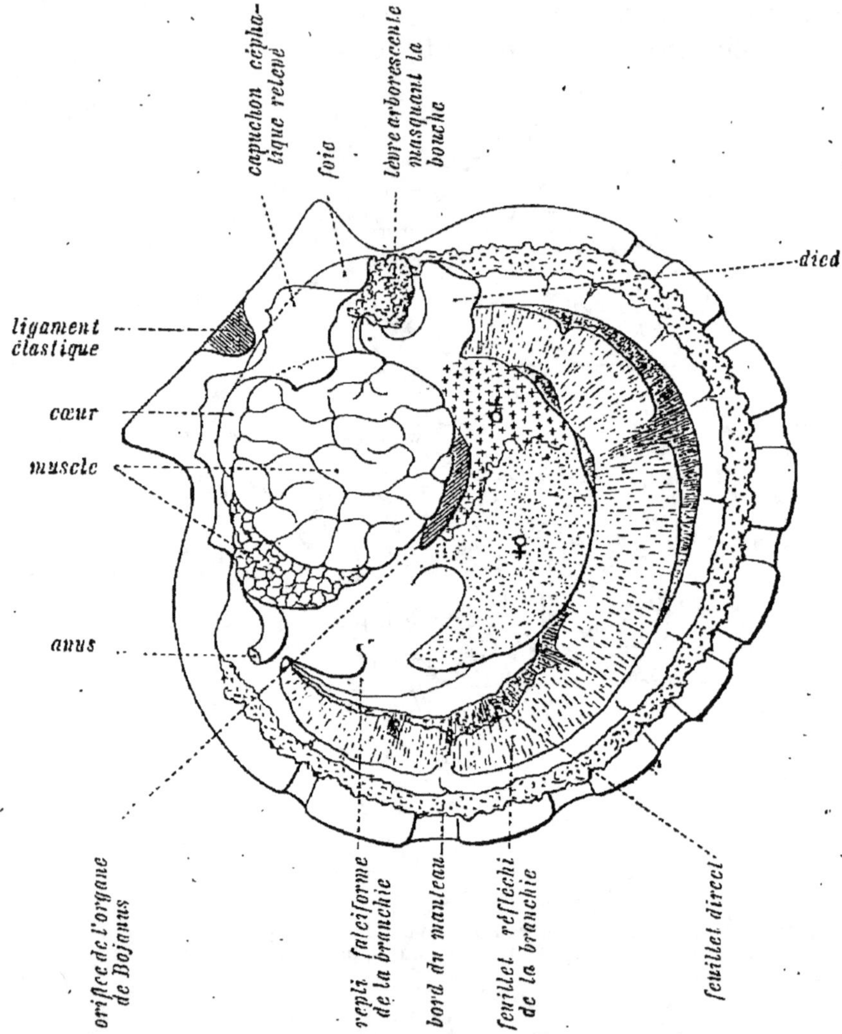

Fig. 55. — Pecten couché dans la valve gauche (valve plate). La valve droite (valve bombée) a été enlevée ainsi que la partie droite du manteau et la branchie du même côté.

monomyaire. Le muscle abducteur inférieur (seul représenté) est énorme (fig. 55).

Le pied est petit et en forme de coupe.

Le manteau, très mince en son milieu, offre sur

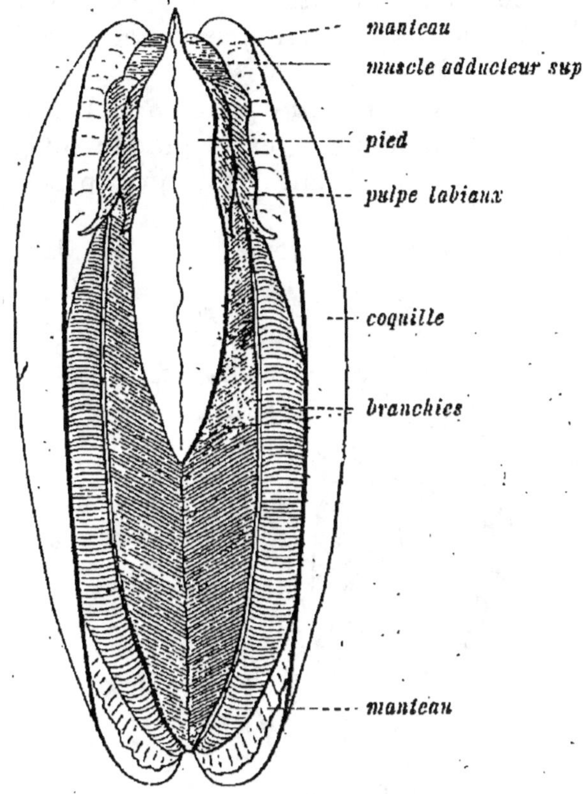

Fig. 56. — Anodonte (*anodonta Cygnea*) face ventrale d'après Wodward. Coquille légèrement entrouverte.

tout son pourtour, un épaississement muni de tentacules délicats et d'organes visuels (1).

---

(1) L'organe de la vue est incontestable chez le pecten et tous les travailleurs du laboratoire de Roscoff ont assisté au spectacle curieux d'un pecten, mis en présence d'une astérie glaciale. L'astérie est très friande du pecten et celui-ci redoute, à juste titre, son dangereux voisinage. Dès qu'on pa-

La bouche est garnie de lèvres découpées, formant d'élégantes arborisations.

Les branchies sont constituées par des lames fragiles qui se dissocient au moindre contact en leurs filaments élémentaires.

La glande génitale (bosse de polichinelle) est d'un beau rouge (portion femelle) et la glande mâle est blanchâtre, les acini glandulaires sont juxtaposés.

64. Particularités des Anodontes et des Unio. —

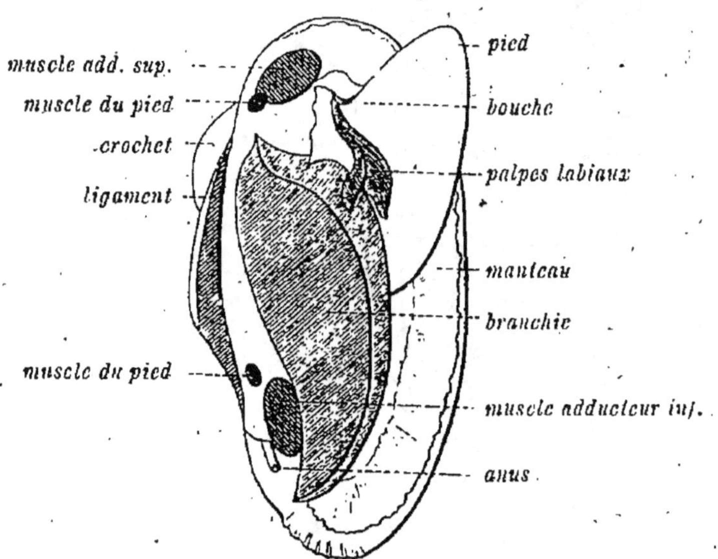

Fig. 57. — *Unio Pictorum* (d'après Wodward). Animal couché sur la valve gauche (valve droite et côté droit du manteau enlevés).

Les anodontes et les unio sont dimyaires; le manteau,

---

proche une astérie glaciale d'un pecten placé dans un bassin, sans établir cependant de contact direct entre les deux, le pecten prend la fuite et, à l'aide du claquement répété de ses deux valves, se livre à une course folle autour des parois de sa prison.

soudé sur une partie de son étendue, forme un capuchon céphalique (fig. 56).

Le pied est un organe charnu énorme, en forme de hache.

Les branchies représentent des lames soudées intimement entre elles par leurs bords (fig. 57).

La glande génitale ne forme pas de bosse de polichinelle et est refoulée à la partie dorsale du corps.

65. Particularités des Dreissènes (*Dreisencia Polymorpha*, alias *Dreissena*). — Le manteau soudé laisse, sur la face ventrale, un passage pour le pied et le bys-

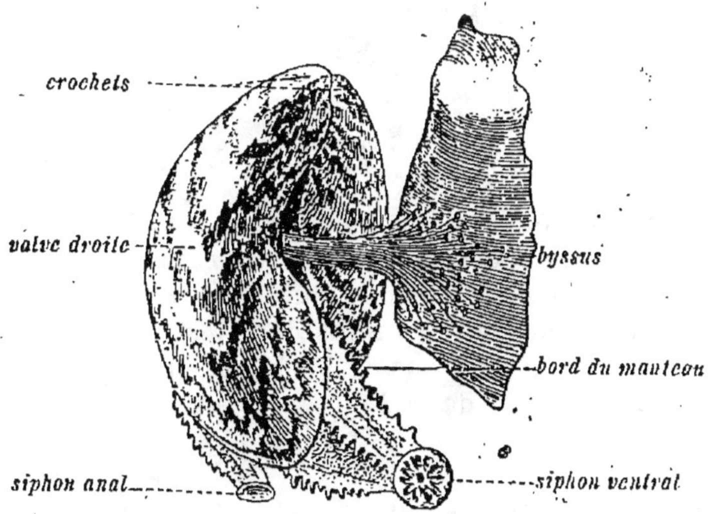

Fig. 58.— Dreissena fixée sur un débris de coquille (d'après Jeffreys).

sus. Le manteau se termine inférieurement par deux siphons (fig. 58), un siphon branchial, par où l'eau pénètre, correspondant à la face ventrale de la branchie et conduisant à la bouche; un siphon anal beaucoup plus court, situé à la face dorsale de la branchie et correspondant à l'anus, par où l'eau s'échappe après avoir filtré à travers la branchie.

La coquille est équivalve, rappelant celle de la moule à sommets aigus et terminaux (fig. 59).

Ces mollusques gagnent du terrain, de l'est vers

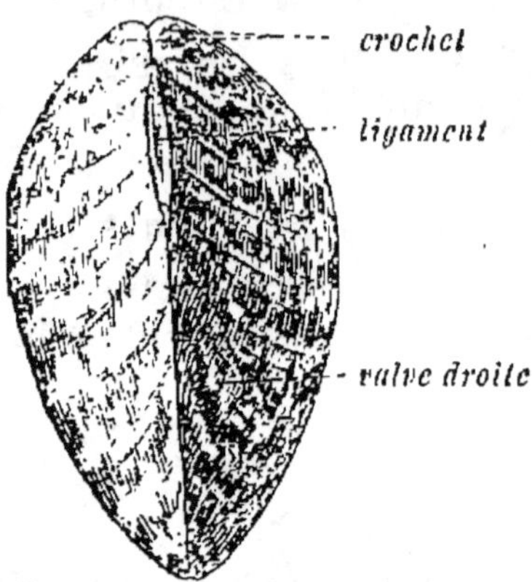

Fig. 59. — Dreissena vue de dos.

l'ouest, et étendent peu à peu leur aire géographique, en suivant le cours des fleuves et des canaux.

On les trouve en abondance dans tout le nord de la France ; ils sont communs dans les lacs du bois de Boulogne, aux environs de Paris, et ont commencé à envahir le bassin de la Loire.

10ᵉ MANIPULATION

GASTEROPODES PULMONÉS

66. Description générale de l'escargot (*Helix Pomatia*).— Les escargots forment la tribu la plus importante des pulmonés terrestres et l'escargot vigneron (*Helix Pomatia*), ainsi que l'escargot némoral (*Helix Nemoralis*), qui se distingue du précédent par sa coquille diversement colorée et ordinairement ornée de bandes brunes sur un fond jaune, sont les types de pulmonés que les étudiants auront le plus de facilité à se procurer.

La coquille enroulée est fermée pendant la période de repos de l'animal (sommeil hibernal) par un diaphragme tout différent de l'opercule qu'on trouve chez un très grand nombre de Gastéropodes (1).

La coquille ne renferme qu'une seule cavité et forme quatre tours de spires autour de la columelle. Quoique sécrétée par le manteau, elle n'adhère solidement à l'animal qu'au niveau de la columelle, par l'intermédiaire d'un gros muscle, le muscle columellaire.

---

(1) Ce diaphragme est le résultat de la sécrétion d'un mucus épais qui durcit à l'air.

67. Préparation de l'Helix Pomatia. — Le mollusque doit être asphyxié par un séjour prolongé dans l'eau bouillie. La durée de l'immersion varie selon la température. Si le temps est froid, on a intérêt à maintenir les helix dans l'eau pendant six ou sept jours.

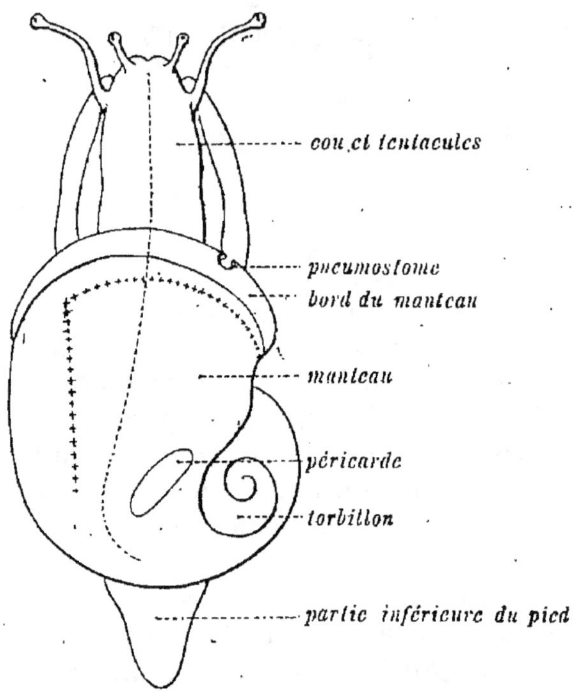

Fig. 60. — Dessin schématique de l'escargot, montrant en pointillé, les incisions nécessaires pour faire l'injection, la préparation du tube digestif et des organes génitaux.

Pour opérer dans de bonnes conditions, il faut, en effet, que le Gastéropode soit incapable de réagir contre les excitations extérieures et que, par conséquent, les fibres musculaires ne puissent plus se contracter.

On reconnaît qu'un sujet se prête à la dissection

lorsque, retiré de l'eau et piqué à l'aide d'une aiguille, il ne donne aucun signe de vitalité et reste en état d'expansion (1).

Avec de forts ciseaux, on découpe la coquille le long de la spire, de manière à la détacher par morceaux, l'opération se fait sans difficulté, puisque le mollusque n'est relié à la coquille que sur une faible étendue, au niveau du muscle columellaire (ce procédé est préférable à l'emploi d'un marteau qui fragmente plus rapidement la coquille, mais qui risque de léser certains organes de l'animal et, en particulier, le foie, si le coup n'a pas été très sec). A l'aide d'un scalpel, on tranche le muscle columellaire, et par quelques petites secousses, on achève de dégager l'animal du reste de la coquille.

On fixe alors l'helix sur le fond d'une cuvette liégée remplie d'eau, en enfonçant dans le pied des épingles à dissection, de manière à ce que la sole pédieuse s'applique sur le liège.

On déroule ensuite les spires de l'animal avec beaucoup de précaution (car les ruptures de la paroi du corps sont à craindre) pour rétablir autant que possible la symétrie, masquée par la torsion du corps dans l'intérieur de la coquille.

A la fin de l'opération, l'animal, couché et fixé sur le pied, présente donc sa face dorsale tournée vers le haut.

68. Injection de l'Helix Pomatia (système artériel). — L'opérateur recherche l'ouverture du pneumostome.

---

(1) Pour hâter le moment où la contractilité cesse, MM. Carl Vogt et Yung recommandent d'ajouter à l'eau bouillie 2 à 3 0/0 de chloral.

6.

Il introduit les ciseaux fins dans l'orifice et fait une incision qui décolle le manteau de la paroi du cou.

Une autre incision perpendiculaire à la première permet de rabattre une partie du manteau sur le côté droit (fig. 60).

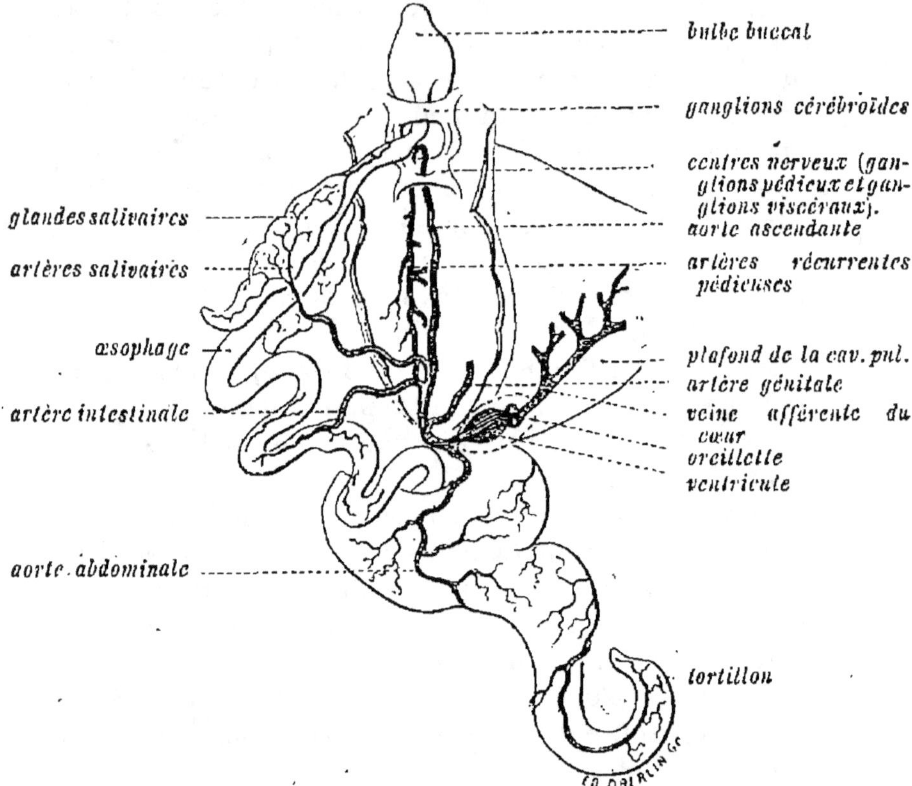

Fig. 61. — Injection de l'*Helix Pomatia*. — Les artères principales ont seules été représentées (les organes génitaux sont supprimés).

La face interne du manteau se trouve ainsi à découvert et doit être fixée par des épingles.

L'opérateur aperçoit alors de gros vaisseaux (veines pulmonaires) qui convergent toutes vers le cœur et ramènent le sang à l'oreillette unique.

Il suffit d'inciser un de ces vaisseaux et d'introduire la canule d'une seringue dans l'ouverture, pour remplir par une pression modérée, tout le système artériel de l'animal.

L'injection de l'*Helix Pomatia* est donc extrêmement facile à pratiquer, mais la dissection est plus délicate, il y a avantage à employer une injection solidifiable (voir n° 5), et à réchauffer l'animal avant l'injection. De cette façon, l'opérateur évite plus facilement les inconvénients que produisent les ruptures artificielles des vaisseaux.

Pour mettre en évidence le système artériel, il faut disséquer autour du cœur, de manière à dégager l'oreillette et le ventricule.

A la sortie du cœur, on rencontre deux gros vaisseaux qui irriguent: l'un, toutes les parties antérieures du corps, l'autre, toutes les parties inférieures.

Ces deux vaisseaux ne peuvent être disséqués facilement que si l'helix a été déroulé comme nous l'avons indiqué plus haut (voir n° 67).

Si le déroulement est complet, l'opération est facile : il suffit d'inciser vers le haut, à partir du cœur, la paroi du corps, jusqu'au niveau des tentacules, vers le bas, le long du foie et des glandes génitales jusque dans le voisinage de l'extrémité du tortillon (voir fig. 61).

69. Préparation du tube digestif de l'Helix Pomatia. — La première partie de la préparation est la même que pour l'injection (voir n° 67).

Quand la cavité pulmonaire a été ouverte, comme on l'a indiqué plus haut (fig. 60), il faut fendre la paroi du corps sur la face dorsale, le long de la ligne médiane. En écartant les deux lèvres de la fente, on aperçoit le bulbe buccal (bulbe radulaire) et le long œsophage qui pénètre dans le foie à la naissance du tortillon (fig. 62).

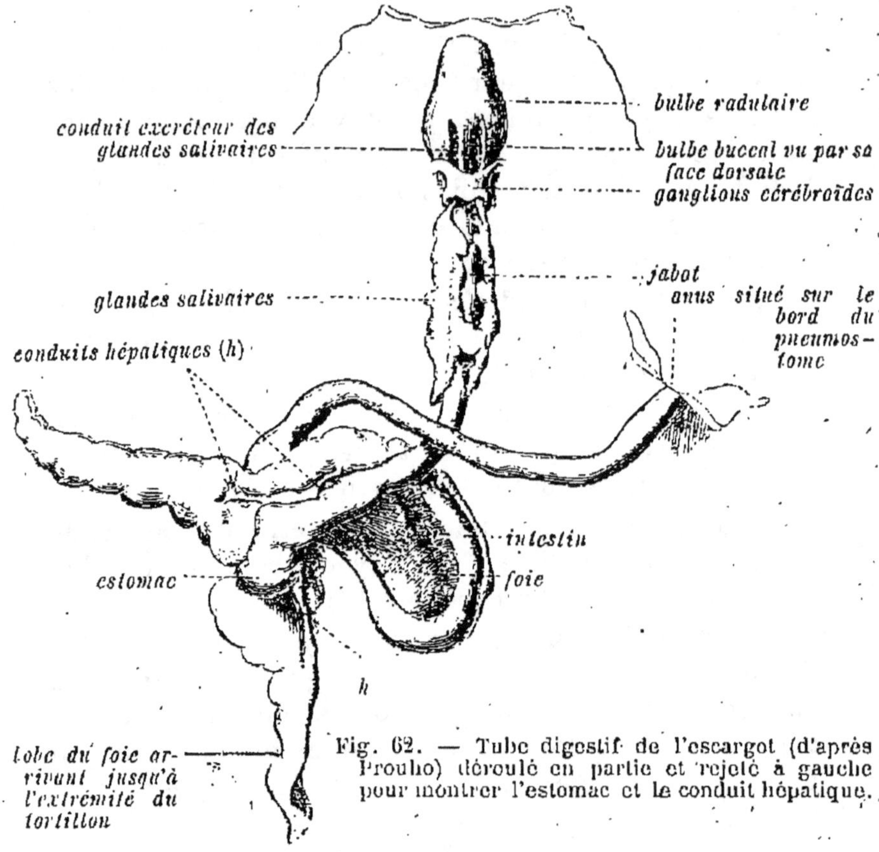

Fig. 62. — Tube digestif de l'escargot (d'après Prouho) déroulé en partie et rejeté à gauche pour montrer l'estomac et le conduit hépatique.

Les glandes salivaires et leur conduit excréteur se distinguent sans préparation.

Pour préparer les lobes du foie, les conduits hépatiques et l'estomac, l'opération est délicate et exige que le tortillon ait été complètement déroulé.

En incisant soigneusement la fine membrane qui enveloppe ces parties, on verra cependant l'œsophage (1) se renfler dans l'intérieur du tortillon en un estomac assez mal délimité. L'intestin lui fait suite et, après avoir décrit une anse considérable, remonte vers la partie supérieure du corps pour aboutir à l'anus situé sur le bord du pneumostome (fig. 62).

En terminant la préparation du tube digestif, nous recommandons d'inciser l'œsophage sur la face dorsale du bulbe radulaire et d'examiner ses rapports avec le bulbe.

On doit aussi préparer la radule contenue dans l'intérieur du bulbe et examiner la disposition des muscles qui actionnent les cartilages radulaires.

70. Préparation des organes génitaux de l'Helix Pomatia. — Les escargots sont hermaphrodites, ce qu n'empêche pas, d'ailleurs, la fécondation réciproque qui s'opère, à l'aide d'un pénis très développé.

On peut donc préparer, à la fois dans le même animal, les organes mâles et les organes femelles.

La disposition à donner au sujet est la même que pour la préparation du tube digestif (voir n° 67) et les incisions doivent être conduites de la même façon.

Quand les téguments ont été incisés, on rejette la poche du dard et les glandes annexes du côté droit, de manière à mettre en évidence le vestibule génital *a*, la poche du dard *b*, les glandes multifides (glandes tubuleuses ou muqueuses) situées de chaque côté de la poche du dard et reconnaissables à leur aspect échevelé.

On remarque la position du canal déférent *f* et le long flagellum *e*, qui viennent se souder en *d* (fig. 63).

---

(1) On distingue quelquefois entre les glandes salivaires un premier renflement que l'on désigne sous le nom de jabot.

Pour voir les autres parties de l'appareil, il faut disséquer le tortillon.

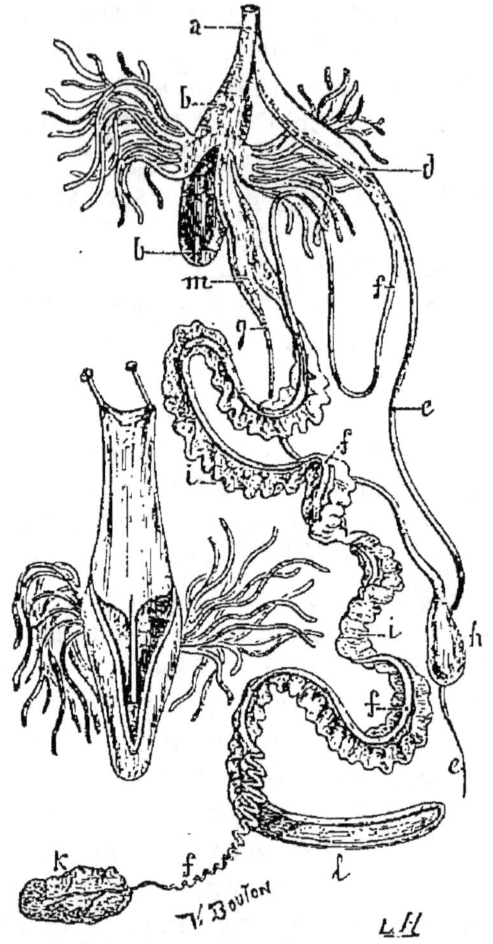

Fig. 63. — Organes génitaux de l'escargot. — *a*, vestibule génital; *b*, *b*,
poche du dard; *d*, portion terminale, dilatée, du canal déférent que
l'on suit en *f*, *f*, *f*, jusqu'à la glande hermaphrodite *k*; *c*, flagellum;
l, glande de l'albumen; *i*, *i*, oviducte accolé au canal déférent *f*, et
débouchant dans *m*, fond du vestibule génital; *h*, réservoir séminal;
g, son canal qui part de *m*; au point de rencontre de la poche du dard
et du vagin se trouvent deux paquets de glandes tubuleuses en cul-
de-sac, les glandes tubuleuses.

Presqu'à l'extrémité de la portion enroulée du

corps, masquée en partie par le tissu du foie, on trouve la glande fondamentale *k* (glande hermaphrodite).

Il faut prendre quelques précautions pour ne pas rompre le canal *f*, qui la relie à une glande volumineuse, facile à reconnaître à sa couleur blanche qui tranche sur la couleur du foie, la glande de l'albumen.

C'est également à ce niveau qu'on trouve la vésicule séminale, *h*, qui vient se souder en *m*, par l'intermédiaire de son canal excréteur, au vestibule génital.

71. Préparation d'autres pulmonés. — Il existe d'autres types communs de pulmonés terrestres chez lesquels il n'y a pas de coquille apparente.

Ce sont les limaces.

Leur corps allongé porte un petit manteau en forme de disque charnu, à peine séparé de la peau ; ce manteau occupe seulement une faible partie du dos et recouvre la cavité pulmonaire. Toujours on trouve dans son épaisseur une mince coquille, très fragile et plate. L'ouverture de la cavité pulmonaire est située à droite, ainsi que l'anus qui se trouve sur son bord antérieur. Un troisième orifice correspondant à l'appareil reproducteur est placé à la base du tentacule droit supérieur. Le cœur et l'organe excréteur se distinguent, dès qu'on a fendu le manteau et ouvert la cavité pulmonaire.

La limace domestique ou limace rouge (*Arion Rufus*) se rencontre en abondance dans les jardins, après les pluies, et fournit de très beaux échantillons pour la dissection. Son organisation diffère peu de celle des escargots et, pour la disséquer facilement, il est bon de l'asphyxier à l'eau bouillie et de suivre la marche indiquée plus haut.

Les testacelles (*Testacella Haliotidea*) existent également en France, mais sont plus rares et plus difficiles à se procurer. Elles constituent un type comparatif intéressant.

Par suite de l'allongement extraordinaire de la ré-

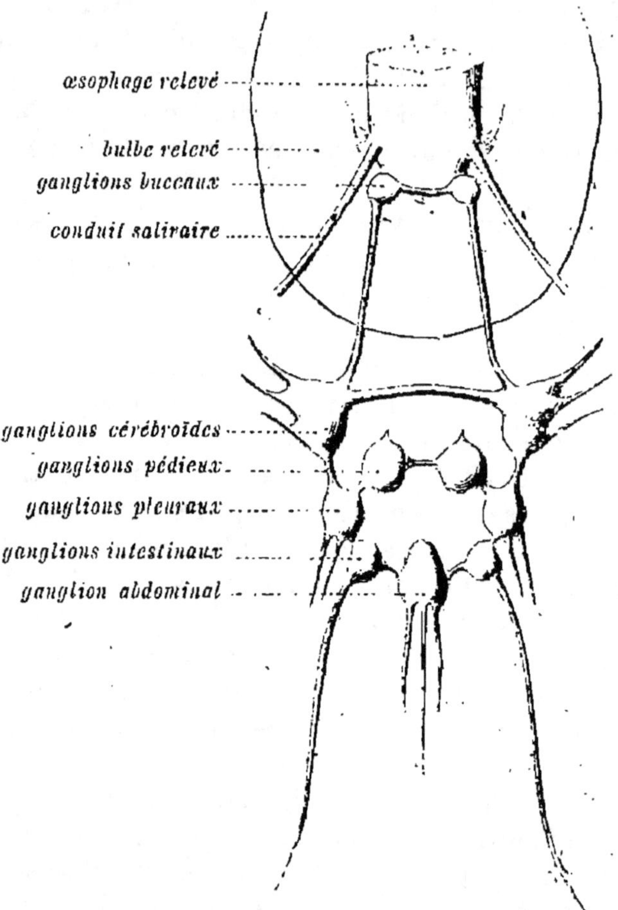

Fig. 64. — Système nerveux de la Limnée.

gion du cou, les organes s'étirent et s'allongent, mais les relations fondamentales sont cependant conservées.

Les pulmonés aquatiques (1) vivent presque tous dans les eaux douces. Ils se tiennent dans les en-

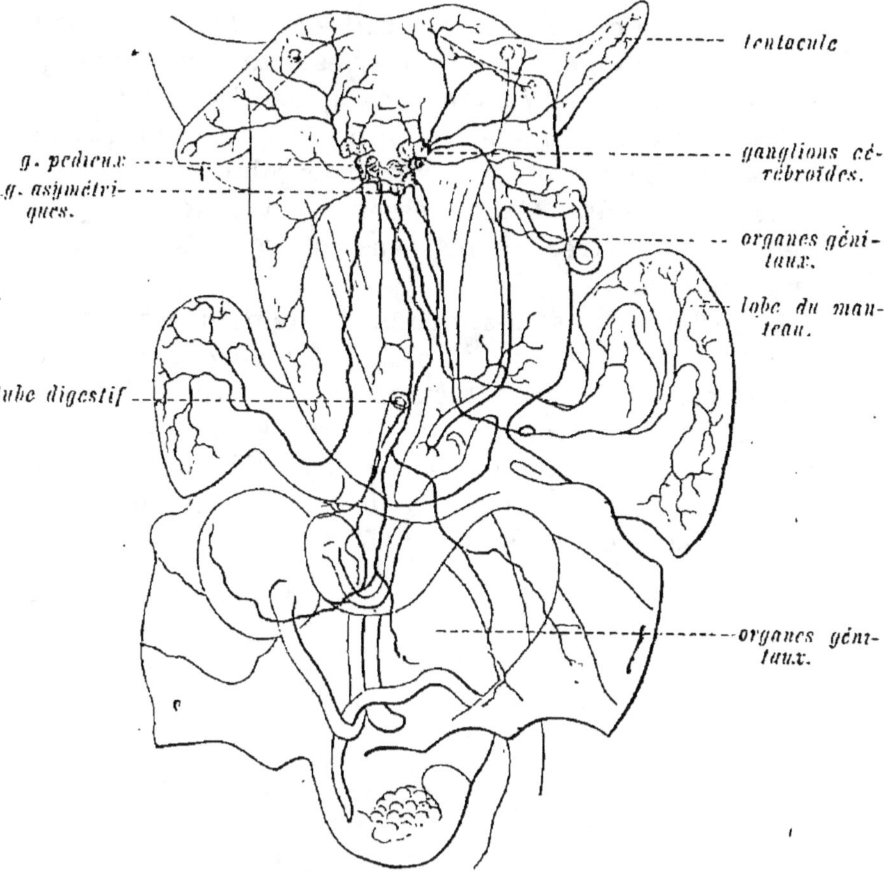

Fig. 65. — Ensemble du système nerveux de la Lymnée
(D'après M. de Lacaze-Duthiers).

droits peu profonds, à cause de leur mode de res-
piration qui les oblige à venir souvent à la surface, et

____

(1) Cependant il existe quelques pulmonés marins, entre
autres l'Otina Otis, qui vivent sur les récifs marins, des côtes
de Bretagne.

cette particularité rend leur capture facile. Contrairement aux pulmonés terrestres, ils n'ont qu'une seule paire de tentacules.

On trouve communément soit dans les mares soit dans les cours d'eau, les Planorbes (*Planorbis cornu*), les Lymnées (*Lymneus stagnalis*), les Physes (*Physa*).

Les lymnées ont une coquille à spire oblongue et leurs tentacules sont larges et triangulaires.

La coquille des Physes ressemble à celle des lymnées, mais est très fragile, sans rebord et sans plis à la columelle.

Les Planorbes se distinguent facilement des précédents; leur coquille discoïdale est enroulée sur le même plan et leurs tentacules sont longs et filiformes.

Nous recommandons, chez ces animaux, les préparations du bulbe radulaire et la préparation du système nerveux. Nous donnons un dessin du système nerveux de la lymnée (fig. 64 et 65).

11ᵉ MANIPULATION

ÉCREVISSE (Crustacés décapodes).

72. Description générale des crustacés décapodes.
— On comprend, dans les décapodes, les crustacés dont les pattes sont au nombre de 5 paires et dont les branchies sont cachées à l'extérieur par un repli des téguments. Les deux grandes divisions sont les brachyures et les macroures (1).

On se procure facilement des représentants de l'un et l'autre groupe, les crabes, pour le premier, et pour le second, les écrevisses, les langoustes, les homards, etc.

Dans les crabes, l'abdomen est rudimentaire et replié sous le cephalo-thorax.

Dans les écrevisses, l'abdomen est bien développé et situé à la suite du céphalo-thorax.

73. Préparation du corps et des appendices de l'écrevisse (2). — Vu par la face dorsale, le corps de l'écre-

---

(1) Nous ne parlons pas ici des anomoures.

(2) Nous avons choisi l'écrevisse comme type des crustacés, non seulement parce que c'est l'un des types les plus faciles à se procurer, mais encore parce que c'est un de ceux sur lequel les étudiants trouveront le plus de renseigne-

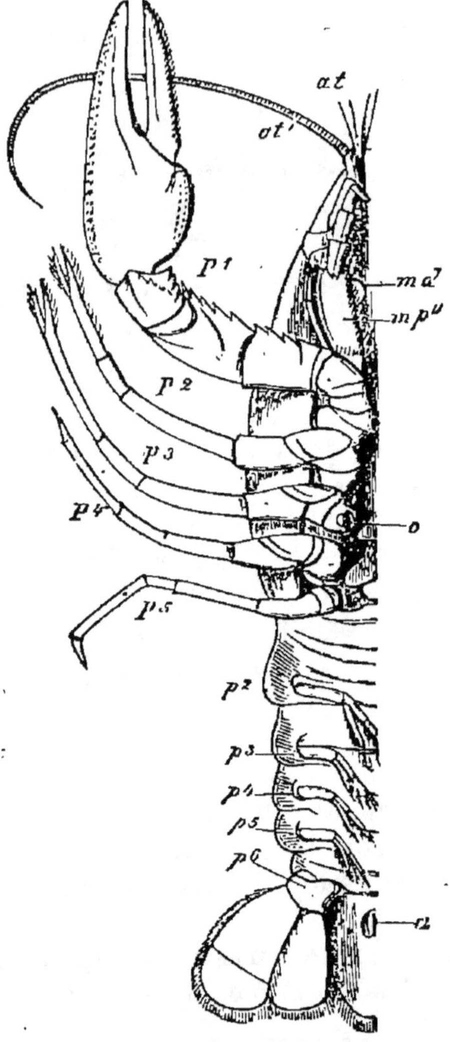

Fig. 66. — Vue ventrale des membres de l'*Astacus fluviatilis* (d'après Gegenbaur). — *at*, antennules ; *at'*, antennes ; *md*, mandibule ; *mp"*, patte maxillaire, recouvrant les autres appendices buccaux ; P1, P5, pattes ambulatoires ; *o*, orifice de l'oviducte dans la base de l'articulation de la troisième paire de pattes ambulatoires ; *p2*, *p5*, pattes natatoires de l'abdomen ; *p6*, nageoire caudale ; *a*, anus.

visse paraît divisé en deux parties bien distinctes : le céphalothorax, qui est formé d'une seule pièce, endurcie de calcaire, et l'abdomen constitué par des anneaux distincts.

Vu par la face inférieure ou ventrale, le corps apparaît nettement segmenté (fig. 66), aussi bien dans la partie correspondant au céphalo-thorax que dans la portion abdominale.

Le corps tout entier comprend 21 segments : 14 pour le céphalo-thorax et 7 pour l'abdomen.

Ces segments sont d'importance très différente et c'est par leur préparation et celle de leurs appendices que nous conseillons de commencer.

Nous allons tout d'abord les indiquer par ordre :

En partant de l'extrémité antérieure du corps, nous trouvons :

1° antennes		
2° antennules	}	en avant de la bouche.
3° yeux		
4° mandibules		
5° premières mâchoires		
6° deuxièmes mâchoires		
7° premières pattes-mâchoires	}	autour de la bouche.
8° deuxièmes pattes-mâchoires		
9° troisièmes pattes-mâchoires		
10° premières pattes ambulatoires		en arrière de la bouch
11° deuxièmes pattes ambulatoires		(sur le céphalo-
12° troisièmes pattes ambulatoires	}	thorax).
13° quatrièmes pattes ambulatoires		
14° cinquièmes pattes ambulatoires		

---

ments précis. Nous rappelons qu'il existe une monographie d'Huxley des plus remarquables, à laquelle sont, du reste, empruntées la plupart des figures qu'on trouvera dans ce chapitre. Elle est intitulée *L'Écrevisse*. Introduction à l'étude de la zoologie, par Huxley. Paris, 1880.

15° premières pattes natatoires
16° deuxièmes pattes natatoires
17° troisièmes pattes natatoires } en arrière du céphalo-
18° quatrièmes pattes natatoires } thorax (sur l'abdo-
19° cinquièmes pattes natatoires } men).
20° sixièmes pattes natatoires
21° segment anal

Pour préparer ces différents appendices, il suffit de les détacher, soit avec des ciseaux, soit avec un scalpel, en s'aidant des pinces.

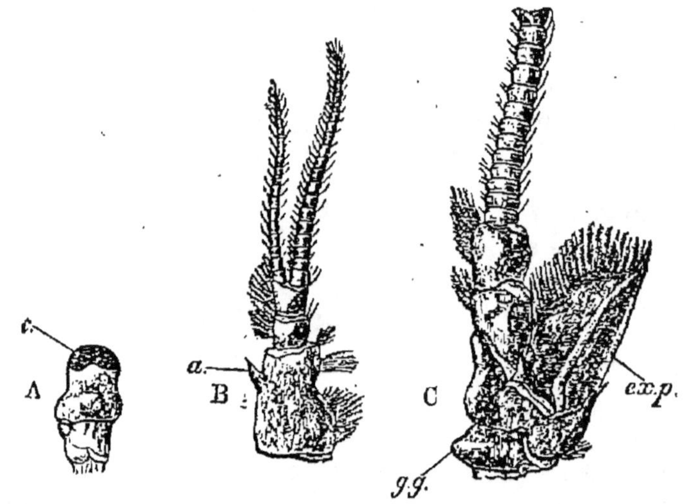

Fig. 67. — *Astacus fluviatilis* (d'après Huxley). — A, pédoncule de l'œil ; B, antennule ; C, antenne du côté gauche (× 3) ; *a*, épine de l'article basilaire de l'antennule ; *c*, surface cornéenne de l'œil ; *ex.p*, exopodite ou écaille de l'antenne ; *gg*, ouverture du conduit de la glande verte.

Les trois premiers se préparent facilement (fig. 67). Les antennules méritent un examen particulier (fig. 68). Sur la face inférieure des articulations de leur branche interne, on observe des faisceaux de poils *a*, *a*, qui ont la forme de petites spatules terminées par une sorte de papille. Leydig les considère comme les organes de l'olfaction. Un examen au microscope est nécessaire pour se rendre compte de cette disposition.

C'est également à la base de l'antennule, *au* (fig. 68), qu'on trouve l'organe de l'audition.

Sur l'article basilaire, on observe un orifice ovale,

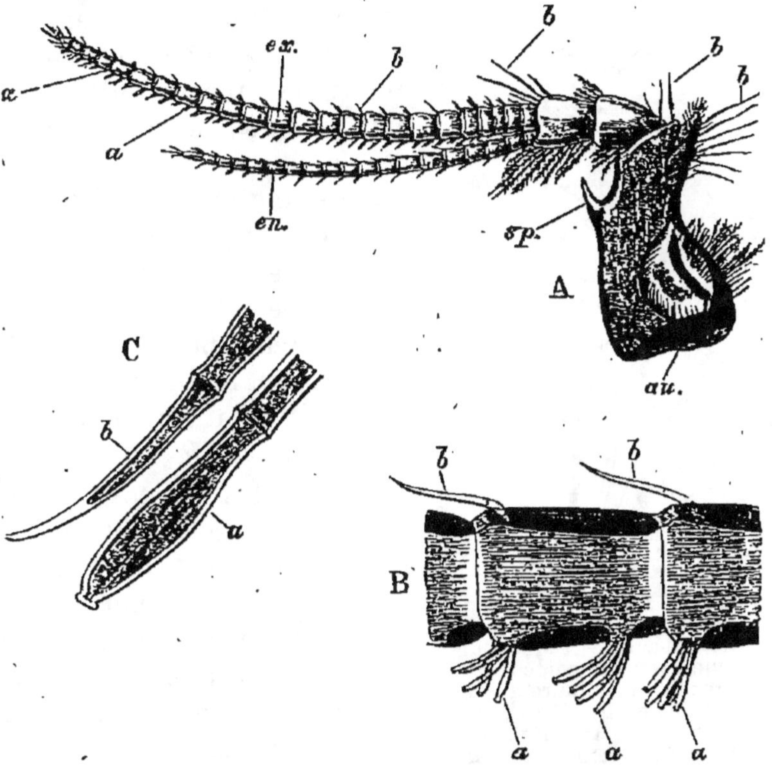

Fig. 68. — *Astacus fluviatilis* (d'après Huxley). — A, antennule droite vue du côté interne ; B, portion de l'exopodite grossie ; C, appendice olfactif de l'exopodite *a*, vu de face ; *b*, vu de côté (× 400) ; *a*, *u*, *a*, appendices olfactifs ; *au*, sac auditif, supposé vu à travers la paroi de l'article basilaire de l'antennule ; *b*, *b*, *b*, soies ; *en*, endopodite ; *ex*, exopodite ; *sp*, épine de l'article basilaire.

bouché par un paquet de soies raides, implantées sur le bord supérieur de l'organe.

Elles recouvrent un sac rempli de liquide ; et les

soies sont enveloppées, à leur base, par une substance gélatineuse renfermant des corpuscules calcaires.

La préparation des appendices qui entourent la bouche n'exige qu'un peu d'attention. Il faut simplement écarter les différentes pièces qui se recouvrent les unes les autres et les extraire.

Les mandibules, m, d (fig. 69) sont robustes et forment en apparence une pièce unique de chaque côté.

Les deux paires de mâchoires sont moins résistantes et se divisent en plusieurs parties, $m\,x$, $m\,x'$, (fig. 69)

Toutes les pièces de la bouche se meuvent latéralement, ce qui est le cas général chez tous les arthropodes, contrairement à ce qui se passe chez les vertébrés, où les pièces buccales se meuvent de haut en bas.

Les trois paires de pattes-mâchoires mp, mp', mp'' (fig. 69) forment la transition entre les membres locomoteurs proprement dits et les mâchoires; elles servent à la mastication et gardent cependant une ressemblance singulière avec les membres qui servent à l'animal à se déplacer dans le milieu ambiant.

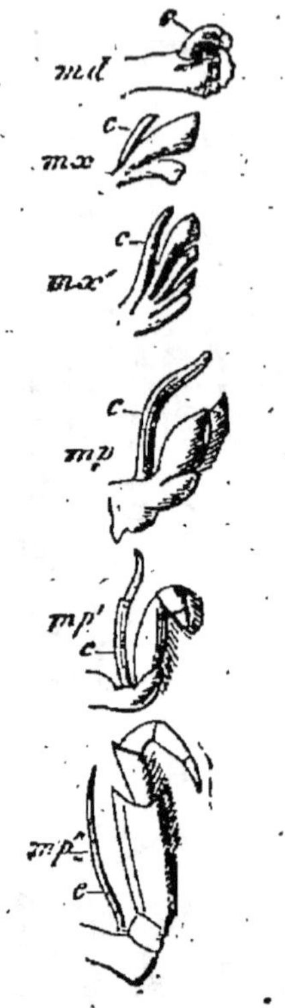

Fig. 69. — Parties buccales de l'*Astacus fluviatilis* (d'après Gegenbaur). — *md*, mandibule avec ses palpes; *mx*, premier maxillaire; *mx'*, deuxième maxillaire; *mp*, première patte-mâchoire; *mp'*, deuxième patte-mâchoire; *mp''*, troisième patte-mâchoire; *c*, exopodites des pattes-mâchoires; celui de la seconde et de la troisième paire se divise en une hampe (*scapus*) et un fléau (*flagellum*).

Il suffit de désarticuler les cinq paires de pattes ambulatoires pour pouvoir étudier leurs différentes par-

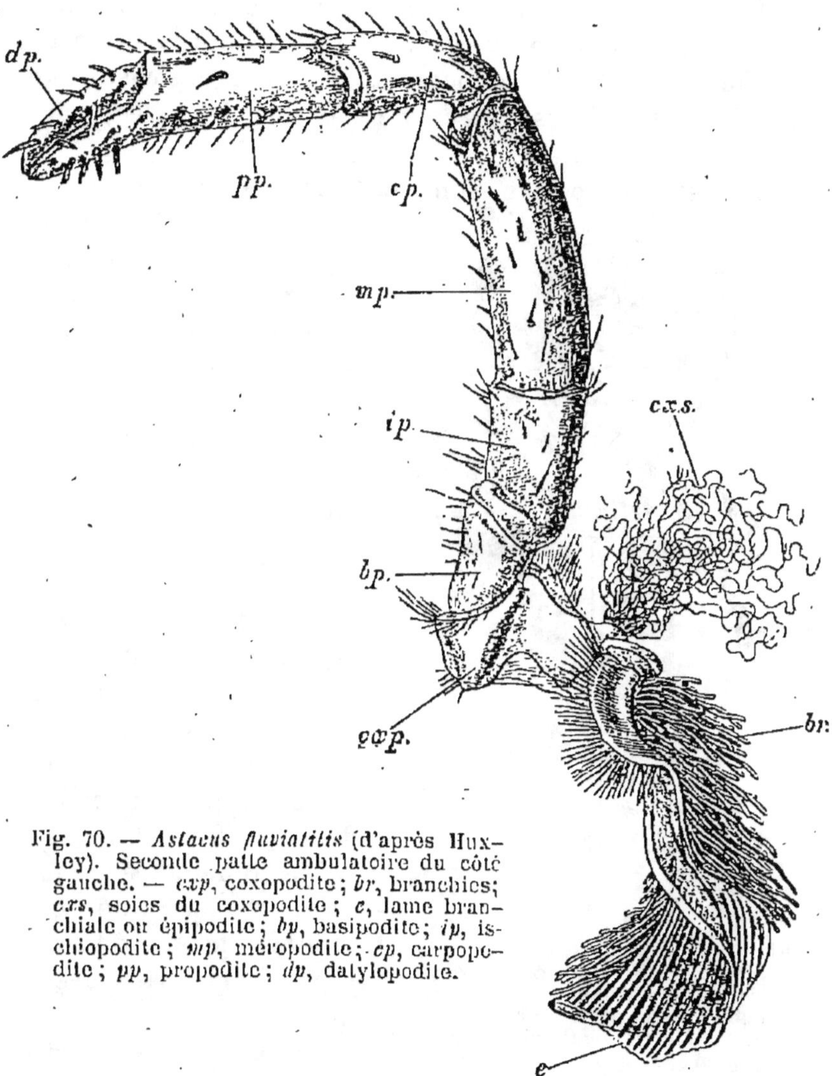

Fig. 70. — *Astacus fluviatilis* (d'après Huxley). Seconde patte ambulatoire du côté gauche. — *cxp*, coxopodite; *br*, branchies; *cxs*, soies du coxopodite; *e*, lame branchiale ou épipodite; *bp*, basipodite; *ip*, ischiopodite; *mp*, méropodite; *cp*, carpopodite; *pp*, propodite; *dp*, datylopodite.

ties. Il faut, en effet, remarquer qu'une partie de leurs appendices sont cachés par un repli des téguments,

9.

par la carapace qui se rabat, de chaque côté, sur les flancs de l'animal.

La première paire est transformée en une pince robuste, les quatre autres servent surtout à la locomotion ; les membres locomoteurs, ainsi, du reste, que les deux dernières paires de pattes-mâchoires, portent des branchies.

Toutes les pattes sont constituées par des segments articulés, dont la figure 70 donne la nomenclature. Il nous a paru inutile de reproduire la double série des pattes, les variations ne portant que sur les dimensions relatives de chacune des pièces.

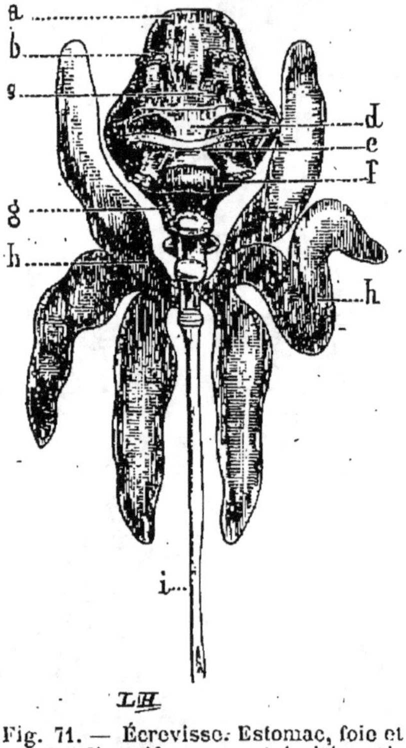

74. Préparation du tube digestif. — L'ouverture de la bouche est située sur la face ventrale, entre les 6 paires d'appendices que nous avons décrites (fig. 69, n° 73).

L'estomac, très volumineux, est situé immédiatement au-dessus, l'œsophage étant presque virtuel (fig. 71).

Enfin, le tube digestif se poursuit en droite ligne jusqu'à l'anus situé à l'extrémité du corps.

Si l'on ouvre l'animal par la face dorsale on verra

Fig. 71. — Écrevisse. Estomac, foie et tube digestif. — *a*, extrémité antérieure de l'estomac ; *b*, *f*, muscles antérieurs et postérieurs de l'estomac ; *d*, *c*, squelette de l'estomac ; *g*, pilore ; *h*, *h*, foie ; *i*, intestin.

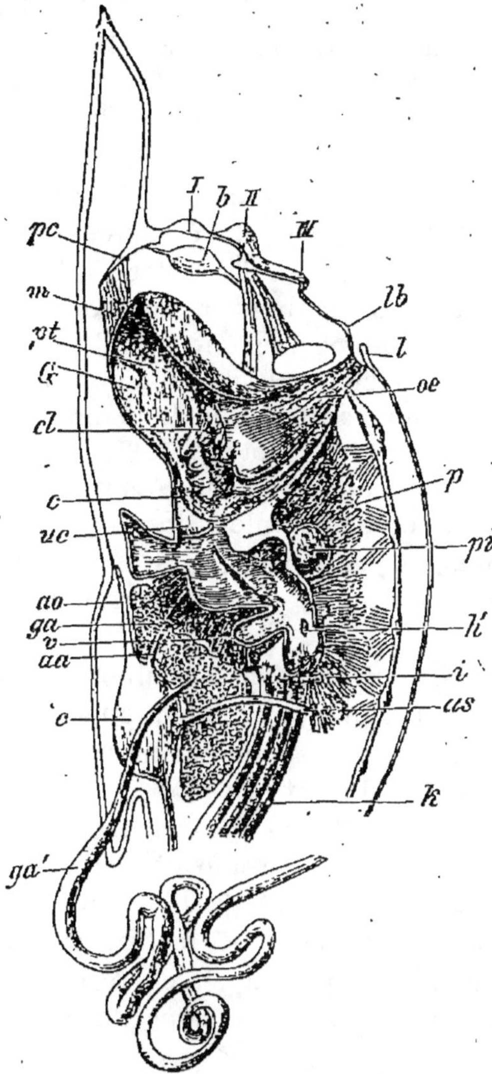

Fig. 72. — Coupe longitudinale d'un *Astacus* (d'après Huxley-Spengel). La coupe passe en avant dans le plan médian, elle s'en éloigne en arrière. I, II, III, sternum des trois premiers segments ; œ, œsophage ; lb, lèvre supérieure ; l, lèvre inférieure ; G, partie membraneuse de l'estomac ; c, os cardiaque ; uc, dent urocardiaque cl, dent cardiaque latérale ; pt, os ptéro-cardiaque ; pc, prolongement du crâne ; p, valvule située entre le cardia et le pylore ; pi, appareil valvulaire inférieur du pylore ; h', orifice des canaux hépatiques ; v, poche médiane du pylore ; i, k, intestin grêle ; ga, testicule ; ga', canal déférent ; b, ganglion cérébral ; c, cœur ; ao, aorte antérieure ; aa, artère hépatique ; as, artère abdominale ; m, muscle antérieur de l'estomac. (On a, par erreur, mis deux c, au lieu d'un c et d'un c ; le c' inférieur représente le cœur et le supérieur l'os-cardiaque).

donc l'estomac et l'intestin, mais l'on ne se rendra pas compte des rapports de l'estomac avec la bouche comme dans la vue de profil (fig. 72).

Dans la figure 71, le foie volumineux est représenté d'une façon schématique, et l'on a l'aspect général du tube digestif, vu par la face dorsale.

Nous conseillons d'inciser d'abord la carapace sur la face dorsale, de manière à enlever la portion de cette carapace qui correspond à la ligne médiane et à détacher les muscles en B et en F d'un seul côté (fig. 71); puis de coucher l'animal sur le flanc et d'enlever la carapace, comme dans la figure 72, en sacrifiant les appendices de la bouche du côté correspondant. On aura ainsi une vue complète du tube digestif.

Pour achever cette préparation, il faut ouvrir l'estomac qui présente des particularités remarquables.

Il est divisé en deux parties: une portion qu'on appelle cardiaque, une autre qu'on appelle pylorique.

Ces deux régions se voient très bien sur la coupe figurée d'après Huxley (fig. 72).

La portion cardiaque postérieure, ainsi que toute la région pylorique est renforcée par des pièces chitineuses et calcifiées, véritable squelette stomacal.

On y remarque des dents calcaires, *uc*, *el* (fig. 72).

Après la région pylorique, on trouve un étranglement qui limite une cavité, avec un cœcum rudimentaire.

C'est au-dessus de cette région, dans la portion pylorique, que s'ouvrent séparément les lobes du foie formés par des tubes ramifiés.

75. Préparation des organes excréteurs de l'Écrevisse. — Les organes urinaires sont représentés dans l'écrevisse par un organe céphalique pair qu'on appelle la glande verte.

Pour les voir, il faut ouvrir la carapace dans la région antérieure, trancher l'estomac au niveau de l'œsophage ce qui permet de distinguer les deux organes situés en avant et de chaque côté de l'ouverture buccale.

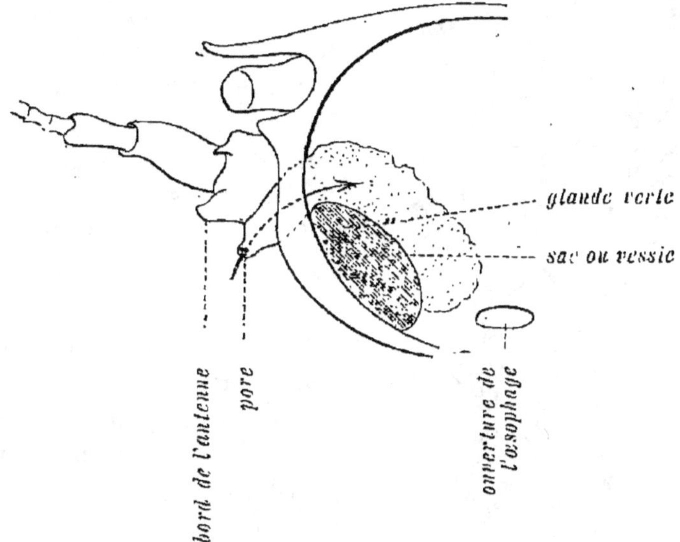

Fig. 73. — Glande verte vue de profil (dessin schématique (d'après Huxley). La carapace est supposée ouverte du côté gauche.

Sur l'article basilaire de l'antenne on distingue une petite éminence conique au sommet de laquelle est percé un orifice.

C'est l'orifice de sortie de la glande verte, il conduit dans un sac à paroi si délicate que, dans la préparation que nous avons indiquée, on distingue la glande par transparence, alors qu'en réalité elle est recouverte par le sac.

La glande représente l'organe excréteur, le sac à paroi mince, une sorte de vessie urinaire, enfin le pore situé à la base de l'antenne, l'orifice excréteur de l'organe.

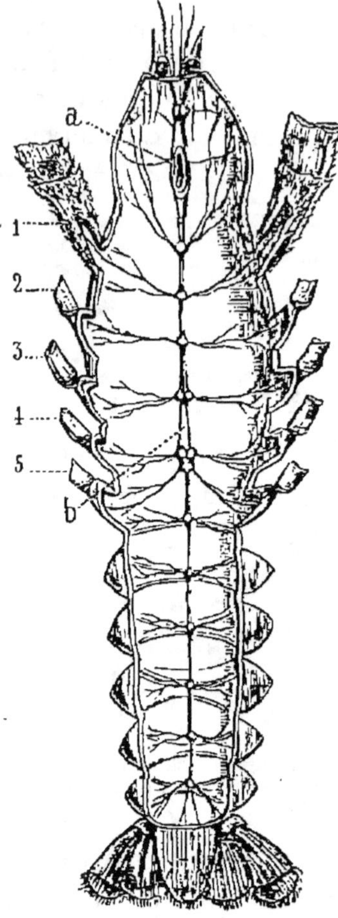

Fig. 74. — Écrevisse; système nerveux. — *a*, œsophage entouré du collier œsophagien; *b*, ouverture par laquelle passe l'artère sternale.

76. Préparation du système nerveux. — On dispose l'écrevisse sur la face ventrale et l'on coupe largement la carapace par deux incisions latérales, comme l'indique la figure 74, de manière à ouvrir complètement l'animal sur la face dorsale.

On enlève tous les viscères sans qu'il soit nécessaire de prendre de précautions spéciales, sauf pour l'estomac.

Le système nerveux est, en effet, situé profondément dans la région ventrale du corps où il constitue une chaine nerveuse.

La bouche étant ventrale, il ne faut pas oublier que les *ganglions cérébroïdes* sont situés non pas au-dessus du tube digestif ou de l'œsophage mais en avant; il faut donc les rechercher en avant de l'œsophage, au-dessous de l'estomac.

Quand on les a trouvés, on incise la carapace jusqu'au niveau des yeux et si l'on'ne veut pas faire la préparation du système nerveux sympathique, on coupe l'estomac à son point d'union avec l'œsophage.

Il faut, bien entendu, avoir grand soin de respecter les connectifs qui unissent les ganglions cérébroïdes aux ganglions ventraux.

Ceci fait, une partie de la chaîne apparait déjà. Pour la mettre complètement en évidence, on doit alors inciser sur les côtés, dans la région thoracique (la chaîne occupant la ligne médiane), les apodèmes qui la masquent en partie. L'opération peut se faire avec des ciseaux fins et l'on doit se débarrasser de tous les muscles placés dans la région abdominale.

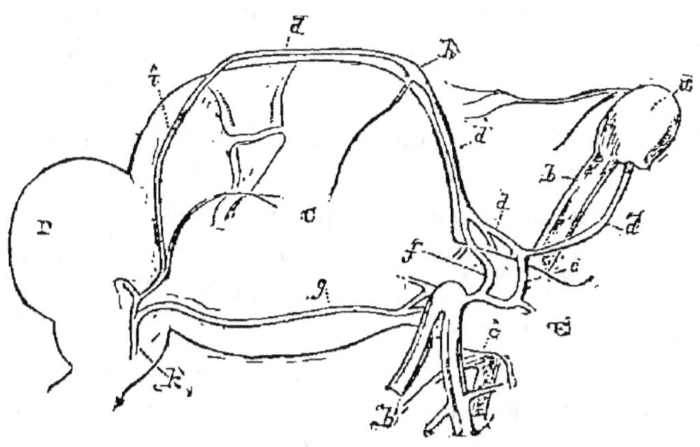

Fig. 75. — Nerfs viscéraux d'un *Astacus* (d'après Huxley-Spengel). — *a*, ganglions cérébraux; *b*, commissures, celles du côté droit sont coupées et repliées; *c*, faisceau transversal qui les unit derrière l'œsophage Œ *d*, *d*, *d*, nerf impair; *h*, ganglion; *i*, rameau latéral du nerf impair qui s'unit avec le nerf latéral postérieur *g*; *e*, nerf latéral antérieur; *f*, nerf latéral moyen; *k*, nerf hépatique; P, pylore; C, partie cardiaque de l'estomac.

Entre la cinquième et la sixième masse nerveuse il est bon de réserver un fragment de l'artère sternale pour montrer son passage à travers la chaîne nerveuse, *b* (fig. 74).

Outre ce système nerveux, assez facile à préparer, il existe un système nerveux sympathique ou stomato-gastrique beaucoup plus délicat à mettre en lumière. De chacune des commissures latérales qui unissent les ganglions cérébroïdes aux ganglions ventraux, partent 4 filets nerveux (fig. 75) :

1° L'un se rend aux muscles de la mandibule ;

2° L'autre, aux parties latérales et inférieures de l'estomac ;

3° Le troisième, se relie au nerf correspondant du côté opposé. Il fournit des rameaux sur l'œsophage et l'estomac et est en rapport avec un ganglion situé entre les muscles gastriques antérieurs ;

4° Enfin, le quatrième remonte de chaque côté de la bouche et vient s'unir aux ganglions cérébroïdes.

77. Préparation de la cavité branchiale. — Huxley compare la disposition de la cavité branchiale de chaque côté du corps à celle qui existerait entre le gilet et l'habit d'un homme, en supposant toutefois que les côtés du gilet se continuassent d'une seule pièce avec la doublure de l'habit.

La carapace se rabat de chaque côté du corps comme les côtés de l'habit, mais l'habit ne se boutonne pas en avant, il est trop court.

En plaçant l'écrevisse sur le côté droit ou sur le côté gauche, on peut faire passer, sans effort, une lame de scalpel par une fente qui correspond — pour poursuivre la comparaison d'Huxley — à l'ouverture de l'habit.

Il s'agit de découper le côté de cet habit. Pour cela il suffit, avec une paire de ciseaux, de partir de l'angle buccal de la fente et de remonter en faisant une incision circulaire comme l'indique la figure 76.

La chambre branchiale est ouverte en arrière, en avant et en dessous (face ventrale).

Dans son intérieur, on trouve 18 branchies complètes et 2 rudimentaires.

1° 6 sont attachées à la partie basilaire du deuxième

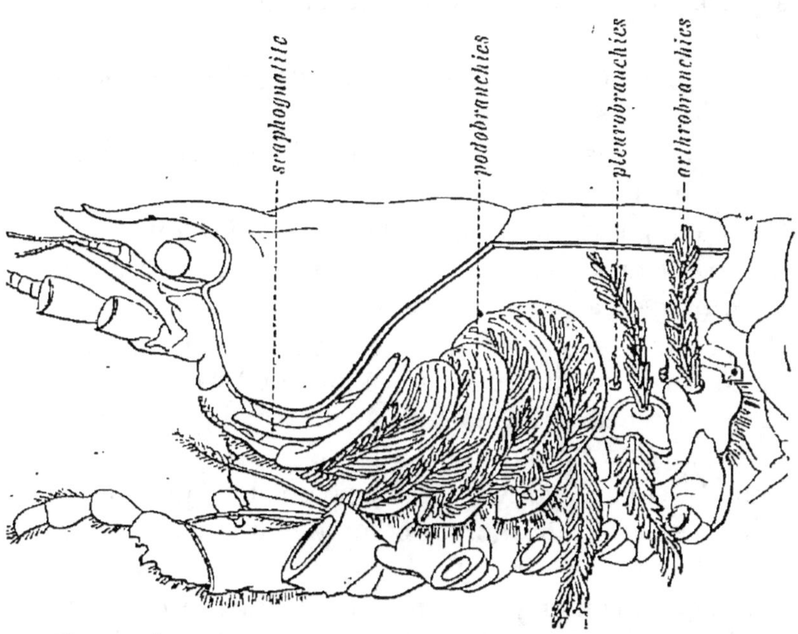

Fig. 76. — Préparation de la cavité branchiale d'une écrevisse (d'après Huxley). La carapace a été découpée sur le côté pour laisser voir les branchies qui sont conservées dans leur position naturelle. Sur les deux premières paires de pattes (les pattes-mâchoires), sur les trois dernières paires de pattes, les podobranchies sont enlevées et la rangée externe des arthrobranchies est renversée de manière à laisser voir les pleurobranchies rudimentaires.

pied-mâchoire, du troisième pied-mâchoire et aux quatre premières paires de pattes ambulatoires.

On les appelle les *podobranchies*.

(Dans la figure 76 on n'a représenté que quatre podobranchies, les deux dernières ayant été enlevées, pour laisser voir une partie des arthrobranchies).

2° 11 sont disposées sur les membranes qui servent aux articulations des membres avec la paroi thoracique.

On les appelle les *arthrobranchies* (voir fig. 76).

La deuxième patte-mâchoire en présente une.

La troisième patte-mâchoire et les quatre premières paires de pattes ambulatoires en présentent deux chacune.

La dernière (ou cinquième) paire de pattes ambulatoires n'en présente pas.

3° 3 branchies sont directement fixées sur la paroi thoracique :

On les appelle *pleurobranchies* (voir fig. 76).

L'une est très visible, elle est située au niveau de la cinquième paire de pattes ambulatoires.

Ces deux dernières sont difficiles à distinguer, elles sont rudimentaires et se réduisent à 2 petits tubes de 1^{mm} 1/2 de long au niveau de la troisième et quatrième paires de pattes ambulatoires.

Pour les apercevoir, il faut écarter les podobranchies et les arthrobranchies comme dans la figure 76.

— L'eau se renouvelle rapidement dans la chambre branchiale, grâce à la présence d'une pièce attachée à la base de la deuxième mâchoire : le scaphognathite.

Cette pièce est concave en avant et convexe en arrière ; elle est située en avant de la chambre branchiale proprement dite et se meut avec rapidité.

(Le scaphognathite exécute jusqu'à trois ou quatre oscillations par seconde).

Le brassage de l'eau dans la cavité branchiale se produit du reste naturellement, dès que l'animal se sert de ses pattes ambulatoires, les branchies, supportées par les articles basilaires, sont mises en mouvement et s'agitent dans tous les sens.

78. Préparation du système artériel de l'Écrevisse. *(Astacus Fluviatilis.)* — Pour réussir l'injection du système artériel de l'écrevisse il faut opérer sur un animal vivant, ou mort depuis très peu de temps.

La meilleure méthode consiste, en effet, à remplir le cœur d'une masse de liquide coloré sous une très faible pression, les contractions du cœur suffisent d'ordinaire à faire cheminer la masse à injection dans les principaux vaisseaux.

Pour mettre le cœur à nu, on saisit de la main gauche l'animal, dans la région dorsale, de manière à replier la portion abdominale sous les pattes.

Cette manœuvre a pour effet de tendre la membrane qui unit la portion dorsale du céphalothorax aux anneaux de l'abdomen.

L'opérateur incise cette membrane d'un coup de scalpel et décolle les parties sous-jacentes de la portion dorsale du céphalothorax. Soit avec le scalpel lui-même, soit avec le tranchant des ciseaux, il détache la portion médiane du céphalothorax, et il plonge immédiatement l'animal dans l'eau.

Cette dernière précaution est nécessaire si l'on veut empêcher l'introduction de bulles d'air dans l'intérieur du cœur.

Le plus souvent, en effet, le péricarde se trouve rompu et l'on aperçoit le cœur qui se contracte rhythmiquement.

Il suffit d'achever l'extraction des débris du péricarde et de rechercher les orifices du cœur où l'on peut introduire une canule de moyenne dimension.

Nota. — *Nous conseillons, pour cette injection, de maintenir la canule perpendiculairement au plan du cœur aplati, de manière à envoyer de la matière à injection dans tous les sens. Il arrive, en effet, sou-*

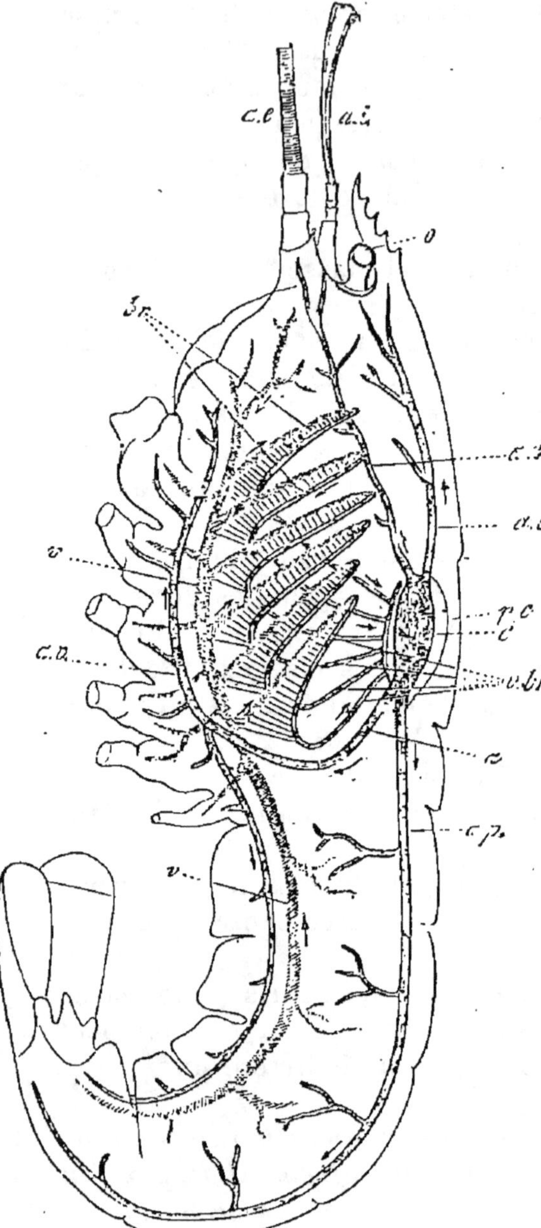

Fig. 77. — Vue schématique de l'appareil de circulation du Homard (d'après Gegenbaur). — o, œil ; a.e, antenne ; a.i, antennule ; br, branchies ; c, cœur ; p.c, péricarde ; a.o, aorte antérieure ; a.a, artère hépatique ; a.p, aorte postérieure ; a, tronc de l'artère abdominale ; v, sinus veineux abdominal ; v.br, veines branchiales ; la direction du sang est indiquée par des flèches.

vent que la masse colorée chemine tout entière, soit en avant, soit en arrière, laissant ainsi la plus grande partie du système artériel non injecté.

En retournant l'animal, on peut s'assurer que l'injection a pénétré partout. L'artère abdominale inférieure se voit en effet par transparence au travers des téguments.

Si l'injection a été faite à l'aide d'une matière solidifiable, la dissection devient relativement facile.

A l'aide de ciseaux, on découpe, sur les côtés, le céphalothorax, et après avoir décollé la bande médiane, on distingue immédiatement :

Sur la ligne médiane, une artère grêle : l'artère opthalmique, et sur les côtés les 2 artères antennaires.

Pour isoler les artères hépatiques, il faut élaguer les diverticules nombreux du foie.

L'artère sternale se dissèque en couchant l'animal sur le côté et en incisant la carapace transversalement au niveau du cœur.

L'artère abdominale supérieure se prépare en découpant latéralement la partie chitineuse des anneaux sur la face dorsale.

La même opération sur la face ventrale mettra en évidence l'artère abdominale inférieure.

12ᵉ MANIPULATION

DYTIQUE ET HYDROPHILE

(Insectes coléoptères).

79. Description générale du dytique et de l'hydrophile. — Nous conseillons aux étudiants de choisir comme type, pour la dissection de l'insecte coléoptère, l'un de ces deux animaux. La dissection en est plus facile que celle du hanneton (1), et nous ne connaissons qu'une seule autre espèce (2), l'*Euryctes Nasicornis*, parmi les insectes des environs de Paris qui fournisse des préparations aussi élégantes.

---

(1) Le hanneton présente de sérieuses difficultés, dans la dissection du système nerveux en particulier, à cause du développement de l'appareil trachéen. On peut cependant l'utiliser pour la préparation du tube digestif et des organes génitaux. Nous conseillons aux étudiants qui voudront faire une étude spéciale de ce type, la petite monographie publiée par Carl Vogt et Yung dans le *Traité d'anatomie comparée*, Reinwald, Paris, 1894.

(2) L'*Euryctes Nasicornis* se trouve dans les déchets des tanneries.

En se munissant au printemps d'un filet grossier, les étudiants parisiens pourront se procurer eux-mêmes leurs matériaux de travail, en fouillant dans les mares des bois de Chaville ou de Bellevue ou, plus simplement, dans les fossés des fortifications.

Nous empruntons la description de ce gros insecte au savant et regretté entomologiste Maurice Girard.

80. Description du dytique. — Les plus puissants des carnassiers aquatiques sont les dytiques. Leur corps ovalaire, aplati, arrondi vers les extrémités, en biseau sur tous ses bords, est admirablement conformé pour fendre l'eau. Amis des eaux stagnantes, bourbeuses même, on les voit nager avec vélocité au moyen de leurs pattes postérieures. Ils remontent aisément en demeurant immobiles, la tête en bas, leur corps étant gonflé d'air amassé dans la partie terminale de l'intestin. Ils soulèvent l'extrémité postérieure de leurs élytres, englobent une bulle de fluide atmosphérique et les referment. De cette façon l'air, poussé comme par le piston d'une pompe, pénètre dans leurs tubes respiratoires, sans que l'eau puisse y entrer. Ils poursuivent tous les êtres vivants qui nagent autour d'eux ; ce sont les requins de la création entomologique. Ils saisissent leur proie avec leurs pattes de devant et la portent contre leur bouche. Non seulement, ils s'attaquent aux larves des libellules, des éphémères, des cousins, mais aux têtards des grenouilles et des tritons, aux mollusques des eaux, aux petits poissons, au frai et aux œufs des écrevisses. Qu'on leur jette une grenouille éventrée, ils s'y attachent avec délices. On peut les conserver dans des bocaux, et les alimenter avec de petits morceaux de viande crue. Esper en a nourri ainsi un, plus de trois ans ; dès qu'il voyait arriver sa petite provision, il se jetait dessus avec l'avidité de l'hyène et suçait le sang de la manière la plus complète. Une si grande voracité doit dépeupler souvent les eaux qu'habitent les dytiques. Heureusement pour eux, ils sont amphibies. Ils sortent de l'eau et marchent sur le sol avec quelque difficulté ; mais le soir, dépliant leurs ailes, bourdonnant à la façon des hannetons, ils se transporteront dans d'autres mares où ils amèneront la terreur et le ravage. Une espèce commune et de forte taille est le dytique bordé. Le mâle a les élytres lisses, celles de la femelle sont cannelées pour qu'il puisse s'y cramponner ; et, sous ses pattes antérieures, sont deux cupules garnies d'une foule de petites ventouses qui assurent son adhérence.

Dans leur premier état, les dytiques sont exclusivement aquatiques, encore plus voraces qu'à l'état adulte, se nourrissant pareillement de proie vivante.

La larve du dytique bordé est brune, comme couverte d'écailles, allongée, renflée au milieu. Elle nage par des mouvements vermiculaires, rapides, en frappant l'eau avec la partie postérieure de son corps. Deux petits corps cylindriques, divergents, à l'extrémité de son abdomen, lui servent à puiser l'air à la surface de l'eau. Sa tête est armée de deux mandibules en pince acérée, propre à harponner ses victimes. En dessous est la bouche, très cachée, et contenant de petites mâchoires à l'intérieur.

Quand le temps de la métamorphose est arrivé, ces larves aquatiques deviennent exclusivement terrestres. Elles quittent l'eau, s'enfoncent dans la terre humide qui borde les ruisseaux et les mares, et, dans une cavité ovale qu'elles se pratiquent, se changent en nymphe d'un blanc sale, qui passe habituellement l'hiver. Disons, pour terminer, qu'on a remarqué l'extrême sensibilité du dytique bordé aux variations de l'atmosphère. Il se tient dans l'eau à diverses hauteurs selon l'état du ciel, et peut servir ainsi de baromètre vivant.

81. Description de l'hydrophile. — Le grand hydrophile brun, commun dans les eaux des environs de Paris, est un des plus gros coléoptères de la France. Ce groupe est beaucoup moins carnassier que le précédent, surtout à l'état parfait, et on nourrit très bien l'hydrophile brun avec des feuilles de salade. Je m'étonne que, par la mode d'aquariums qui court, on ne s'amuse pas à remplacer par ces curieux insectes les insipides poissons rouges. Les hydrophiles nagent moins bien que les dytiques; leurs pattes plus longues sont moins élargies, et ils les font mouvoir non pas simultanément, mais l'une après l'autre. Il ne faut les saisir qu'avec précaution, car leur poitrine porte en dessous une pointe aiguë qui perce la peau jusqu'au sang. Bien que puissamment cuirassés, les hydrophiles sont souvent la proie des dytiques de taille moitié moindre, qui parviennent à les tuer en les perçant entre la tête et le corselet, c'est-à-dire à la seule place qui, comme le talon d'Achille, donne prise aux blessures. C'est par la tête que l'hydrophile, à l'inverse du dytique, vient puiser l'air à la surface de l'eau. L'antenne est coudée, et ses articles aplatis, en godets, collés contre le corps, forment une gouttière ou rigole où s'engage une bulle d'air quand l'antenne sort de l'eau. De là, l'air glisse sous le corps, où il est retenu par un duvet de poils serrés, de sorte que l'animal semble entouré d'une robe d'argent, et il parvient ainsi aux orifices respiratoires.

C'est à la fin de l'été que l'hydrophile brun prend sa forme parfaite. Il passe l'hiver engourdi au fond de l'eau, ou parfois sous les mousses ou les feuilles sèches des bords. Il peut se transporter en volant d'une mare à l'autre.

Dès le mois d'avril, les femelles fécondées s'occupent du soin d'assurer le sort de leur postérité. Des glandes abdominales leur permettent de sécréter une sorte de soie; les filières de ces glandes, à la façon de celles des araignées, sont autour de l'orifice anal. Cet exemple est unique chez les insectes adultes. La femelle s'accroche en travers sous une feuille qu'elle courbe un peu.

L'abdomen s'applique sous ce dôme, et les filières laissent sortir une humeur gommeuse qui se solidifie dans l'eau et forme une coque voûtée où il reste engagé. Puis, on voit se dégager de petites bulles d'air, à mesure que les œufs pondus occupent leur place. Enfin, l'insecte façonne une pointe relevée au-dessus de l'eau et qui ferme la coque. La femelle traîne, après elle, cette coque fixée à une feuille; puis, comme la mère de Moïse, elle confie à l'onde ce cher berceau dans un endroit calme et propice. La corne solide et recourbée qui le termine lui donne la faculté de s'accrocher aux corps flottants qu'il rencontre, et sauve ainsi la jeune famille que des vents pourraient porter sur des rives inhospitalières. Au bout de douze à quinze jours, sortent des œufs et de la coque de petites larves. Elles restent plusieurs jours attachées contre leur berceau, et paraissent d'abord se nourrir de végétaux. Elles changent plusieurs fois de peau et deviennent très carnassières. Réaumur les nomme vers assassins. Agiles, à longues pattes, elles grimpent volontiers aux plantes. Elles sont brunes, se raccourcissent et se dilatent aisément. De longues mandibules et de longues mâchoires dépassent leur tête. Nous leur trouvons des intincts bien curieux. Elles vivent surtout de ces lymnées, de ces physes, mollusques à minces coquilles spiralées qui flottent sur l'eau. Les mollusques sont saisis par-dessous ; la larve recourbe sa tête en arrière et presse la coquille contre son dos, comme un point d'appui, la brise, puis mange le limaçon à son aise. Qu'on la saisisse, que le bec d'un oiseau aquatique la rencontre, elle fait la morte, son corps pend de chaque côté comme une dépouille flasque et vide. Si cette ruse est inutile, elle rend par l'anus une liqueur noire qui trouble l'eau et peut lui permettre d'échapper à son ennemi. L'état de larve dure environ deux mois. Elle cesse de manger, sort de l'eau et va creuser, en terre, une sorte de terrier de 4 à 5 centimètres de profondeur, s'y pratique au fond une cavité sphérique très lisse à l'intérieur. Elle s'y change en nymphe blanchâtre, et chaque angle du corselet porte trois pointes cornées.

Au bout d'un mois environ, l'hydrophile sort de la peau de la nymphe fendue sur le dos ; ses élytres couchées le long du ventre se retournent sur le dos ; ses ailes se déploient, puis se replient, quand elles sont devenues fermes, sous les étuis encore blancs et mous ; l'insecte s'appuie sur ses pattes encore mal affermies. Telle est la manœuvre commune aux coléoptères. Peu à peu l'insecte se colore ; il reste encore une dizaine de jours sous terre, puis il s'échappe et se rend à l'eau après trois mois d'évolutions successives dont nous avons présenté l'histoire. Selon une découverte anatomique intéressante de C. Duméril, l'intestin de la larve, à mesure que ses métamorphoses se poursuivent, s'allonge de plus en plus en même temps que le régime tend à devenir herbivore. En effet, l'adulte préfère les végétaux aux matières animales, dont il mange cependant si la faim le presse.

82. Préparation de la carapace chitineuse et des membres du Dytique ou de l'Hydrophile. — La préparation que nous allons indiquer est surtout utile pour montrer la disposition des trois segments thoraciques, car celle des anneaux de l'abdomen est déjà visible, sans préparation.

On sépare le thorax de la tête et l'abdomen, on vide en partie l'abdomen, mais il vaut mieux ne pas toucher à l'intérieur du thorax, de peur de briser les apodèmes.

On verse dans une petite capsule de porcelaine une solution de potasse caustique (deux pastilles pour une quarantaine de grammes d'eau environ) et l'on fait chauffer, de manière à activer la préparation du sujet.

Sous l'influence de la potasse, les muscles et les organes mous de l'insecte tombent en déliquium.

On surveille l'opération ; et, au bout d'un quart d'heure environ, on lave à grande eau. Les parties chitineuses doivent se nettoyer sous le courant ; dans le cas contraire, on recommence l'opération, jusqu'à ce que le squelette chitineux soit complétement débarrassé des matières étrangères.

On peut alors séparer sans effort les trois segments du thorax, et l'on prépare les membres de la même façon.

83. Préparation des pièces de la bouche des insectes. — La disposition relative des pièces de la bouche est remarquablement constante dans les insectes ; et, malgré la diversité de forme que présentent ces organes dans les insectes broyeurs, lécheurs ou suceurs, on retrouve, d'après la théorie de Savigny (exacte dans son ensemble), fondamentalement les mêmes pièces chez tous les insectes.

Ces parties buccales comprennent la lèvre supérieure, les mandibules, les mâchoires et la lèvre inférieure.

Pour les préparer, on épingle l'insecte sur le dos, le ventre en l'air, on saisit avec des pinces le labre ou

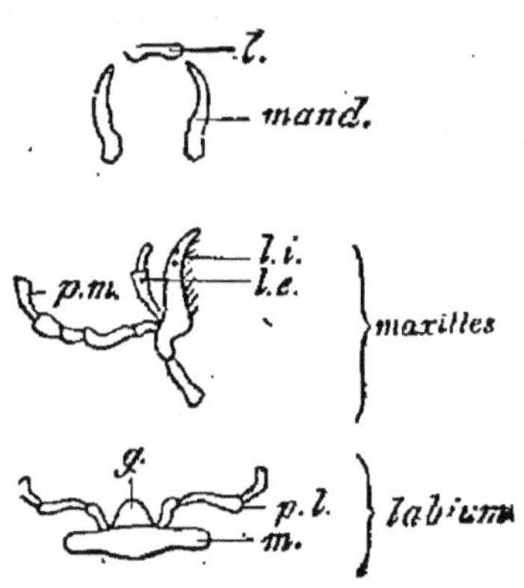

Fig. 78. — Partie buccale d'un Hanneton. — *l*, lèvre supérieure ou labre; *mand*, mandibules ou mâchoires supérieures; *maxilles*, mâchoire inférieure; *pm*, palpe maxillaire; *l.e*, galéa; *l.i*, lacinia; *labiam*, lèvre inférieure; *g*, languette; *p.l*, palpe labial; *m*, menton.

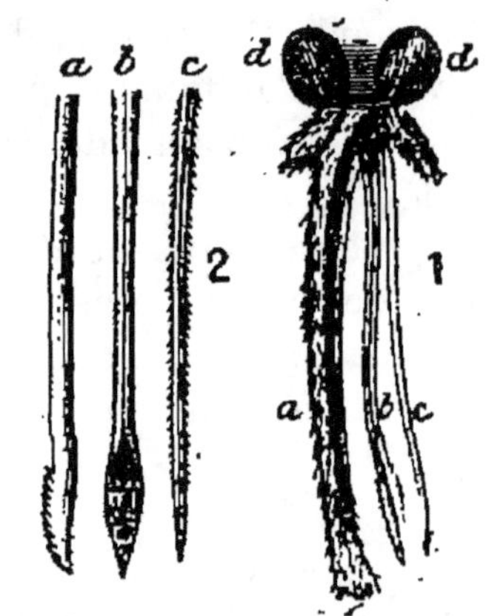

Fig. 79. — Trompe du Cousin (Moq.-Tand.). — 1, trompe; *a*, lèvre inférieure servant de gaine; *b*, mâchoires et mandibules en forme de soies, réunies ensemble; *c*, lèvre supérieure formant une cinquième soie; *d, d*, yeux; *e*, tête; *f, f*, palpes maxillaires;
2, soies isolées; *a*, une des deux soies dentée en scie; *b*, une des deux soies terminée par une lancette; *c*, lèvre supérieure.

lèvre supérieure (*l*), puis avec un scalpel on la détache de la tête; on agit de la même façon pour les mandibules (mand., fig. 78), pour les mâchoires (maxilles) et pour la lèvre inférieure (labium).

On les dispose ensuite sur une feuille de carton blanc en les faisant adhérer avec un peu de gomme et on les examine à la loupe.

La lèvre supérieure et les mandibules ont une forme

simple ; les mâchoires, au contraire, sont plus compli-
quées et présentent trois pièces principales : le palpe
maxillaire, la *galea* et
la *lacinia*. Pour bien
les observer, il faut
les séparer comme
l'indique la figure 78.

Il en est de même
pour la lèvre infé-
rieure, dont on doit
mettre la languette
et les palpes labiaux
en évidence.

Pour compléter
cette étude, il est
bon de se procurer
des têtes d'insectes
appartenant à d'au-

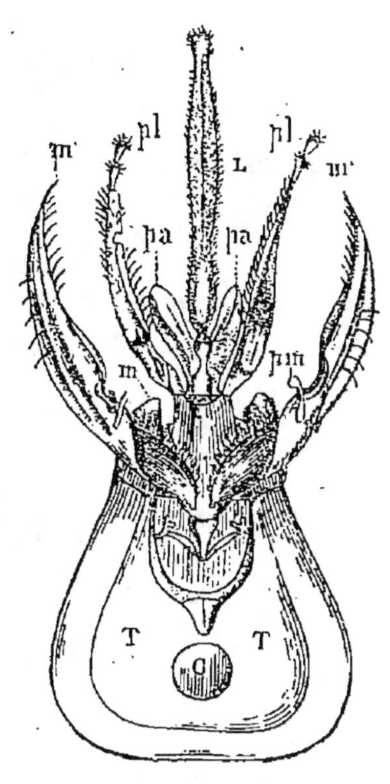

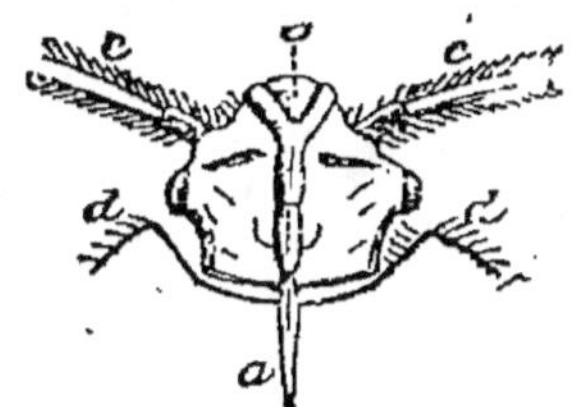

Fig. 80. — Rostre de la Punaise (Moq.-Tand.). — *a*,
extrémité du rostre ; *b*,
labre ou lèvre supérieure ;
c, *c*, portion des antennes ;
d, *d*, yeux.

Fig. 81. — Tête de l'abeille ouvrière
vue par derrière montrant les pièces
buccales écartées. — T, la partie postérieure de la tête ; C, cou ; *m*, mandibules dont on ne voit que la pointe ;
m', mâchoires ; *pm*, palpe maxillaire ;
pl, *pl*, palpes labiaux ; *pa*, *pa*, para-
glosses ; L, languette.

tres ordres que les coléoptères, par exemple un
hyménoptère lécheur comme l'abeille, un hémiptère
comme la punaise ou un diptère comme le cousin.
Les deux figures que nous donnons n° 80 et n° 81
suffisent pour montrer que, si l'on retrouve la même

disposition fondamentale des pièces de la bouche dans les insectes, les différentes pièces varient énor-

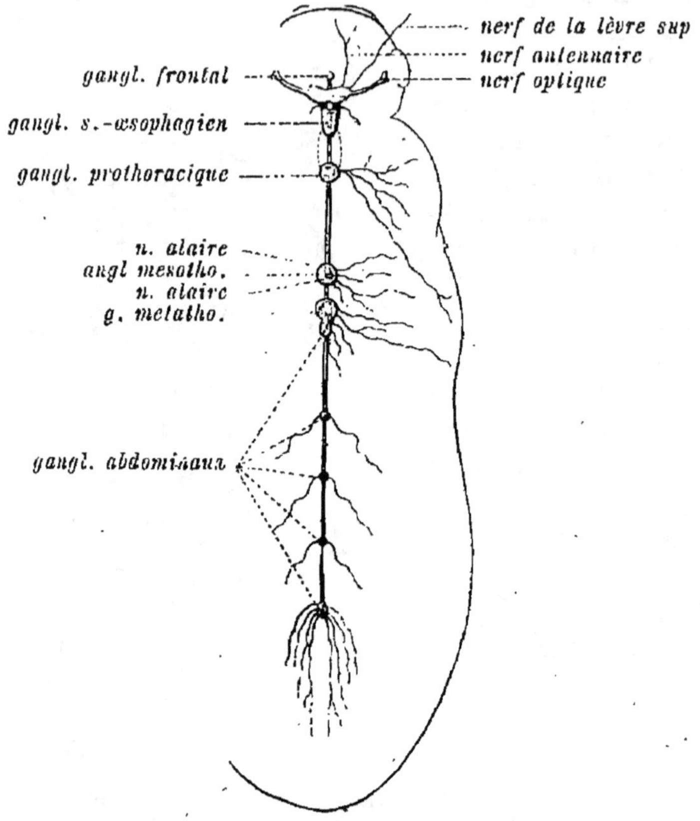

Fig. 82. — *Hydrophilus piceus* (d'après Blanchard). Système nerveux.

mément de forme, de volume et d'agencement réciproque.

84. Système nerveux du Dytique ou de l'Hydrophile.

— Pour pouvoir découper facilement les téguments de l'insecte, constitués par une enveloppe chitineuse rigide et dure, sans risquer de séparer le corps en plusieurs tronçons aux points de moindre résistance, on emploie souvent le procédé suivant qui donne de bons résultats :

On gâche dans une cuvette une certaine quantité

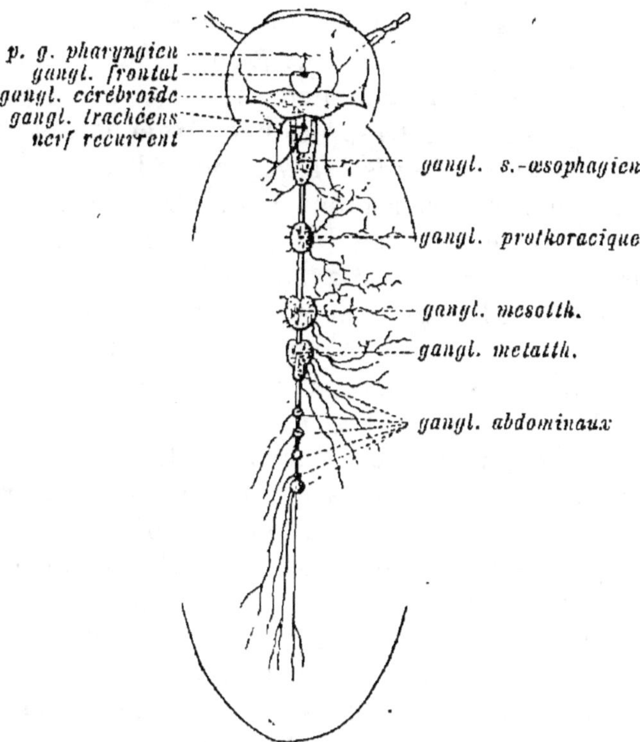

Fig. 83. — Dytique (d'après Blanchard).
Système nerveux.

de plâtre de manière à obtenir une couche de 2 à 3 centimètres d'épaisseur, selon la profondeur du récipient. Avant que le plâtre n'ait fait prise, l'opérateur étale le sujet à disséquer sur le plâtre, la face ventrale tournée vers le fond. Il presse légèrement sur lui de manière à l'enfoncer légèrement dans la matière plastique et à en mouler en quelque sorte les parties inférieures. Les pattes, étendues ainsi que les ailes (si elles n'ont pas été élaguées au préalable), sont enfoncées sous le plâtre et se trouvent ainsi solidement fixées.

Avec un scalpel, on attaque ensuite la carapace chitineuse, dans la région abdominale et thoracique, en conduisant l'incision de chaque côté du corps, sans jamais intéresser la ligne médiane.

La section peut être pratiquée largement et l'opérateur peut enlever sans crainte toutes les parties dures qui recouvrent les régions abdominale et thoracique. La chaîne nerveuse est, en effet, située sur la face ventrale et le tube digestif avec ses annexes se trouve interposé entre le scalpel et les parties qu'il faut dégager.

Il y a donc avantage à ne déplacer le tube digestif que lorsque les téguments ont été entièrement enlevés dans la région dorsale.

Les opérations préliminaires achevées, il est bon, avant de pousser la dissection plus avant, de rechercher tout d'abord les ganglions cérébroïdes.

L'opérateur doit procéder avec beaucoup de prudence et de légèreté. Avec un fin scalpel, il découpe au-dessus de la tête une calotte de chitine. Il a la précaution de faire glisser la lame horizontalement, de manière à ne pas intéresser les parties sous-jacentes. On ne doit pas oublier, en effet, que les ganglions cérébroïdes ou sus-œsophagiens ne sont pas abrités par le tube digestif et sont situés dorsalement, en avant de l'œsophage.

La calotte de chitine enlevée, il faut disséquer minutieusement sous l'eau, pour reconnaître tout d'abord la masse ganglionnaire bilobée qui les représente et ne pas détruire les nerfs qui en dérivent ni les connectifs qui, de chaque côté, vont rejoindre la chaîne nerveuse ventrale (fig. 82 et 83).

Le tube digestif enlevé, il est facile de distinguer la chaine ganglionnaire (fig. 82), dans l'abdomen où elle flotte librement; mais pour la suivre dans la région thoracique et isoler les ganglions importants situés dans cette région, il est nécessaire de disséquer les gros muscles des ailes (1).

Il arrive souvent que l'opérateur, par une dissection hâtive, coupe la chaîne nerveuse dans cette partie du corps. Il la fait disparaître, sans s'en apercevoir et la cherche ensuite beaucoup plus profondément.

Cette mésaventure provient de ce que, dans la région thoracique, la chaîne nerveuse, tout en restant ventrale par rapport au tube digestif, est sur-élevée sur des sortes de ponts que forment les apodèmes chitinisées dont nous avons parlé plus haut. Cette chaîne nerveuse se trouve ainsi rapprochée de la face dorsale de l'animal, dans toute la région thoracique.

85. Préparation du tube digestif du Melolontha vulgaris. — Il faut épingler le hanneton, le ventre sur le liége de la cuvette, le dos en l'air. On écarte les ailes de chaque côté, de manière à dégager l'abdomen, et avec une paire de ciseaux fins, on trace la même incision que pour la préparation du système nerveux (n° 84).

Il faut prendre quelques précautions cependant pour ne pas léser le tube digestif, particulièrement au niveau de l'abdomen. La lame des ciseaux doit être tenue presque horizontalement. Le tégument chitineux, soulevé avec précaution, sera alors disséqué au scalpel, en dessous, pour éviter les ruptures par arrachement.

---

(1) Pour les détails des ganglions et pour le stomato-gastrique, consulter les deux figures reproduites d'après Blanchard. (*Annales des sciences naturelles*, t. V. 3° série).

En partant de la bouche, dont la préparation à été indiquéé plus haut, n° 83, on rencontre un œsophage court qui traverse le collier œsophagien. Le jabot n'est pas très distinct comme chez d'autres insectes. Le tube digestif augmente progressivement de grosseur, puis il conserve, sur une longue étendue, le même diamètre (fig. 84), à partir du moment où l'on a pénétré dans l'abdomen. Cette région correspond au ventricule chylifique, d'ordinaire beaucoup plus court; mais nous ne devons pas oublier que nous avons affaire à un phytophage, à un végétarien.

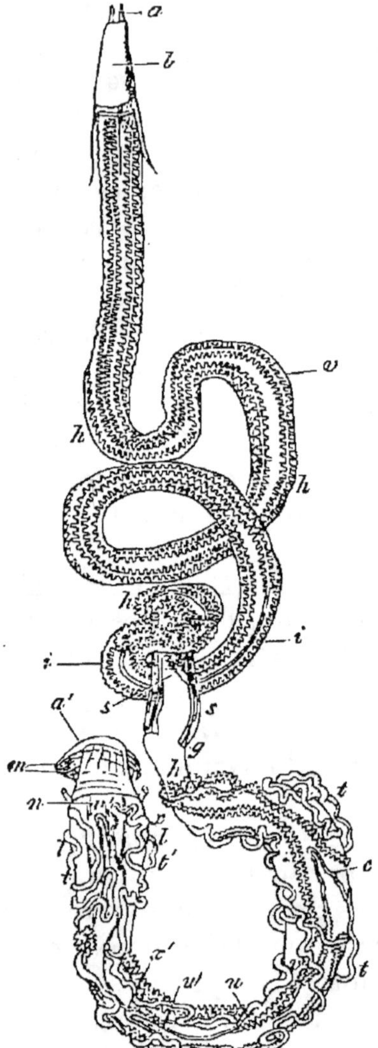

Fig. 84. — Canal digestif (grossi 4 fois) du *Melolontha vulgaris* (d'après Straus-Durckheim).— *a*, *b*, œsophage; *v*, estomac; *h*, *h*, *h*, *s*, *s*, canaux hépatiques (canaux de Malpighi jaunes); *i*, *i*, intestin; *g*, embouchure des canaux de Malpighi dans l'intestin grêle; *l*, *l*, *l'*, *l'*, *u*, *u'*, *v*, *v'*, *x*, *x'*, canaux urinaires (canaux de Malpighi blancs); *c*, *u*, côlon; *l*, *l*, *u*, *u'*, rectum; *a'*, anus; *m*, muscle sphincter de l'anus; *u*, ligne d'attache des muscles du rectum.

Toute cette région du tube digestif forme plusieurs circonvolutions dans l'intérieur de l'abdomen et présente accolés à sa surface, deux longs tubes hé-

rissés de papilles disposées en série (tubes de Malpighi).

Il existe quatre tubes de Malpighi. Autrefois, on
distinguait les tubes bruns et les tubes blancs de Malpighi, mais on a reconnu que ces organes sont en
continuité les uns avec les autres et n'offrent aucune
différence fondamentale. L'erreur provenait de ce
qu'il est fort difficile de les isoler, d'un bout à l'autre,
sans les rompre.

Au ventricule succinturié, succède l'intestin proprement dit, beaucoup plus grêle. C'est sur son parcours
que débouchent les tubes de Malpighi.

L'intestin proprement dit se poursuit par une partie
qu'on appelle le côlon, région dilatée, contenant dans
son intérieur six rangées de bourrelets triangulaires. Le côlon se retrécit à son tour pour aboutir à
l'anus.

La préparation du tube digestif est délicate dans
l'abdomen et exige une dissection minutieuse. L'opérateur est gêné par le développement considérable
des trachées qui sont renflées sous forme de vésicules. En déroulant le tube digestif, il devra éviter de
rompre les tubes de Malpighi, qu'il est difficile de
décoller de la paroi intestinale et de suivre dans toute
leur étendue. Il faut disséquer, sous la loupe, avec
beaucoup de prudence.

**88. Préparation de l'appareil circulatoire et de l'appa-
reil respiratoire des coléoptères.** — Nous ne conseillons pas aux étudiants d'essayer de préparer le système circulatoire de l'insecte ; cette préparation nous
paraît sortir du cadre des manipulations ordinaires.

Le système circulatoire est lacunaire et l'organe
de propulsion du liquide sanguin est situé sur la face
dorsale (fig. 85).

Pour le mettre en lumière, il faut une grande délicatesse de main. Les parois du cœur sont extrêmement minces et par cela même peu visibles sans des artifices de préparation.

La préparation de l'appareil respiratoire est au contraire très facile.

On doit rechercher tout d'abord les orifices des stigmates dont la position varie beaucoup selon les insectes considérés (voir, pour l'hydrophile et le dytique, le paragraphe 80 et 81).

Ces orifices reconnus, on étudie le cadre du stigmate et les dispositifs accessoires de cet orifice qui livre passage à l'air (poils, pièces chitineuses, valvules).

On ouvre ensuite l'animal par la face dorsale et l'on recherche les ramifications des trachées. Elles sont quelquefois si nombreuses, qu'elles deviennent un sérieux obstacle, dans certains insectes, à une bonne dissection (voir par exemple l'abdomen du hanneton). En partant des ramifications ultimes, on remonte progressivement aux plus gros troncs qu'on suit jusqu'aux orifices stigmatiques.

La disposition de l'arbre stigmatique est si variée, si peu constante, qu'il est inutile d'essayer d'en donner une description générale.

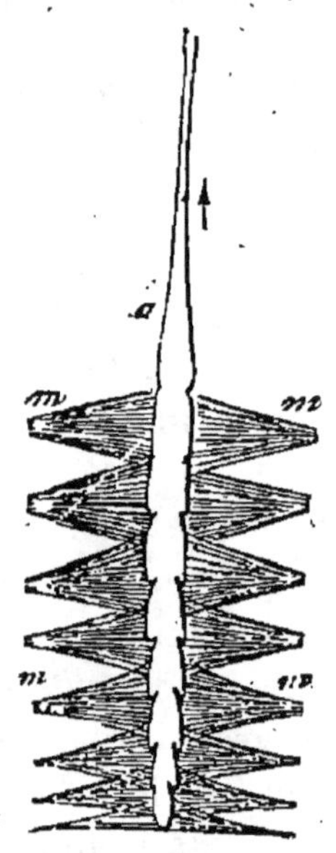

Fig. 85. — Cœur du Hanneton (d'après Burmeister). *a*, aorte ; *m, m, m*, muscles triangulaires qui fixent les huit chambres du cœur aux plaques dorsales. — La flèche indique la direction du sang : celui-ci est entré dans les chambres du cœur, pendant la diastole, par huit paires de fentes latérales.

Chez le hanneton il existe deux rangées de stigmates situées de chaque côté de l'abdomen (1).

Chaque stigmate est en communication avec une trachée d'origine qui se ramifie en branches secondaires, donnant elles-mêmes des branches de moindre importance. Souvent, les branches se renflent en constituant des vésicules remplies d'air.

Pour terminer la préparation, il faut disposer sur une lame quelques ramifications bronchiques et les examiner au microscope. On distinguera une disposition spiralée très remarquable.

Cette apparence est due à la membrane interne qui est renforcée par des épaississements élastiques enroulés en spirale. Ces épaississements élastiques, très résistants, peuvent se dérouler si l'on sépare brusquement deux morceaux de trachées.

Il existe une membrane externe faiblement accolée à l'interne, ce qui avait fait croire à la présence d'un espace lacunaire entre les deux.

87. Préparation des organes génitaux du Melolontha vulgaris. — Les sexes sont séparés. On reconnaît le hanneton mâle à la grandeur de ses antennes terminées par sept lamelles au lieu de six, comme chez la femelle.

Pour préparer les organes génitaux il faut inciser l'abdomen comme pour la préparation du tube digestif n° 85, par la face dorsale.

Puis, enlever avec soin le tube digestif et rechercher les testicules qui sont souvent assez difficiles à

---

(1) Il existe quelquefois des poches ou des réservoirs aériens qui représentent comme la transition des trachées proprement dites aux poumons trachéens qu'on observe chez les arachnides.

retrouver, au milieu du corps adipeux qui encombre la région.

Si on ne les distingue pas nettement, il faut rechercher la verge dont la gaine est toujours très visible, vers la partie moyenne et inférieure de l'abdomen ; (fig. 86), suivre le canal déférent comme conducteur,

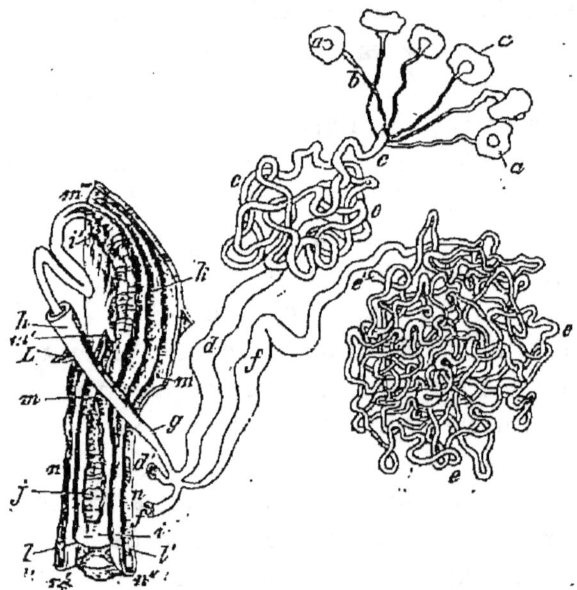

Fig. 86. — Organes génitaux mâles du *Melolontha vulgaris* (d'après Straus-Durkheim).— *a, a, a, a*, testicules ; *b*, conduits séminaux ; *c*, canal déférent ; *d*, partie de vésicule séminale dilatée ; *e*, glande muqueuse contournée, dont la sécrétion sert à la préparation des spermatophores ; *e'*, commencement de cette glande ; *d'*, *f*, embouchures du canal déférent et de la glande muqueuse du côté gauche ; *g*, canal éjaculateur à plusieurs replis ; *h*, sa gaine ; *i'*, gaine ouverte à gauche à l'intérieur du pénis ; *i*, orifice du pénis ; *f'*, cul-de-sac du canal éjaculateur ; *m'*, *l*, *l'*, *h*, *m*, pénis ; *n*, *n'*, *n''*, *n*, tube membraneux externe.

pour remonter jusqu'aux conduits séminaux et de là au testicule.

On préparera ensuite les annexes des organes génitaux et notamment les grosses glandes muqueuses, indiquées sur la figure 86.

La préparation des organes femelles se fait de la
même manière. Il faut prendre cependant quelques

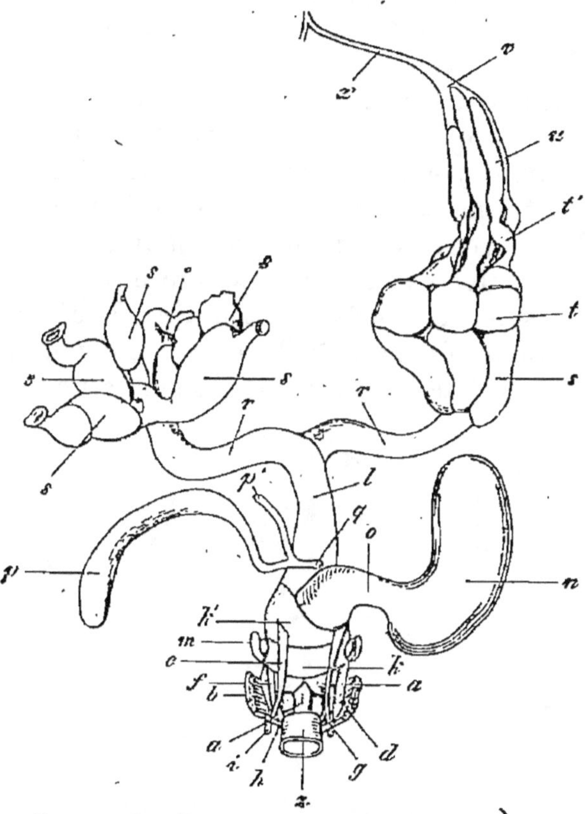

Fig. 87. — Organes femelles vus par la face inférieure, du *Melolontha
vulgaris* (d'après Straus-Durkheim). — *a*, cloaque; *b*, muscle élévateur
inférieur de l'anus; *c*, muscle long rétracteur; *f*, muscle court rétracteur; *g*, muscle rétracteur oblique; *h*, muscle transverse du cloaque;
i, muscle rétracteur postérieur; *k*, *k'*, *l*, vagin; *k*, muscle sphincter
de la vulve; *m*, glande vaginale; *n*, poche copulatrice; *o*, son canal
excréteur; *p*, réceptacle séminal; *p'*, glande appendiculaire; *q*, canal
séminal; *r*, *r*, oviductes; *s*, *t*, *t'*, *u*, ovaire; *v*, *x*, ligament suspenseur
de l'ovaire; *z*, rectum rabattu.

précautions en ouvrant l'abdomen; car les ovaires
sont situés sur la face ventrale de l'abdomen et s'étendent du premier au sixième segment.

Tous les tubes ovariens s'effilent, à une de leurs extrémités, pour constituer deux faisceaux qui convergent vers la face dorsale du premier anneau abdominal, où ils sont retenus par le ligament suspenseur x (fig. 87).

On doit isoler les tubes ovariens, les oviductes qui se réunissent en l pour constituer le vagin.

Une grosse poche se trouve sur le côté ; c'est la vésicule séminale n, avec son conduit vaginal o. En avant de la poche copulatrice, on distingue également, en p, le réceptacle séminal, avec une petite vésicule p', désignée sous le nom de glande appendiculaire, et qui n'est qu'un diverticule du réceptacle séminal.

Les autres détails sont indiqués sur la figure 87.

POISSONS TÉLÉOSTÉENS

88. Description générale de la carpe (Cyprinus Carpio). — Parmi les poissons téléostéens, la carpe appartient à l'ordre des malacoptérygiens abdominaux, qui ont les nageoires dorsales formées de segments articulés et chez lesquels les nageoires ventrales sont situées sous l'abdomen, en arrière des nageoires pectorales.

La carpe fait partie de la famille des cyprinoïdes qui est caractérisée par une bouche peu fendue, des écailles cycloïdes, des mâchoires faibles portant un petit nombre de dents (quand il en existe), tandis que les os pharyngiens en portent, au contraire, un très grand nombre.

Ce sont des poissons peu carnassiers, et, à côté des carpes, nous pouvons citer les goujons, les tanches, les brèmes et les ables dont l'organisation interne est presque identique.

Nous empruntons à Maurice Girard la description suivante :

La carpe est originaire de l'Asie Mineure et du Sud-Est de l'Europe et a été successivement introduite dans l'Europe centrale et septentrionale, où elle est parfaitement acclimatée et où elle présente des ressources importantes pour l'alimentation humaine, préférant les eaux tranquilles et chaudes aux eaux courantes et froides. La bouche est assez petite, située à l'extrémité du museau, et accompagnée de chaque côté de deux appendices charnus ou barbillons. La nageoire dorsale a vingt-quatre rayons, elle est fort longue, l'anale courte, toutes deux commençant par un gros rayon osseux dentelé en scie. Les écailles sont grandes, beaucoup plus longues que larges, les dents pharyngiennes massives ; en général, au nombre de cinq de chaque côté.

La ponte a lieu généralement en mai et juin, sur les rivages peu profonds et garnis d'herbes ; ou artificiellement sur des claies garnies de brindilles de fougères.

Pendant ce temps, les carpes font beaucoup de bruit en sautant à la surface et en battant l'eau avec leur nageoire caudale, afin de diluer la laitance et de disséminer les œufs au fur et à mesure de leur émission sur les herbes où ils se collent, et les alevins éclosent au bout de peu de jours.

Pendant l'hiver, la carpe s'enfonce presque entièrement dans la vase. Les carpes qu'on élève dans les étangs prennent successivement différentes dénominations. On les appelle de *la feuille* dès leur éclosion jusqu'à l'âge d'un an ; de un à deux ans, ce sont des *nourrins ;* de deux à trois ans de la *carpasse ;* enfin ce n'est qu'à trois ans qu'elles acquièrent définitivement le nom de carpes.

Comme la carpe est souvent à demi domestique, elle est affectée de nombreuses variations, parfois héréditaires. Ainsi les carpes saumonées ont la chair rose du saumon, la carpe rouge a les écailles d'un jaunâtre rosé, ainsi que la carpe à miroir ou reine des carpes, à peau nue par places avec des rangées de larges écailles d'énorme dimension. Plus rare encore est la carpe à cuir, dépourvue d'écailles et dont la peau très développée, changeant de consistance et de couleur, ressemble à du cuir. Enfin on nomme carpe bossue une variété qui provient de blessures reçues au sortir de l'œuf, amenant un développement anormal, parfois considérable, des régions antéro-supérieures. Un des plus remarquables cas de monstruosité consiste en un fort écrasement du museau, donnant aux individus ainsi déformés un aspect bizarre qui

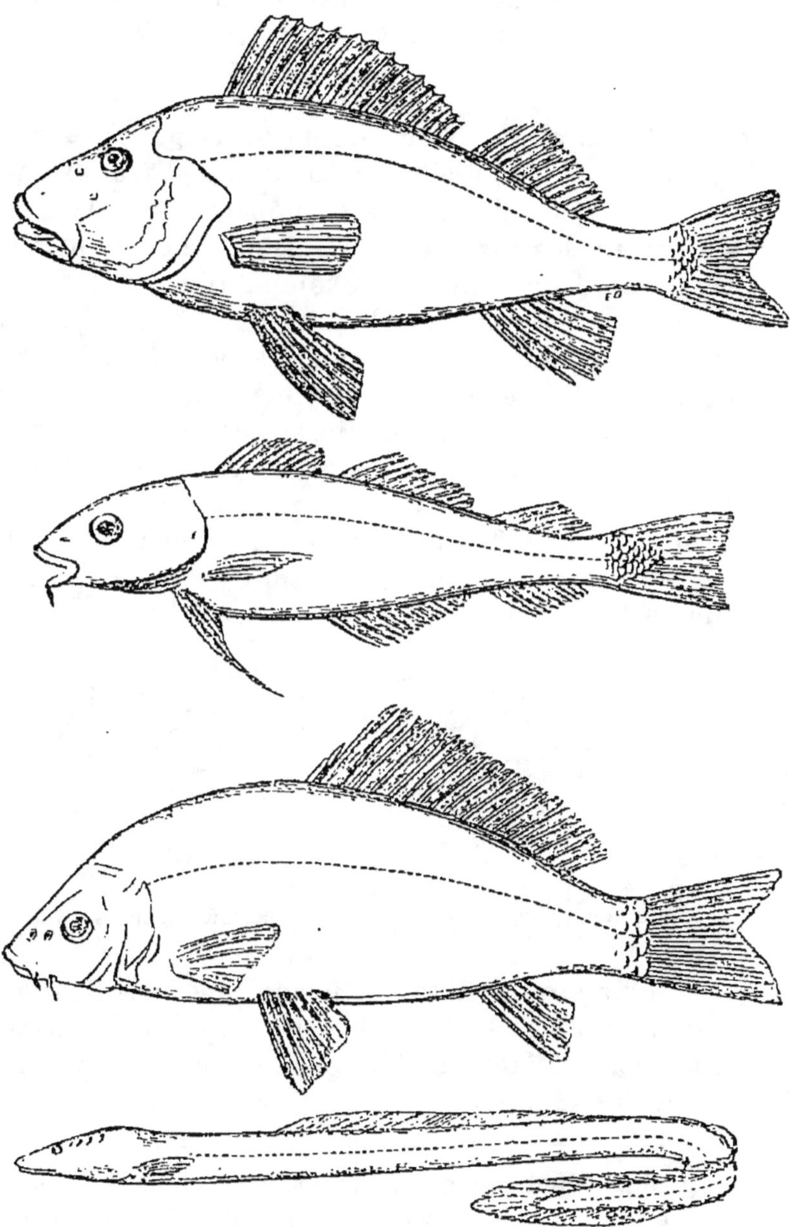

Fig. 88. — 1, Perche; 2, Morue; 3, Carpe; 4, Anguille.

les fait nommer *carpes-dauphins*. On en voit assez souvent des exemples parmi les célèbres carpes du bassin de Fontainebleau.

89. Préparation extérieure de la Carpe (1) **(Cyprinus Carpio).** — L'étudiant devra tout d'abord examiner l'extérieur de l'animal et comparer les stylets qui supportent les nageoires dorsales avec ceux qu'il trouvera dans la perche, par exemple (fig. 88).

Il constatera que, dans le premier cas, les stylets sont formés de petites pièces placées bout à bout, tandis que, dans le second, les stylets sont constitués par une épine rigide. Il étudiera ensuite les positions relatives des nageoires abdominales et pectorales, en les comparant à celles des nageoires de la morue, par exemple (fig. 88), ou à celles d'une anguille où les nageoires abdominales ne sont plus représentées (fig. 88)

Fig. 89. — Écaille de la Carpe (cycloïde) d'après Owen.

Fig. 90. — Écaille de la Perche (cténoïde) d'après Owen.

Il étudiera ensuite la forme des écailles et les examinera à la loupe. Chez la carpe, il trouvera des écailles cycloïdes (fig. 89); chez la perche, des écailles cténoïdes (fig. 90).

---

(1) Si les étudiants ont à disséquer la perche, ils trouveront une bonne monographie de ce type dans le *Traité d'anatomie comparée* de Carl Vogt et Yung. Reinwald, Paris, 1894.

La ligne latérale (organe des sens), située sur les flancs, ne peut manquer d'attirer son attention.

Enfin, en regardant l'animal par la face ventrale, il notera sur le tiers inférieur du corps la présence de la papille uro-génitale avec l'anus situé en avant (fig. 91).

Il pourra encore observer, sans préparation, la disposition des ouïes, situées de chaque côté de la tête; et en soulevant l'opercule, il apercevra les rangées de lamelles qui s'attachent sur les arcs branchiaux. En introduisant un manche de scalpel entre les lamelles et en le poussant vers la bouche, il pénétrera dans l'intérieur de la cavité pharyngienne communiquant librement avec l'extérieur par la bouche et par l'ouverture des ouïes.

90. Préparation du tube digestif de la carpe et des principaux organes internes. — Après ce premier aperçu de l'extérieur du poisson, on peut coucher l'animal sur le flanc et inciser la paroi de la cavité abdominale comme l'indique la figure 91.

On enlève l'opercule et les arcs branchiaux du même côté, ainsi que la ceinture scapulaire. Un œsophage relativement court, dont l'estomac n'est qu'une simple dilatation, se distingue alors. Le tube digestif dans son ensemble est assez long, son diamètre est à peu près invariable; quant à sa longueur, il représente à peu près deux fois la longueur du corps.

Après avoir rompu les brides mésentériques de manière à dérouler le tube digestif, on peut étudier les glandes annexes de l'intestin: le foie est divisé en lobes étroits et allongés qui se logent entre les replis de l'intestin. Dans sa partie inférieure, on trouve une vésicule biliaire volumineuse.

Le pancréas est diffus et il est assez difficile d'aper-

9.

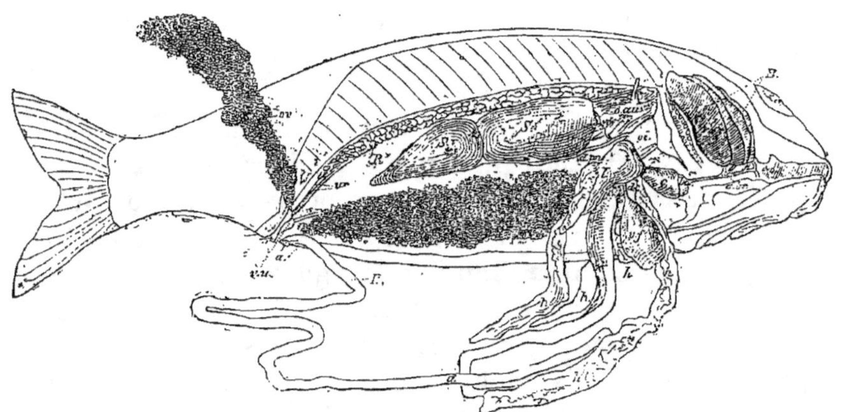

Fig. 91. — Organes de la Carpe. La paroi abdominale est enlevée. — *c*, cœur; *ba*, bulbe artériel; *abr*, tronc artériel branchial commun; *B*, branchies; *œ*, œsophage; *v*, estomac; *h, h, h*, foie; *rf*, vésicule biliaire; *d*, canal cystique; *c*, rate; *R*, intestin; *a*, anus; *S, S*, vessie natatoire; *d.pn*, canal aérien; *O.au*, osselets de l'ouïe; *R*, rein droit; *ur*, uretère; *ov*, ovaire droit; *vu*, vessie urinaire; *oug*, papille urogénitale.

cevoir ses lobules épars, le long des veines intestinales. La rate, sans rapports directs avec l'intestin,
s'allonge sous forme d'un ruban rougeâtre dans le
voisinage de l'estomac.

L'estomac, chez la carpe, ne présente pas de diver-

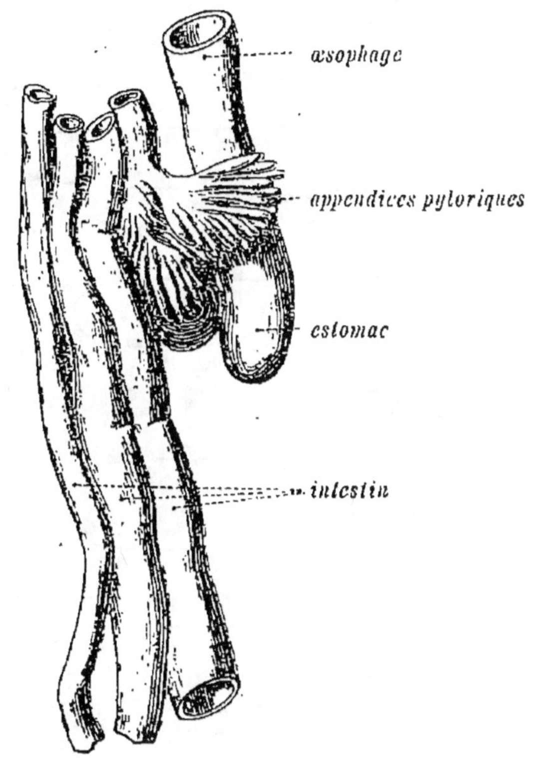

Fig. 92. — Tube digestif du maquereau montrant
les appendices pyloriques.

ticules particuliers; mais dans d'autres poissons osseux
on aperçoit un grand nombre d'appendices qu'on
désigne sous le nom d'appendices pyloriques (perche,
maquereau, etc.) (fig. 92).

Sur la face dorsale du tube digestif se trouve la

vessie natatoire divisée par un étranglement en deux
moitiés à peu près égales. A son extrémité se trouve
un canal (*ductus pneumaticus*) qui s'ouvre sur la face
dorsale de l'œsophage.

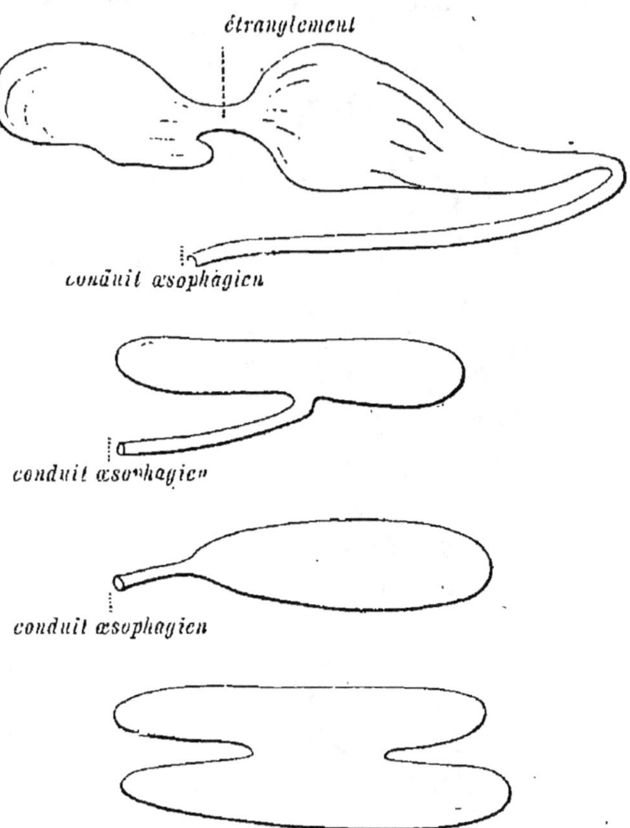

Fig. 93. — 1, vessie natatoire de la carpe; 2, vessie natatoire de
l'anguille; 3, vessie natatoire du brochet; 4, vessie natatoire du lieu
(sans conduit œsophagien).

Plus dorsalement encore, on trouve les reins sous
forme d'organes rougeâtres et pairs, qui s'étalent
tout le long de la colonne vertébrale, dans l'intérieur
de la cavité abdominale, se moulant sur les côtes. On

en voit partir les uretères sous forme de deux canaux blancs qui débouchent dans la vessie urinaire tout près de l'anus. La vessie débouche à l'extérieur par le pore uro-génital.

Selon la saison, l'opérateur trouvera les ovaires ou les testicules (les sexes sont séparés, sauf dans des cas très rares) sous forme de masses plus ou moins volumineuses.

Les ovaires forment deux longs cordons jaunâtres, de chaque côté du tube digestif, et se poursuivent dans la région aborale par deux conduits qui se fusionnent sur la ligne médiane, pour aboutir à la papille uro-génitale. Les testicules, faciles à reconnaître à leur couleur blanchâtre, ont la même position que les ovaires, ainsi que leurs canaux excréteurs.

Nous ne parlons pas ici du système circulatoire dont la préparation spéciale est indiquée plus bas.

91. Préparation du système artériel du poisson osseux. — A moins d'avoir à sa disposition un grand type de poisson osseux, ce qui n'est pas le cas ordinaire, nous conseillons à l'étudiant de ne tenter que l'injection des artères qui partent du cœur (vaisseaux afférents de la branchie correspondant aux artères pulmonaires des vertébrés supérieurs).

Pour faire cette préparation, il faut fixer le poisson sur le dos, le ventre en l'air, sur le fond d'une cuvette liégée.

On incise largement sous la gorge, de manière à mettre en évidence le cœur qui est placé très haut du côté de la bouche.

On distingue alors l'oreillette, le ventricule et le commencement du bulbe artériel.

Il est facile avec des ciseaux fins de percer une boutonnière dans le ventricule et d'injecter par cet ori-

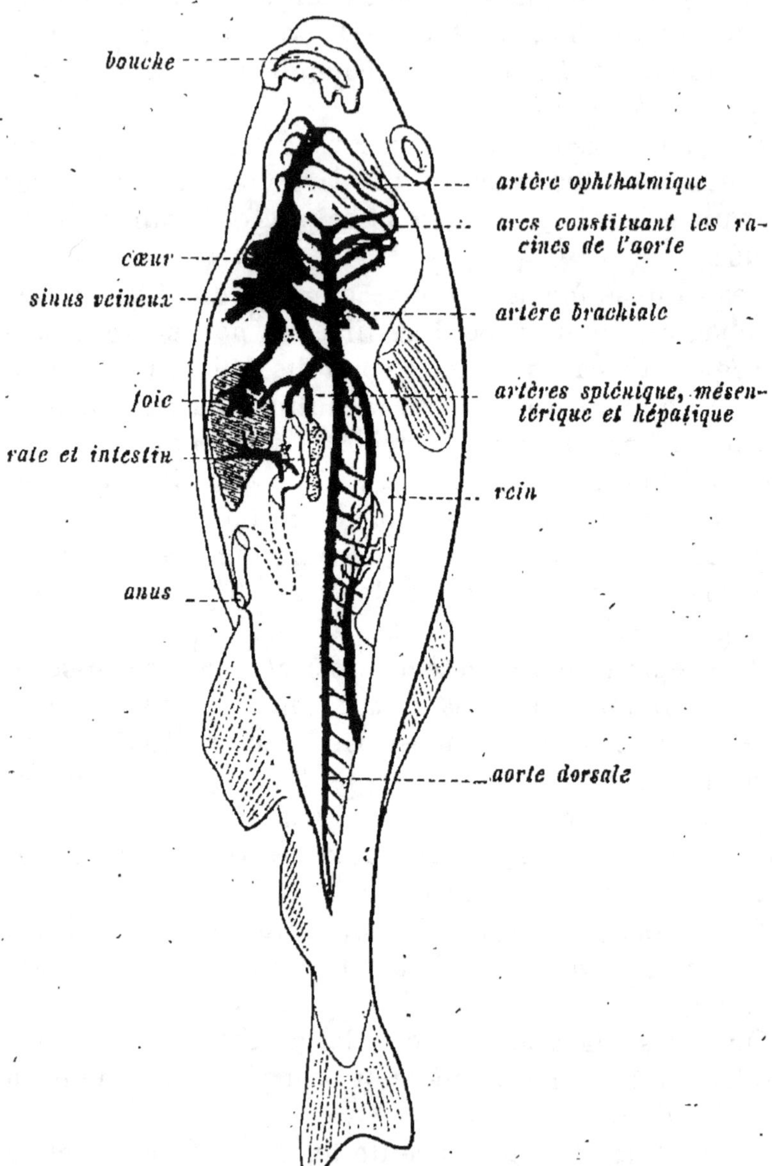

Fig. 94. — Figure théorique de la circulation artérielle du poisson.
Le système veineux a été représenté en noir.

fice un liquide coloré (de préférence une masse solidifiable à froid n° 5). L'injection pénètre à l'aide
d'une pression modérée, si l'on a soin de réchauffer à
l'avance l'animal.

Après avoir coupé les ouïes et constaté que l'injection a passé dans la branchie, on dissèque le bulbe
et les artères qui en partent, en suivant la ligne médiane et en se rapprochant de la bouche (1).

Si l'on veut faire l'injection complète du système
artériel proprement dit, on suivra la méthode indiquée
pour les poissons cartilagineux n° 93, mais, à moins
d'avoir à sa disposition un échantillon offrant un
grand volume, on aura avantage à employer une masse
très pénétrante (voir n° 5).

Il vaut mieux ne pas tenter l'injection si le poisson
n'est pas dans un état parfait de conservation, on serait
exposé à des ruptures inévitables de vaisseau. Pour
la disposition des vaisseaux, nous renvoyons à la
figure 94.

____

(1) Par ce moyen on n'obtient que l'injection des artères
qui se rendent dans la branchie.

POISSONS SÉLACIENS

92. Préparation générale des sélaciens. — Les étudiants peuvent avoir communément entre les mains

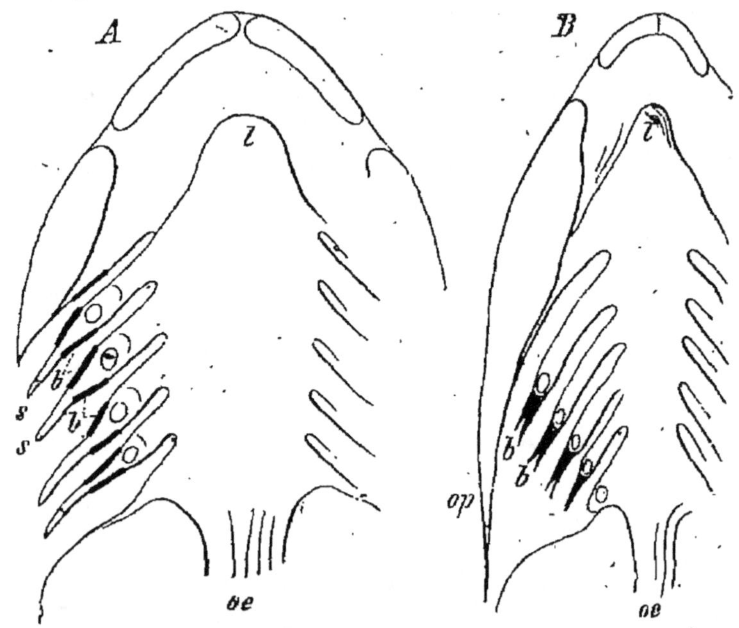

Fig. 95. — Coupes horizontales à travers la cavité branchiale. — A, du
Scyllium; B, du *Barbus* (d'après Gegenbaur); *l*, rudiment de la langue;
œ, œsophage; *ss*, cloisons des chambres branchiales; *op*, chambres
branchiales; *bb*, branchies.

deux types (squales et raies) dont l'extérieur est très
différent.

On doit, pour l'un et l'autre type, considérer tout
d'abord l'extérieur de l'animal. La peau endurcie par

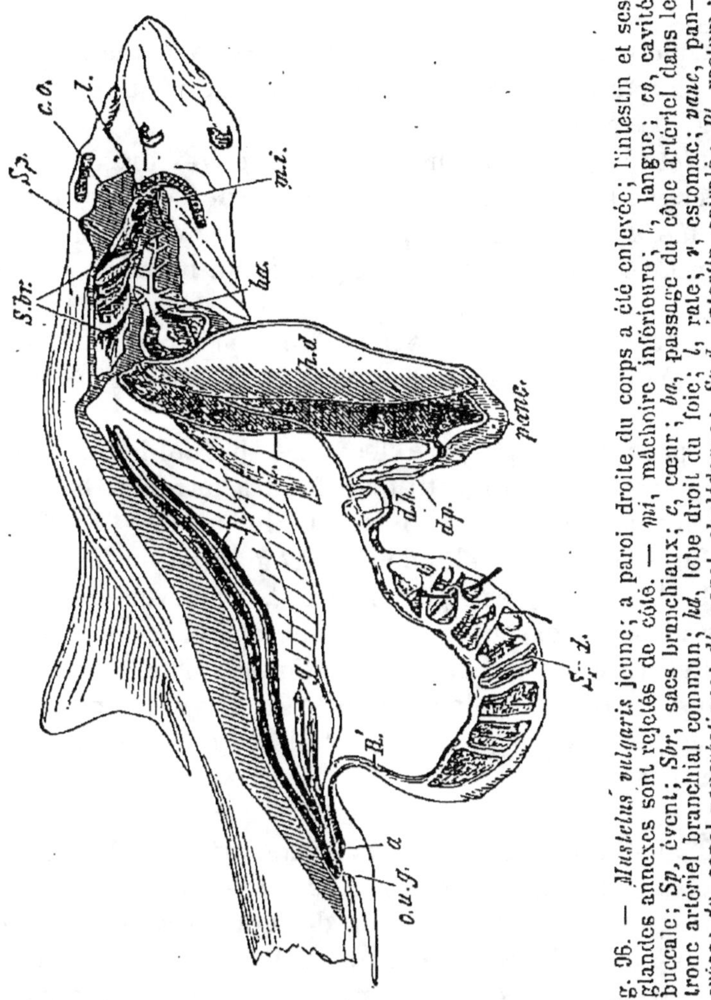

Fig. 96. — *Mustelus vulgaris* jeune; a paroi droite du corps a été enlevée; l'intestin et ses glandes annexes sont rejetés de côté. — *mi*, mâchoire inférieure; *l*, langue; *co*, cavité buccale; *Sp*, évent; *Sbr*, sacs branchiaux; *c*, cœur; *ba*, passage du cône artériel dans le tronc artériel branchial commun; *hd*, lobe droit du foie; *l*, rate; *v*, estomac; *vanc*, pancréas; *dp*, canal pancréatique; *dh*, canal cholédoque; *Sp.d*, intestin spiralé; *R'*, rectum; *a*, son orifice dans le cloaque; *R*, reins; *g*, organes génitaux; *o.u.g*, orifice urogénital.

des granulations offre un aspect chagriné. Elle est
relevée d'organes particuliers (les boucles chez certaines raies).

Après avoir étudié la disposition des nageoires, l'ouverture des branchies devra être examinée avec soin comparativement avec celle des poissons osseux (fig. 95).

Qu'on ait affaire à un pleurotrème (squale) ou à un hypotrème (raie) le schéma que nous donnons (fig. 95) sera vrai.

L'étudiant recherchera ensuite l'ouverture de l'évent (très visible chez les raies) et celle de l'oreille interne située à côté, il remarquera la disposition toute particulière des narines et des glandes à mucus.

Cette vue extérieure ayant été prise, il ouvrira la cavité abdominale comme dans le poisson téléostéen, (voir n° 90).

Après avoir préparé les sacs branchiaux, il disséquera le tube digestif qu'il faudra ouvrir à la fin de la préparation pour voir la valvule spirale (fig. 96).

Le foie a un développement remarquable (fig. 96).

Le pancréas est plus facile à observer que dans les poissons osseux, car il est compact.

Les autres organes étant indiqués sur la figure, nous n'insisterons pas davantage. Afin d'éviter les redites, nous renvoyons pour les détails complémentaires au paragraphe n° 90.

93. — **Préparation du système artériel du poisson cartilagineux.** — L'injection du système artériel du poisson cartilagineux (chien de mer ou raie) est beaucoup plus facile à réaliser que celle du poisson osseux, les vaisseaux présentant presque toujours des parois suffisamment résistantes.

L'aorte ou son prolongement suit la colonne vertébrale d'un bout à l'autre du corps, immédiatement au-dessous (face ventrale) des corps vertébraux, dans

l'espace qui est limité, au moins sur les côtés, par
l'arc hœmal.

L'étudiant profitera de cette disposition favorable de
l'aorte.

Le poisson étant couché sur le flanc droit ou sur

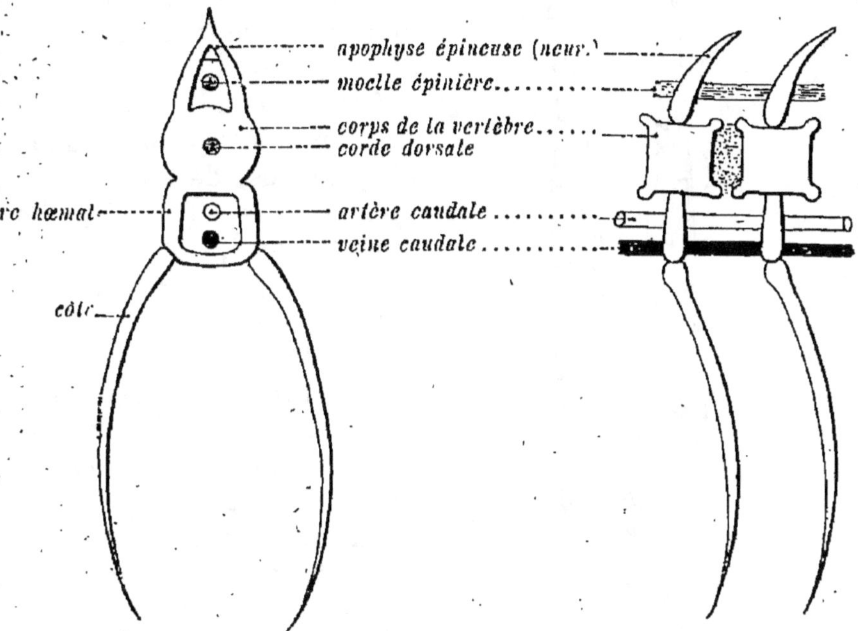

Fig. 97. — Dessin schématique indiquant la disposition de l'artère
et de la veine dans l'arc hœmal.

le flanc gauche (1) au choix, on incise les téguments
et les muscles sur une largeur de quelques centimètres,
de manière à mettre à nu la colonne vertébrale et à
dégager le corps des vertèbres et les apophyses des
arcs hœmaux correspondant au côté choisi.

---

(1) Lorsqu'il s'agit d'une raie, il est difficile de coucher
complètement l'animal sur le flanc; et on se contente de lui
donner une position oblique sur le côté.

En disséquant avec soin cette région, on ne tarde pas à apercevoir, au-dessous de l'arc hœmal, dans le canal limité par les deux arcs hœmaux, l'artère cherchée. La seule difficulté est de ne pas la confondre avec une veine, ce qui est facile en tenant compte de la position relative des vaisseaux (voir fig. 97).

On dissèque l'artère sur une longueur de un à deux centimètres, de manière à bien l'isoler, et l'on perce dans la paroi, à l'aide de ciseaux fins, une incision en boutonnière par laquelle on peut introduire une canule.

Si l'animal a des dimensions un peu considérables, il y a avantage à lier la canule sur le vaisseau.

On injecte ensuite, à l'aide d'une pression modérée et continue, un liquide coloré.

Si l'on peut réchauffer l'animal, il est préférable d'employer une masse solidifiable à froid; dans l'autre cas, on choisira la masse indiquée n° 5.

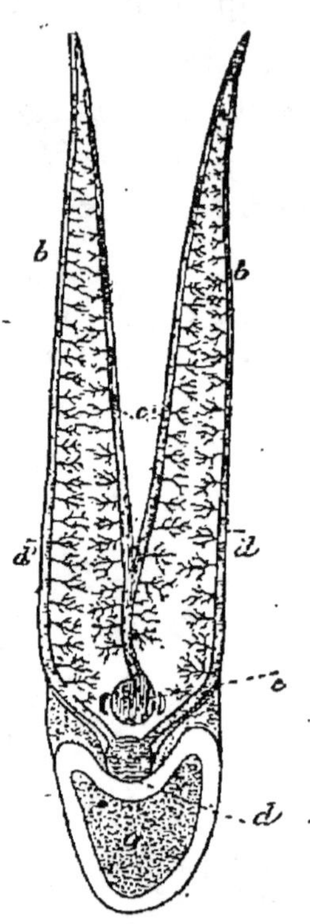

Fig. 98. — Schéma de l'irrigation d'une lamelle branchiale. — *d, d'*, vaisseau efférent et ses ramifications. — *c, c'*, vaisseau efférent et ses racines; *a*, arc branchial; *b*, lamelles branchiales.

Pour achever la préparation, nous conseillons de laisser l'animal sur le flanc et de détacher le long de la paroi abdominale, à l'aide d'une incision circulaire, tout un côté de la paroi de l'abdomen. On pourra de cette façon mettre en évidence le tube digestif. On disséquera ensuite, en remontant vers la bouche, l'aorte et on aura grand soin de respecter les artères qui se détachent de ce tronc commun et qui sont indiquées dans la figure n° 94.

Nota. — *Le système veineux n'exige pas d'injection spéciale. Il est naturellement injecté par le sang coloré en rouge foncé.*

SYSTÈME NERVEUX ET ORGANES
DES SENS DES POISSONS

·94. Préparation du système nerveux des poissons. — L'encéphale du poisson est le plus facile à préparer dans la série des vertébrés. Quoique la cavité crânienne soit relativement très petite et que les parois

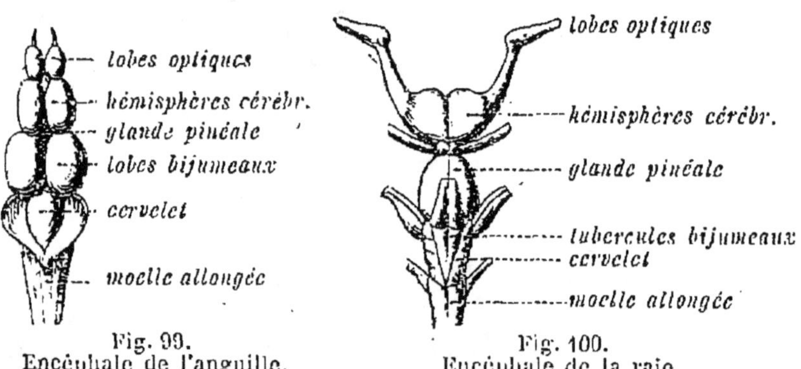

Fig. 99.
Encéphale de l'anguille.

Fig. 100.
Encéphale de la raie.

du crâne, même chez les poissons cartilagineux, soient très résistantes, la préparation se fait aisément, sans léser la masse nerveuse. (Celle-ci, en effet, ne remplit que très incomplètement la boîte crânienne et l'on peut découper les parties osseuses sans craindre de l'entamer).

Il y a avantage à se procurer une tête de poisson aussi volumineuse que possible. Le prix d'achat en est minime, car les marchands sacrifient volontiers la tête de certains gros poissons qui ne se prêtent pas à la vente (1).

La préparation pourra, du reste, être menée à bien sur des poissons de petite taille, mais l'encéphale sera de dimensions beaucoup plus exigües (fig. 99).

On place le poisson sur le ventre et après l'avoir solidement fixé, on se débarrasse des téguments et des muscles sans aucun ménagement, jusqu'à ce que l'on soit arrivé aux os du crâne.

Si l'on a affaire aux poissons osseux, les os sont lamelleux et fort résistants, on arrive cependant à les entailler, même dans les plus grosses espèces, avec un fort

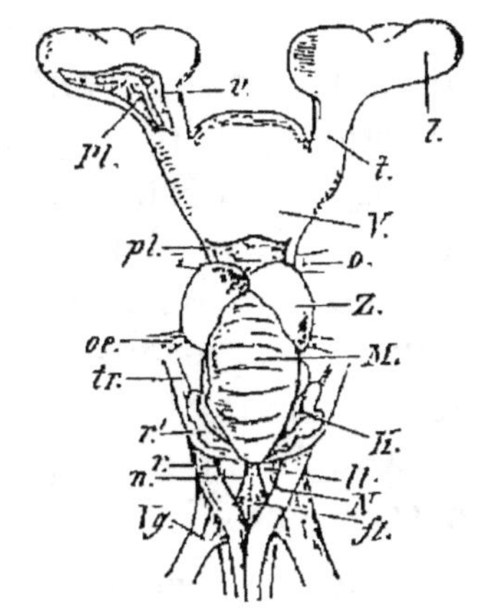

Fig. 101.— Cerveau du *Mustelus lævis* (d'après Michlucho-Maclay). Une partie de la paroi supérieure des tractus et des lobes olfactifs est enlevée pour montrer le plexus ; la voûte des pédoncules cérébraux et du cerveau intermédiaire est enlevée. — *V*, cerveau antérieur (hémisphère cérébral avec son ventricule *v*) ; *Pl*, plexus du cerveau antérieur se prolongeant jusque dans la dilatation des lobes olfactifs *l* ; *t*, tractus olfactif ; *pl*, plexus choroïde ; *O*, nerf optique ; *Z*, cerveau intermédiaire (lobe du troisième ventricule et corps quadrijumeau) ; *œ*, nerf oculomoteur ; *M*, cerveau moyen (cervelet) ; *tr*, nerf trijumeau ; *H*, cerveau postérieur ; *r'*, partie supérieure plissée et coupée des corps restiformes *r* ; *ll*, lobes trijumeaux ; *N*, post-cerveau (moelle allongée) avec son ventricule ; *n. fl*, cordon de la moelle allongée ; *rg*, nerf vague.

(1) Dans les déchets des Halles on peut se procurer, pour quelques centimes, des têtes de congres très volumineuses.

scalpel ou un couteau bien aiguisé. La seule précaution à prendre, mais c'est une précaution nécessaire, est de tenir la lame horizontale et de ne jamais manœuvrer la pointe en avant.

En agissant de cette façon, en rabotant en quelque sorte la partie supérieure du crâne, l'opérateur doit prendre garde de se blesser avec les esquilles pointues qu'il détache. Les blessures peuvent avoir en effet des conséquences dangereuses.

Bientôt la cavité du crâne est ouverte sur le haut et cependant on ne distingue pas encore les masses caractéristiques de l'encéphale.

Il faut achever d'agrandir l'ouverture; et, avec un pinceau ou un très faible courant d'eau (1), on débarrasse la boîte crânienne des masses graisseuses qui l'encombrent.

On distingue alors, vue par la face supérieure, la plus grande partie de l'encéphale, les tubercules bijumeaux (z) si remarquablement développés qu'on les prendrait, au premier abord, pour les hémisphères cérébraux (fig. 101).

L'erreur est facile à éviter si l'on remarque, immédiatement en avant, la présence de la glande pinéale qui offre l'aspect d'une petite éminence rougeâtre.

Les hémisphères sont situés au-delà et se prolongent dans la région antérieure de la tête en constituant d'énormes lobes olfactifs (l) dont les pédoncules, chez le congre, par exemple, ont de trois à quatre fois la longueur totale de l'encéphale (fig. 99).

Pour les disséquer, il faut continuer à ruginer les

---

(1) Il suffit de mettre la préparation sous l'eau, les matières grasses, plus légères, montent à la surface sans aucune intervention de la part de l'opérateur.

os en avant, en enlevant des plaques osseuses, jusqu'à ce qu'on les distingue par transparence.

D'ordinaire, il faut également ruginer les os en arrière pour dégager le cervelet et voir la moelle allongée et le commencement de la moelle.

La forme de l'encéphale varie énormément chez les poissons. Elle varie dans de si grandes proportions, qu'il est impossible d'en donner un schéma unique. On peut dire cependant que chez tous, les diverses parties de l'encéphale sont remarquablement dissociées et que les variations portent seulement sur le développement relatif des différentes parties, ainsi qu'on peut s'en assurer en considérant les deux figures 99 et 100.

Pour achever la préparation, les étudiants devront couper les principaux nerfs qui partent de l'encéphale de manière à pouvoir le retourner pour l'examiner par la face inférieure.

95. Préparation de l'œil des poissons osseux. — Si les opérateurs ont sous la main un échantillon de bonne dimension, ils ont avantage à extraire l'œil de l'orbite et à en étudier les différentes parties comme nous l'indiquons plus loin, n° 123, pour le bœuf. — Pour faciliter leur dissection, nous donnons ici la description de l'organe de la vision, d'après M. Delage (1).

L'organe de la vision est contenu dans l'orbite, largement ouverte, et séparée de celle du côté opposé par une cloison en partie osseuse, en partie membraneuse. Il repose sur une couche de tissu cellulo-graisseux très riche en vaisseaux et même en sinus lymphatiques. Il est constitué extérieurement par une forte enveloppe qui a la forme d'une sphère

---

(1) Conférences professées à la Sorbonne par M. Y. Delage et rédigées par un groupe d'étudiants. Paris, 1876.

aplatie en avant, au point où se trouve la cornée. La portion postérieure qui forme beaucoup plus de la moitié de l'enveloppe totale est la sclérotique. C'est une forte membrane qui souvent même est, en partie ou en totalité, cartilagineuse (orthagariscus) ou osseuse (Thon). Généralement deux baguettes cartilagineuses ou osseuses renfermées dans son intérieur forment un anneau équatorial complet ou incomplet. En

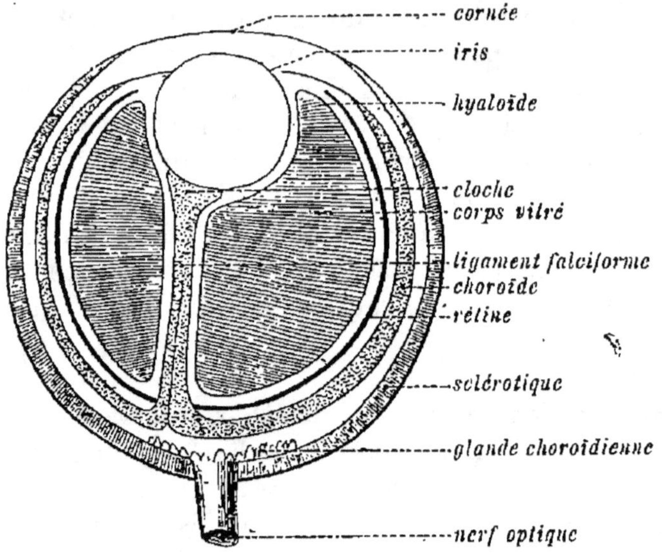

Fig. 102. — Dessin théorique de l'œil des poissons osseux.

arrière, elle est percée pour l'entrée du nerf optique, en avant elle est complétée par la cornée. Sa face interne est doublée par la choroïde, membrane conjonctive très riche en vaisseaux et en cellules pigmentaires. La choroïde, au niveau de la cornée, se détache de la paroi du globe oculaire, et se portant transversalement en dedans, forme une cloison; l'iris est percée en son centre d'un trou, la pupille. L'iris a la même structure que la choroïde, mais il possède en outre quelques rares fibres musculaires circulaires et rayonnantes qui lui permettent de modifier le diamètre de la pupille. L'iris divise l'œil en deux compartiments, l'un antérieur, plus petit, occupé par une petite quantité de liquide, l'autre postérieur plus grand. Ce dernier contient d'abord le cristallin qui est sphérique ou à peu près et qui s'applique contre la pupille qu'il obture. — En arrière de lui est un liquide transparent, le corps vitré, contenu dans les mailles d'une substance conjonctive lâche, circonscrivant des aréoles. Il est contenu dans une membrane transparente, la hyaloïde. Le cristallin s'appuie postérieurement contre le corps vitré dont la hyaloïde le sépare. La rétine est la portion essentielle de l'œil; elle est formée par une expansion du nerf optique; elle s'étale en membrane sur la face concave de la choroïde. Elle est formée de cellules nerveuses qui constituent sa couche moyenne et qui sont en relation en avant avec les cylindres axes du nerf optique, et en arrière avec les batonnets.

Mais tous ces caractères se trouvent chez les autres vertébrés. Il y a trois particularités cependant, spéciales aux poissons.

La première est la *sphéricité du cristallin*, qui compense l'aplatissement exagéré de la cornée.

La deuxième est la *présence d'un organe spécial*. C'est le ligament falciforme. Il va du fond de l'œil au cristallin; il est constitué par un repli de la choroïde qui perce la rétine et s'avance par ce trou en refoulant la hyaloïde vers le cristallin; on a donc une sorte de tube en cul de sac formé par la choroïde qui a traversé la rétine et le corps vitré et qui va s'appliquer sur le cristallin. Le ligament falciforme contient une artère et une veine avec un nerf et des cellules pigmentaires. Au point où il s'insère sur le cristallin, il s'épate et forme avec ses fibres lisses, la *cloche*. La fonction de ce repli est inconnue.

Enfin, autour du point où le nerf optique perce la sclérotique, on trouve ce qu'on appelle la glande choroïdienne qui n'est nullement une glande mais bien un *rete mirabile* formé par les vaisseaux choroïdiens. Ajoutons qu'entre la choroïde et la sclérotique se trouve souvent du tissu graisseux. — Les parties accessoires de l'appareil de la vision sont très réduites; il n'y a pas trace d'appareil lacrymal, et les paupières consistent en un simple repli circulaire immobile et peu profond.

GRENOUILLES (Amphibiens)

96. Description générale de la grenouille. — Il existe deux espèces de grenouilles très répandues dans toutes les parties de la France :

1° La grenouille verte (*Rana esculenta*) qui vit surtout dans les marais et dans les étangs ;

2° La grenouille rousse (*Rana temporaria*) qui présente une large tache noire dans la région temporale et qu'on trouve aussi bien dans les prairies humides que dans les mares.

Ces deux espèces, qui ont une organisation interne presque semblable, se distinguent aisément des crapauds, en ce qu'elles ont la peau lisse, le corps allongé, les pattes de derrière très développées et enfin parce qu'elles ont des petites dents dans l'intérieur de la bouche.

Les crapauds, au contraire, ont la peau verruqueuse, le corps trapu et épais, les pattes de derrière relativement grêles et courtes ; de plus, ils n'ont pas de dents dans la cavité buccale.

On ne doit pas confondre non plus avec les grenouilles ce petit batracien d'un beau vert, orné de chaque côté de l'œil d'une bande dorée, qu'on désigne sous le nom de rainette (*Hyla viridis*) et qu'on rencontre sur les plantes grimpantes de nos jardins. Il en diffère, à première vue, par la forme particulière de l'extrémité de chacun de ses doigts, qui est élargie et arrondie et forme une petite pelote visqueuse.

Si on pince la peau d'une grenouille, on la soulève sans effort, elle semble décollée des muscles de la paroi du corps. Ce fait facile à constater tient à ce qu'il existe sur toute la périphérie du corps de grandes lacunes en communication avec le système lymphatique et remplies d'un liquide lymphatique.

97. Tube digestif de la grenouille. — La langue fixée en avant, libre et bifide en arrière, est une langue à bascule. La portion la plus interne peut être projetée en avant en décrivant une demi-circonférence autour de son point d'attache (point fixe).

A la suite de la bouche se trouve un court œsophage garni de cils vibratiles (1).

L'estomac n'est représenté que par une simple dilatation du tube œsophagique, le cardia est peu nettement indiqué et le pylore ne s'accuse que par un rétrécissement graduel de la lumière du canal intestinal.

L'intestin, après avoir formé l'anse duodénale, décrit quelques sinuosités avant de se continuer par le rectum (portion élargie du tube) qui débouche dans le cloaque au même niveau que la vessie urinaire.

---

(1) Il est facile de montrer l'existence de ces cils vibratiles, sans instrument grossissant; il suffit de couper l'œsophage sur une certaine longueur et de l'enfiler sur un petit tube de verre qu'on place dans une atmosphère humide. En marquant le point extrême de l'œsophage sur la tige de verre, ou constate au bout de peu de temps un déplacement dû au mouvement des cils.

10.

Le foie est divisé en quatre lobes volumineux ; il possède une vésicule biliaire et un long canal cholédoque qui longe le pancréas avant d'aboutir dans le duodénum.

Le pancréas n'offre pas de conduits distincts, il verse ses produits par plusieurs tubes très déliés dans l'intérieur du canal cholédoque.

98. Système circulatoire de la grenouille. — Le système circulatoire de la grenouille est constitué par un

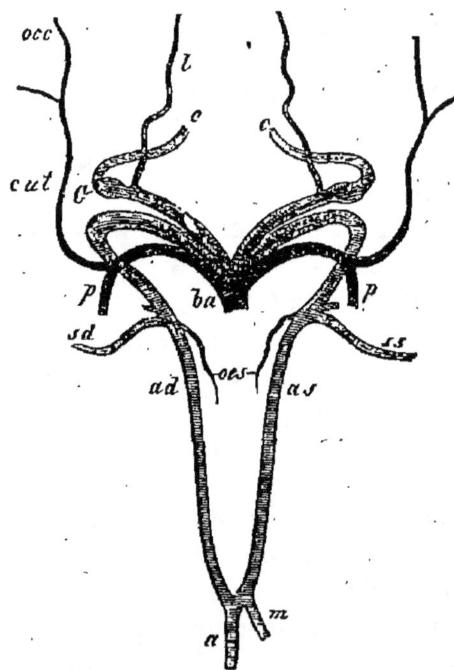

Fig. 103. — Système artériel de la grenouille (d'après Gegenbaur). — *ba*, bulbe artériel ; *c*, carotide ; *C*, glandes carotides ; *l*, artères hyoïdo-linguales ; *pp*, artères pulmonaires ; *cut*, artère cutanée droite ; *occ*, artères occipitales ; *ad*, aorte droite ; *as*, aorte gauche ; *a*, aorte abdominale ; *m*, artère cœliaque ; *oc.s*, artères œsophagiennes ; *ss*, artère sous-clavière gauche ; *sd*, artère sous-clavière droite.

cœur à trois cavités seulement : deux oreillettes et un seul ventricule.

Du ventricule unique part un bulbe artériel qui fournit, de chaque côté, trois crosses aortiques :

1° La première donne naissance aux artères carotides et linguales;

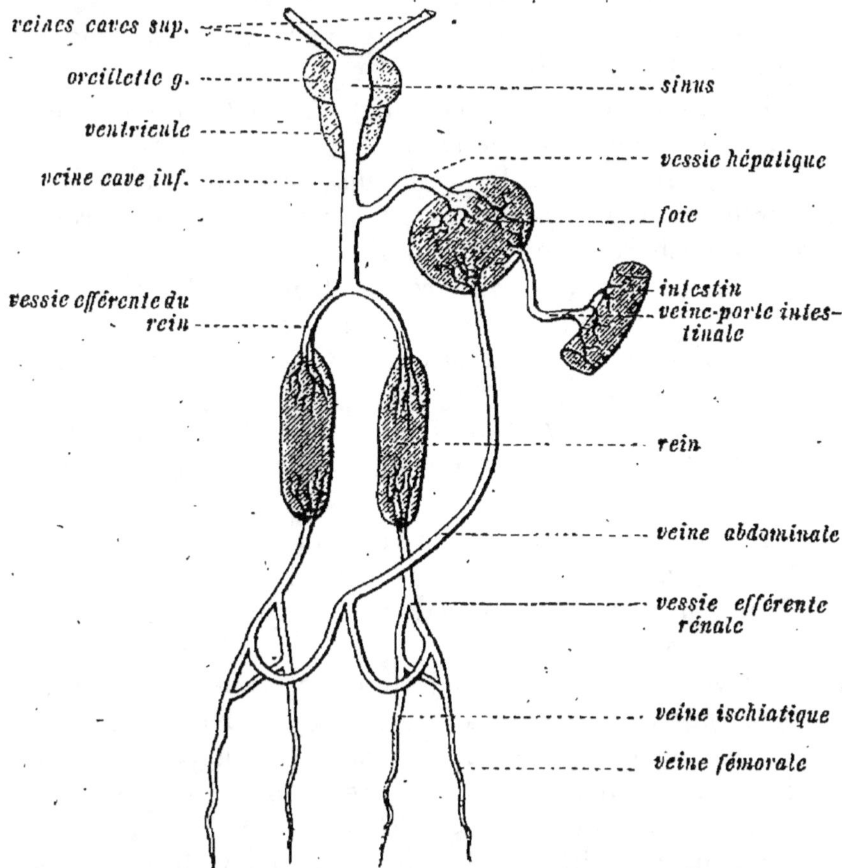

Fig. 104. — Schéma de l'appareil veineux de la grenouille (modifié d'après Ecker et Wiedersheim) destiné à montrer le point de rencontre des trois veines caves et les deux systèmes porte-hépatique et porte-rénal.

2° La deuxième, aux troncs branchiaux et aux racines de l'aorte;

3° La troisième, aux troncs pulmonaires (veines pulmonaires) et aux artères grande-cutanées.

La crosse gauche (racine de l'aorte), avant de se réunir à la crosse droite, fournit les artères intestinales. L'aorte donne naissance à des vaisseaux de petit calibre : artères rénales, génitales, etc., avant de se diviser en deux iliaques primitives.

Le système veineux offre des particularités remarquables dans la grenouille.

De chaque côté du corps, dans la partie inférieure, les veines qui ramènent le sang des membres inférieurs (veine fémorale et iliaque), les veines de l'oviducte et de la région lombaire, se jettent dans le rein où elles se résolvent en capillaires.

A la suite de ces capillaires, se trouvent d'autres capillaires qui sont l'origine de la veine afférente du rein. (Il existe donc dans le rein de la grenouille *un système porte rénal*) (fig. 104).

Le *système porte hépatique* (qui existe chez tous les vertébrés) est également représenté chez la grenouille.

Avant de se jeter dans le rein et de s'unir à la veine iliaque, les veines fémorales forment sur la ligne médiane une anastomose qui est l'origine de la veine abdominale.

La veine abdominale se jette dans le foie ainsi que la *veine porte* intestinale et y forme un réseau capillaire.

Le sang est recueilli par la veine hépatique. qui s'unit à la veine efférente du rein pour constituer la veine cave inférieure (fig. 104).

Enfin, la veine cave inférieure, avant de pénétrer dans le cœur, se jette dans un sinus sanguin où se rejoignent également les deux veines caves supérieures.

99. Système nerveux de la grenouille. — Le système nerveux de la grenouille présente un type d'encéphale très inférieur. Les diverses parties de l'encéphale sont nettement distinctes.

Les hémisphères cérébraux sont fort réduits et se prolongent en avant par des pédoncules olfactifs volumineux.

Ils laissent à découvert, en arrière la glande pinéale et les tubercules bi-jumeaux.

Le cervelet, peu proéminent, laisse à découvert le plancher du quatrième ventricule.

La moelle épinière est courbe et présente latéralement dix paires de nerfs.

Le sympathique est composé de deux cordons renflés par dix paires de ganglions (fig. 109).

100. Les reins et les organes génitaux de la grenouille. — Les reins primitifs persistent et donnent naissance aux reins définitifs, ils sont situés de chaque côté de la colonne vertébrale, de chaque côté de l'aorte (1).

Ils sont formés de canalicules (canaux urinifères), renflés à un bout en glomérules de Malpighi et aboutissant dans l'uretère. La surface du rein présente des points blancs visibles à la loupe. Ce sont de petits entonnoirs (néphrostomes) qui se poursuivent par des tubes contournés, lesquels aboutissent, au moins chez les larves, dans les canalicules urinifères.

L'uretère arrive dans le cloaque où s'ouvre également la vessie urinaire.

Chez les mâles, le testicule évacue ses produits à l'aide des conduits excréteurs de l'urine.

Chez les femelles, il existe un oviducte distinct et les œufs sont revêtus d'une enveloppe glaireuse qui se gonfle au contact de l'eau.

---

(1) ECKER UND WIEDERSHEIM, *Die anatomie des Froches, Braunschweig*, 1864-1882.

101. Préparation générale de la grenouille. — La grenouille, tuée par le chloroforme (voir n° 4), est étendue et épinglée dans la cuvette liégée, le ventre en l'air et les membres en croix.

On fait une large incision sur la ligne médiane, depuis l'appendice xiphoïde jusqu'au pubis, en soulevant la peau avec des pinces, puis on incise de la même manière les muscles de l'abdomen.

On fend alors le sternum dans toute sa longueur, puis, au niveau de l'appendice xiphoïde et au niveau

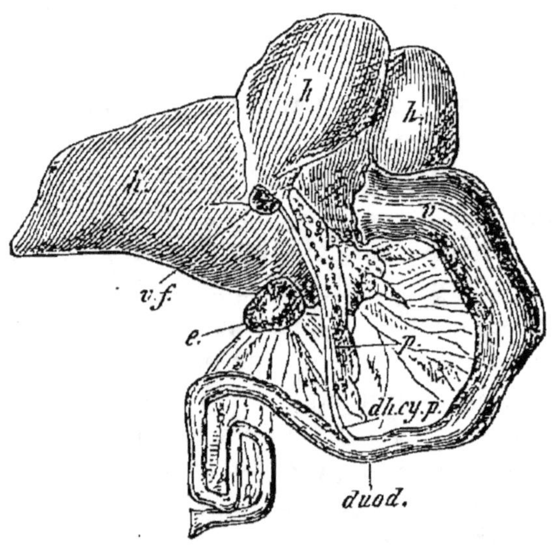

Fig. 106. — Foie, estomac, pancréas et rate de *Rana esculenta*. — *h, h, h*, le foie relevé ; *v.f*, vésicule biliaire ; *v*, estomac ; *duod*, duodénum ; *p*, pancréas ; *d.h.cy.p*, canal d'excrétion commun du foie de la vésicule biliaire et du pancréas ; *e*, rate.

du pubis, on fait deux incisions perpendiculaires à la ligne médiane, de manière à dégager la cavité abdominale de tous les téguments.

On peut alors, sans nouvelle préparation, en soulevant le foie et les intestins, voir et étudier les divers organes.

Immédiatement au-dessous du sternum, le cœur avec son péricarde en partie recouvert par le foie, le pancréas logé dans l'anse duodénale, deux masses multilobées (rouges ou jaunes) qui ne manqueront pas d'attirer l'attention et dont la signification exacte n'est pas bien connue (masses graisseuses).

En écartant l'intestin et en déplaçant le foie, on apercevra les poumons, flottant librement dans la cavité.

Plus bas, les reins et les organes génitaux mâles et femelles selon le sexe du sujet.

Enfin la vessie urinaire et le cloaque.

La préparation du pancréas pourra se faire aisément en détachant le foie, l'estomac et une partie de l'intestin et en épinglant le tout dans une cuvette comme l'indique la figure 106.

102. Préparation de la membrane natatoire de la grenouille et des globules sanguins. — Voir plus loin dans la deuxième partie, n° 137, page 259.

103. Préparation du système artériel de la grenouille. — Le sternum étant incisé au-dessus de l'appendice xiphoïde, on découpe dans la cage thoracique l'espace suffisant pour distinguer le péricarde et le cœur.

(Il faut que l'animal soit fortement chloroformé, autrement l'on s'expose à voir une partie des viscères, sous l'influence des contractions musculaires, faire hernie par l'ouverture. L'on serait obligé, dans ce cas, de fendre la paroi abdominale d'un bout à l'autre, ce qu'il vaut mieux éviter.)

On fend le péricarde du cœur, en ayant soin de ne pas pousser l'incision trop loin, de manière à ne pas

léser les gros vaisseaux qui en occupent la portion
supérieure (la plus voisine de la bouche).

On distingue alors très nettement, se détachant
en blanchâtre sur le fond rouge noir du cœur, le
bulbe aortique qui sort du ventricule et qui remonte

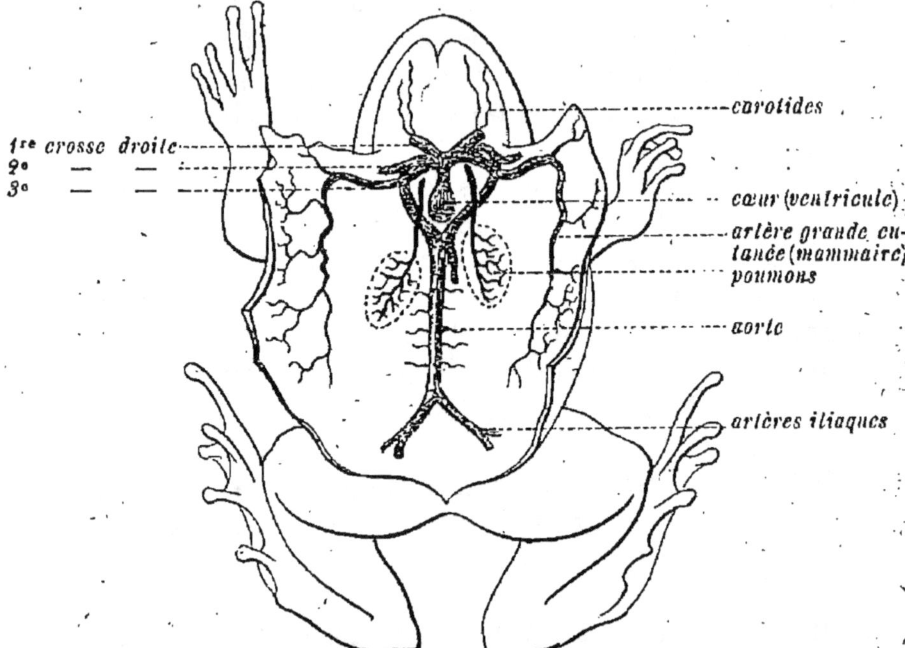

Fig. 107.— Système artériel de la grenouille destiné à montrer la disposition des crosses de l'aorte (arcs aortiques) et les principaux vaisseaux
qui en dérivent.

entre les deux oreillettes. Avec une aiguille à dissection, on fait au-dessous du bulbe une ouverture où
l'on passe un fil. Ce fil, ramené au-dessous du ventricule, sert à faire une ligature, interceptant toute
communication avec les oreillettes. On peut l'utiliser aussi pour opérer une ligature sur la canule
de la seringue à injection.

Une boutonnière est pratiquée, à l'aide de ciseaux fins, à la base du ventricule et par cet orifice on fait pénétrer une canule d'assez fort diamètre. Il faut avoir soin d'introduire l'extrémité de la canule dans le bulbe aortique.

On réchauffe l'animal, si l'on utilise une masse à chaud, n° 5, et l'on injecte le liquide coloré, sous une pression modérée.

Il est bon de ne pas tendre les ligatures des membres et d'opérer l'injection lentement de manière à remplir tout le système artériel.

Pour opérer la dissection, il est utile de se débarrasser du foie et de disséquer minutieusement d'un seul côté en rejetant progressivement le cœur du côté opposé.

Pour suivre l'artère linguale et carotide, il faut se débarrasser entièrement du sternum et d'une partie de la ceinture scapulaire. Pour mettre en évidence l'aorte et les iliaques primitives, on est obligé de réséquer une partie du mésentère et de l'intestin (fig. 107).

104. Préparation des poumons de la Grenouille. — La préparation des poumons est très simple ; il suffit d'ouvrir l'animal comme dans le paragraphe n° 101 ; mais d'ordinaire ces organes sont contractés et forment deux petites masses racornies. On a donc avantage à rechercher au préalable l'ouverture du larynx, qu'on aperçoit en ouvrant la bouche de la grenouille et en examinant le plancher de cette cavité, sur la ligne médiane.

On introduit une canule dans l'orifice et on fait une ligature.

On ne doit pas oublier que la trachée n'existe, pour ainsi dire pas, chez la grenouille et que les deux sacs sont presque directement appendus au-dessous de la cavité buccale.

La canule solidement fixée, on dissèque tout autour du larynx de manière à extraire les deux poumons.

A partir de ce moment on peut examiner les poumons tout à son aise. Il suffit de fixer une seringue sur la canule pour les gonfler d'air à l'aide d'une faible pression.

Il est bon, pendant l'examen de ces organes, de maintenir leur surface continuellement humectée d'eau.

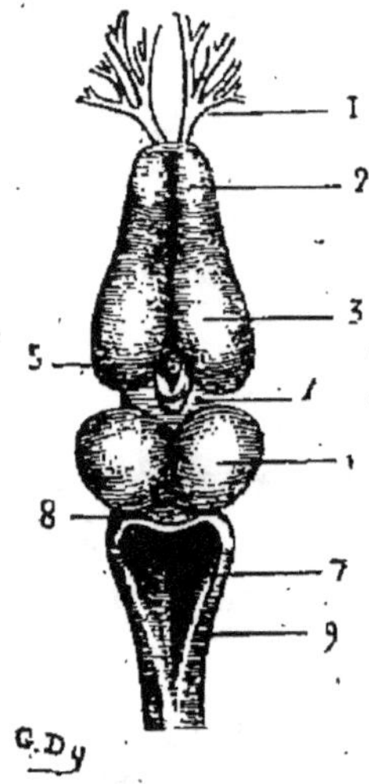

Fig. 108. — Encéphale de *Rana esculenta* (face supérieure, d'après Huxley). — *1*, nerfs olfactifs ; *2*, lobes olfactifs ; *3*, hémisphères cérébraux ; *4*, cerveau intermédiaire ; *5*, glande pinéale ; *6*, lobes optiques ; *7*, plancher du 4° ventricule ; *8*, cervelet ; *9*, moelle allongée.

104. Préparation du système nerveux de la Grenouille. — La préparation du système nerveux de la grenouille se fait par la face dorsale.

Après avoir écorché la grenouille, on enlève les masses musculaires, dans le voisinage du crâne et de la colonne vertébrale ; puis, à l'aide d'un scalpel qu'on manœuvre horizontalement, on découpe les os de la cavité cranienne.

L'encéphale est facile à isoler comme dans la figure 108.

Pour préparer la moelle épinière, l'opération est très délicate, il faut sectionner les vertèbres au niveau des apophyses transverses, de manière à enlever la partie supérieure du canal rachidien.

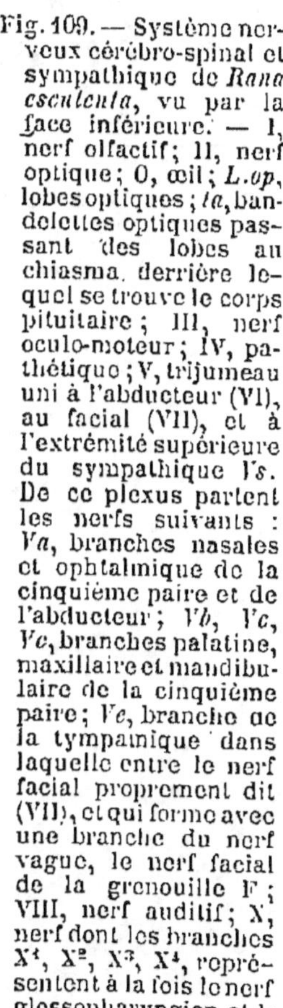

Fig. 109. — Système nerveux cérébro-spinal et sympathique de *Rana esculenta*, vu par la face inférieure. — I, nerf olfactif; II, nerf optique; O, œil; *L.op*, lobes optiques; *ta*, bandelettes optiques passant des lobes au chiasma, derrière lequel se trouve le corps pituitaire; III, nerf oculo-moteur; IV, pathétique; V, trijumeau uni à l'abducteur (VI), au facial (VII), et à l'extrémité supérieure du sympathique *Vs*. De ce plexus partent les nerfs suivants : *Va*, branches nasales et ophtalmique de la cinquième paire et de l'abducteur; *Vb*, *Vc*, *Vc*, branches palatine, maxillaire et mandibulaire de la cinquième paire; *Ve*, branche de la tympanique dans laquelle entre le nerf facial proprement dit (VII), et qui forme avec une branche du nerf vague, le nerf facial de la grenouille F; VIII, nerf auditif; X, nerf dont les branches X¹, X², X³, X⁴, représentent à la fois le nerf glossopharyngien et le nerf pneumogastrique, c'est-à-dire la neuvième et la dixième paire des Vertébrés supérieurs; M, moelle épinière; M¹ à M¹⁰, nerfs spinaux; M², nerfs branchiaux; M⁷, M⁸, M⁹, plexus sciatique, duquel partent le nerf crural, *Vc*, et le nerf sciatique, *Ni*; S, tronc du nerf sympathique; SM, SM, branches du nerf sympathique qui s'anastomosent avec les ganglions spinaux; S¹ à S¹⁰, ganglions sympathiques (d'après Huxley).

On met ainsi en évidence la moelle et l'origine des nerfs spinaux (racine sensible, côté dorsal, racine motrice, côté ventral).

Nous conseillons, dans les préparations ordinaires, de n'opérer la section que sur quelques vertèbres.

Quant à la préparation du système sympathique (1) (fig. 109), elle exige une habileté de main véritable et nous ne conseillons pas de la tenter dans une préparation courante.

---

(1) Cette préparation se fait par la face ventrale. On trouve le système sympathique au-dessus de l'aorte, mais à cause du peu de résistance des fibres nerveuses, la dissection est très difficile sur un animal frais.

17e MANIPULATION

TORTUE (Reptiles).

105. Description extérieure de la Tortue. — La tortue a une physionomie toute spéciale, à cause du double bouclier qui enveloppe le corps comme une cuirasse et ne laisse passer que la tête, le cou, les pattes et la queue.

La carapace ou bouclier supérieur résulte de la réunion des côtes et des vertèbres dorsales ; le plastron ou bouclier inférieur, qu'on a longtemps considéré comme le sternum, semble être une pièce surajoutée et nullement homologue à cette pièce osseuse du squelette des vertébrés, si bien que l'on admet généralement aujourd'hui que la tortue, si fortement plastronnée en avant, *est cependant dépourvue de sternum.*

On retrouve dans la charpente osseuse des tortues les mêmes pièces constituantes que dans les vertébrés ordinaires ; le volume et la position de quelques pièces (épaule) a seulement changé et le derme s'est ossifié sur un certain nombre de points.

En regardant extérieurement la carapace de la tortue, ce fait est loin de sembler évident. Il faut cependant remarquer :

1° Que les sutures des écailles ne correspondent pas aux plaques osseuses qui les supportent ;

2° Que pour reconnaitre la nature réelle des pièces osseuses, il faut regarder la carapace par sa face interne.

Les pièces osseuses situées sur la ligne médiane dorsale ne sont autre chose que des dépendances des vertèbres dorsales (les apophyses épineuses élargies). Immédiatement en dessous, on trouve en effet le corps

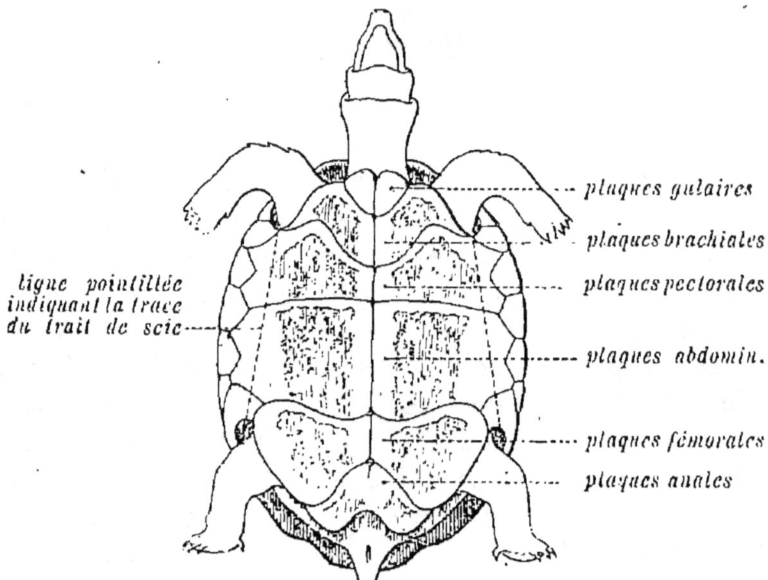

Fig. 110. — Tortue grecque, face ventrale montrant le niveau où l'on doit inciser le plastron pour préparer les organes internes.

des vertèbres qui a conservé son apparence ordinaire ; et, entre les deux, le canal vertébral. L'apophyse épineuse s'est donc seule transformée en ces plaques osseuses médianes, soudées intimement les unes avec les autres.

Les pièces osseuses qui, sur les côtés, viennent se souder avec les plaques médianes, ne sont pas moins nettement une dépendance des côtes élargies et étalées de manière à se souder les unes aux autres. Ce fait est visible ; car les côtes sont libres sur une faible partie de leur étendue dans leur point d'articulation avec les vertèbres.

Par suite de ce développement des apophyses épineuses, l'épaule éprouve chez l'adulte un changement de position très remarquable, l'omoplate, au lieu d'être appliquée sur les faces latérale et dorsale de la cage thoracique, se trouve reportée sur la face ventrale dans la même position générale que la clavicule et l'os coracoïde qui viennent s'appliquer sur le plastron. Ce dernier joue le rôle de sternum, mais ainsi que nous l'avons déjà noté plus haut, il est une formation dermique, ainsi que les plaques qui font suite aux côtes.

107. Description du tube digestif et des principaux organes internes de la Tortue. — Les dents sont absentes chez les tortues et le bord des mâchoires possède une enveloppe cornée à bord tranchant comme chez les oiseaux.

Les muscles de la mâchoire sont très robustes et les mâchoires constituent une paire de tenailles extrêmement solides.

La langue courte, épaisse, est hérissée de papilles, ainsi que l'œsophage.

L'estomac est peu différencié, l'intestin est relativement court et n'est pas pourvu de cœcum.

Le foie est remarquablement volumineux.

Il existe une grande vessie urinaire, des poches glandulaires en communication avec le cloaque, enfin des canaux péritonéaux qui font communiquer la cavité du péritoine avec le cloaque où est également situé chez les mâles un penis très développé.

La fente du cloaque est transversale.

Le système nerveux offre un encéphale très inférieur même pour un reptile ; les hémisphères cérébraux sont peu développés ; les lobes olfactifs sont complètement dégagés à la partie antérieure. La glande pinéale, les tubercules bijumeaux sont à découvert. Enfin, le plancher du quatrième ventricule n'est plus masqué par le vermis, le lobe impair du cervelet, qui est lui-même très réduit.

Dans le système circulatoire, on remarque un cœur formé de deux oreillettes et de deux ventricules *incomplètement* séparés.

La partie qui correspond au ventricule gauche communique non seulement avec l'oreillette gauche, mais aussi avec le ventricule droit, la cloison de séparation entre les deux ventricules étant ouverte sur le haut.

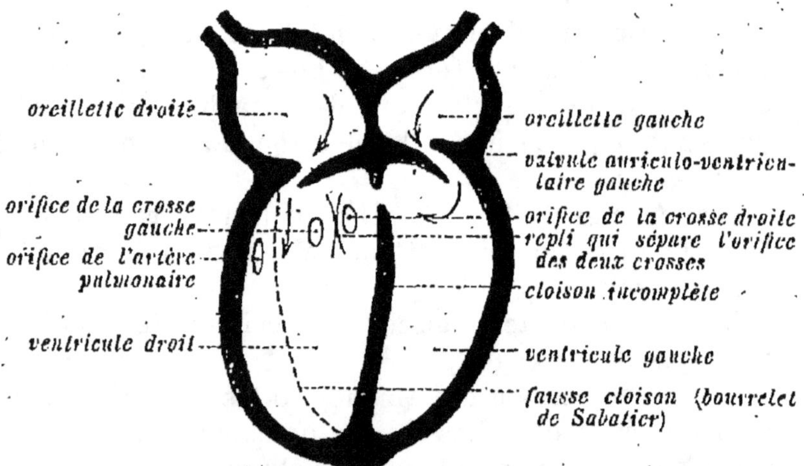

Fig. 114. — Figure schématique montrant la disposition du cœur de la tortue et les orifices des artères qui partent du ventricule droit.

La portion du cœur qui correspond à l'oreillette gauche ne présente pas de vaisseaux. Dans celle qui correspond à l'oreillette droite on trouve, au contraire, l'orifice de la crosse droite, de la crosse gauche et de l'artère pulmonaire, ainsi que l'indique la figure schématique 111.

108. Préparation du système artériel de la Tortue grecque (1) *(Tertudo grœca).* — La tortue grecque qu'on vend en abondance pendant l'été, dans les rues de Paris, appartient aux tortues terrestres qui se reconnaissent à leurs pattes en forme de moignons arrondis (fig. 110).

Les doigts au nombre de 5, immobiles et réunis par une peau épaisse, ne présentent au dehors que des ongles courts ressemblant à de petits sabots.

La carapace de la tortue grecque, d'environ 25 centimètres de long, bombée et formant une voûte très solide, est jaune et tachée de noir.

Après avoir sinon tué ou au moins fortement anesthésié l'animal en se servant du chloroforme (2), on attaque le plastron à l'aide d'une scie à main au niveau de la plaque brachiale et de la plaque fémorale selon la ligne pointillée indiquée figure 110.

Il faut tracer une raie assez profonde de chaque côté, en évitant cependant de pénétrer trop profondément dans l'intérieur du corps.

Ce premier travail achevé, avec un ciseau à froid on achève de séparer le plastron du reste de la carapace.

---

(1) On trouvera une monographie de la tortue grecque, faite au point de vue des procédés de dissection dans le *Manuel de Zootomie*, par August Mojsisoviis Edlen von Mojsvar, traduit de l'allemand par J. de Lanessan. Octave Doin, 1881.

(2) Il faut employer le chloroforme assez longtemps d'avance et à doses massives, ces animaux ayant la vie très dure.

Puis, on soulève légèrement à l'aide de pinces, l'un des bords du plastron et l'on incise au scalpel les téguments sur le pourtour.

Peu à peu, on arrive à détacher complètement la pièce osseuse et à éventrer en quelque sorte l'animal.

On distingue alors immédiatement, au niveau des plaques brachiales, le péricarde et, à travers sa fine

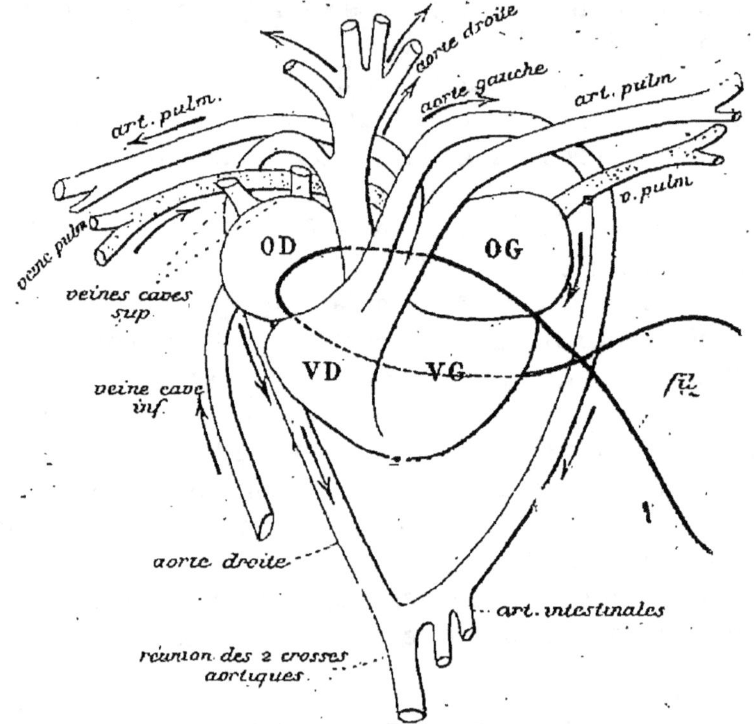

Fig. 112. — Cœur de la tortue montrant les principaux vaisseaux qui en partent, d'après Milne-Edwards. On a ajouté à la figure un trait noir et pointillé indiquant la position du fil destiné à la ligature des deux oreillettes.

membrane, le cœur qui n'a pas cessé de battre si l'animal est seulement anesthésié.

Avec une paire de ciseaux fins, on incise le péricarde de manière à mettre à nu le ventricule et la naissance des crosses aortiques. On se sert ensuite de la fine aiguille à dissection pour isoler les troncs aortiques sur une courte étendue, au niveau des oreillettes; et l'on passe un fil par l'ouverture ainsi pratiquée (fig. 112).

Ce fil va servir à poser une ligature et à intercepter le passage du sang entre les oreillettes et les ventricules (1). Pour arriver à ce résultat, on le fait passer au-dessous des deux ventricules réunis et on établit un double nœud, comme l'indique la figure 112.

Il ne reste plus qu'à inciser la surface des ventricules de manière à faire une boutonnière pouvant livrer passage à la canule d'une seringue et à pousser par cette ouverture une injection solidifiable n° 5.

(Il est bon au préalable, à moins d'employer une masse très chaude et difficilement coagulable, de réchauffer l'animal en remplissant la carapace d'eau tiède, qu'on renouvelle à plusieurs reprises).

Lorsque la masse solidifiable est coagulée, on étend la tortue sur une planchette, le ventre en l'air et, à l'aide de clous et de ficelle, on la fixe les membres en croix et la tête tirée en avant.

Pour disséquer le système artériel et isoler les crosses aortiques, il faut disséquer au-dessus du cœur les principaux troncs, inciser les muscles en rapport avec les membres supérieurs.

Pour voir la réunion des deux crosses, l'extraction du foie qui a un développement énorme chez la tortue devient nécessaire, ainsi que le rejet de la masse principale des intestins sur le côté de la carapace.

Nota. — *Cette dissection, pour être menée à bien,*

---

(1) Cette précaution est nécessaire pour éviter d'injecter le système veineux en même temps que le système artériel.

sera pratiquée sous l'eau, dans la cuvette profonde (voir n° 3).

109. Préparation des poumons de la Tortue grecque. — Pour voir la disposition des poumons de la tortue, il est bon d'insuffler tout d'abord ces organes avec de l'air.

La première manœuvre consiste à introduire une seringue vide de tout liquide dans l'intérieur de la trachée de ces animaux et d'injecter de l'air comme nous l'indiquons n° 104.

Les poumons très volumineux étant adhérents à la paroi dorsale, on peut ouvrir l'animal comme pour l'injection n° 108, et l'injection faite, les artères pulmonaires étant disséqués, on enlève les principaux viscères de manière à apercevoir les poumons dans le fond de la cavité.

Cette vue en quelque sorte extérieure des poumons est déjà très instructive; mais, pour avoir une idée complète de l'organe, il faut partir de la trachée, disséquer l'une des bronches et pénétrer avec elle dans le poumon. En ouvrant la bronche dans une partie de son étendue, on voit qu'elle communique par une série d'orifices avec les loges pulmonaires, sans donner naissance à des divisions secondaires.

Nota. — *Cette préparation peut se faire en même temps que celle des organes internes de la tortue.*

18ᵉ MANIPULATION

PIGEONS (Oiseaux).

110. Description générale du Pigeon. — Le pigeon est le type d'oiseau que les étudiants auront le plus souvent à disséquer, à cause de son bon marché et des facilités que l'on a pour se le procurer.

Ce n'est cependant pas l'oiseau sur lequel le travail de dissection est le plus facile. Presque tous les pigeons vendus sur le marché ont l'inconvénient d'être de jeunes animaux à peine formés, ce qui rend plus délicate la préparation de certains organes. Pour la préparation complète des poches respiratoires, par exemple, une vieille poule, un vieux coq ou un canard, offrent des sujets beaucoup plus favorables.

— On est à peu près d'accord, parmi les zoologistes modernes, pour constituer, à l'aide des pigeons, un ordre spécial, d'égale valeur à celui des Gallinacés dans lequel on les faisait autrefois rentrer.

Les pigeons établissent, en quelque sorte, le passage entre les passereaux et les Gallinacés proprement dits.

Leur bec comprimé et recourbé légèrement à la pointe est recouvert à la base de la mandibule supérieure par une peau verruqueuse, molle et nue, à travers laquelle sont percées les narines recouvertes d'une écaille cartilagineuse.

Leurs doigts sont entièrement divisés. Les petits, au nombre de deux par ponte, naissent nus et aveugles. Les parents les allaitent, en quelque sorte, à l'aide d'une sécrétion particulière fournie par une poche du tube digestif (le jabot).

Nous ne décrirons pas l'organisation interne des pigeons.

Le groupe des oiseaux est si homogène que nous ne pourrions que répéter ce qui a été déjà exposé dans le *Traité élémentaire de Zoologie* (1) auquel nous renvoyons pour les détails d'anatomie générale.

111. Préparation du tube digestif du Pigeon. — Les principales particularités du tube digestif des oiseaux tiennent à ce que l'appareil broyeur destiné à réduire les aliments à l'état de bouillie ou de pâte, au lieu d'être placé dans la bouche (dents des mammifères), est placé sur le trajet du tube intestinal au niveau de l'estomac proprement dit.

Chez le pigeon l'œsophage se dilate en un jabot volumineux dans l'intérieur duquel se forme la sécrétion destinée à nourrir les petits (n° 110).

A la suite du jabot, se trouve une autre dilatation glandulaire, le ventricule succenturié.

Enfin, encore en arrière, est placé le gésier musculeux, l'appareil broyeur.

Pour mettre en évidence toutes ces parties, il suffit d'étendre l'animal sur la face dorsale, de fendre

---

(1) *Traité de Zoologie* destiné aux étudiants en médecine et rédigé conformément au programme du certificat d'études physiques, chimiques et naturelles, par Louis Boutan. — Octave Doin, Paris, 1896.

les téguments sur la ligne médiane ventrale, et d'enlever les muscles et le sternum.

On achèvera ensuite d'ouvrir la cavité abdominale proprement dite et, en déroulant le tube digestif, on aura soin d'observer la forme particulière du pancréas compact, formé de 3 lobes, placés dans l'anse duodénale et s'ouvrant isolément dans le tube digestif.

On constatera également la présence de 2 petits cœcums intestinaux, situés sur le trajet du petit intestin, qui ne sont nullement l'homologue de l'appendice iléo-cœcal des mammifères, placé à l'origine du gros intestin.

Pour terminer la préparation, on écartera la symphise pubienne incomplète et l'on ouvrira la partie terminale du tube digestif.

Le cloaque des oiseaux mérite en effet un examen attentif. Il faut y rechercher l'orifice rectal du tube digestif, les deux proéminences coniques qui marquent la sortie des uretères, les deux orifices mâles ou l'orifice femelle selon le sexe de l'animal qu'on dissèque, et enfin l'orifice de cet organe mal défini qu'on appelle glande de Fabricius et qui est rattaché à la colonne vertébrale par un ligament déversant ses produits dans la partie postérieure et supérieure du cloaque.

112. Préparation du système artériel du Pigeon. — Pour préparer le système artériel du pigeon, il faut étendre l'animal le ventre en l'air sur une planchette, les ailes et les pattes en croix, et fendre, sur la ligne médiane ventrale, la peau du cou.

Comme dans la préparation du lapin (voir plus loin, n° 118, p. 211), il faut rechercher l'artère carotide (1)

---

(1) On pourrait faire l'injection directement par le ventricule gauche du cœur, mais le gros inconvénient de ce pro-

et injecter une masse solidifiable avec les précautions indiquées dans le paragraphe cité plus haut.

La dissection comporte ensuite l'ouverture de la cavité thoracique et de la cavité abdominale, la préparation et la dissection des principaux vaisseaux partant du cœur.

Nota. — *On doit disséquer, en particulier, la crosse de l'aorte qui, au lieu de tourner à gauche comme chez les mammifères, tourne à droite, après avoir donné naissance aux deux troncs brachio-céphaliques.*

La dissection du cœur est également intéressante. En ouvrant avec précaution le ventricule droit et l'oreillette, on constatera la présence d'une valvule, en forme de lame, remplaçant la valvule auriculo-ventriculaire à trois lames des mammifères (valvule tricuspide).

113. Préparation des sacs aériens du Pigeon. — La préparation complète des sacs aériens est très difficile chez le pigeon ; elle est presque impossible à réussir dans son ensemble chez les jeunes. Nous conseillons donc aux opérateurs de se contenter de mettre en évidence un certain nombre de sacs, sans chercher à les isoler tous.

Après avoir tué le pigeon à l'aide du chloroforme et non en l'étouffant, comme on le fait quelquefois, en comprimant le thorax au-dessous des ailes avec les doigts, on l'étale sur une planchette, le ventre en l'air. On fixe en croix les ailes et les pattes sans trop tendre les ligatures, ainsi que l'extrémité du bec.

---

cédé, c'est qu'on ne peut aborder le cœur qu'après avoir enlevé le sternum et rompu un certain nombre de vaisseaux artériels.

On incise ensuite la peau du cou sur la ligne médiane ventrale, dans le voisinage de la tête, et l'on dégage la trachée, de manière à pouvoir passer une mince ficelle au-dessous d'elle.

Ces préparatifs achevés, le bec est ouvert, on fait basculer la langue et, par l'orifice de la trachée devenu béant, on introduit la canule d'une grosse seringue dont on a, au préalable, tiré le piston en arrière et qui ne renferme que de l'air.

Si la canule est de petite dimension, il faut faire une ligature sur la trachée au niveau de la canule, à l'aide de la ficelle disposée plus haut; mais l'on peut éviter ce travail en choisissant une canule qui pénètre à frottement dans l'intérieur du tube.

On pousse ensuite le piston de manière à injecter de l'air dans l'intérieur de la trachée (1). On voit immédiatement le corps se gonfler sous la pression des sacs que l'air envahit par l'intermédiaire des poumons.

Avant de retirer la canule, il faut ligaturer la trachée à l'aide de la mince ficelle préalablement disposée au-dessous de la trachée, au commencement

---

(1) J'ai vu, maintes fois, essayer de gonfler les sacs en injectant de l'eau ou un liquide coloré. La réussite est toujours au-dessous du médiocre; l'air déjà contenu dans l'appareil respiratoire empêche, en effet, la pénétration du liquide. Les sacs se remplissent incomplètement et des ruptures se produisent.

On pourrait cependant injecter dans les sacs aériens une masse liquide solidifiable et arriver à mouler en quelque sorte leur cavité, mais ce travail ne saurait rentrer dans le cours d'une manipulation ordinaire. Il faudrait employer des procédés compliqués et avoir à sa disposition une machine pneumatique.

de l'opération, sous peine de voir les sacs se dégonfler immédiatement.

Ce premier travail préparatoire achevé, nous conseillons de disséquer tout d'abord les sacs abdominaux.

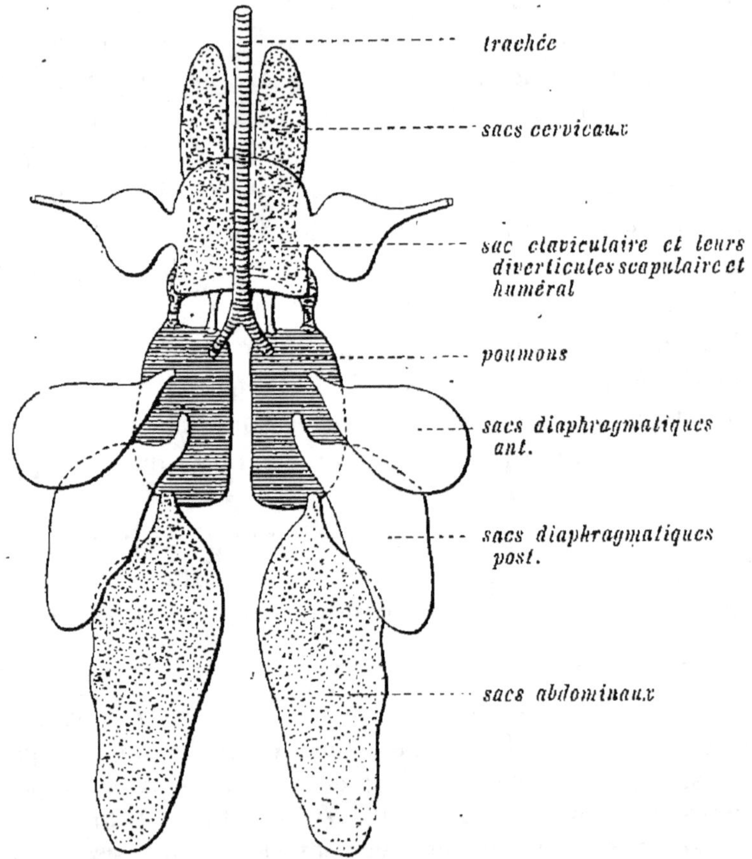

Fig. 113. — Figure schématique montrant la disposition des neuf sacs aériens du pigeon.

Il faut fendre la paroi abdominale après avoir coupé ou mouillé les plumes, au moins dans la région médiane; et disséquer avec soin la peau, surtout dans la

partie inférieure et latérale de l'abdomen, où les sacs
sont presque superficiels.

Le moindre coup de scalpel imprudent amènera
une déchirure et l'affaissement immédiat des sacs qui
ne seront plus désormais visibles. Il faut donc procéder avec beaucoup de précautions et mouiller à
plusieurs reprises la paroi transparente.

Quand les sacs abdominaux ont été dégagés, on
peut s'attaquer aux sacs thoraciques; mais, pour les
préparer, il faut se débarrasser du sternum et inciser,
par conséquent, les grosses masses musculaires qui
prennent leurs insertions sur lui.

La préparation de ces sacs étant encore plus délicate, il sera prudent de s'en tenir, pour terminer la
préparation, à la dissection des prolongements des sacs
cervicaux, préparation qu'on peut faire en disséquant
la peau du cou, incisée délicatement sur la ligne médiane.

En résumé, on voit qu'il existe chez le pigeon
(fig. 113) :

1° 2 sacs abdominaux (1), ordinairement de taille
inégale, sans communications l'un avec l'autre et s'a-
bouchant chacun dans le poumon situé de son côté
(le sac droit dans le poumon droit, le sac gauche
dans le poumon gauche).

2° 4 sacs thoraciques, une paire de diaphragmatiques postérieurs (sous-costal postérieur), une paire
de diaphragmatiques antérieurs (sous-costal postérieur) qui s'abouchent, eux aussi, séparément avec le
poumon.

3° 2 sacs cervicaux (supra-laryngés) qui s'abouchent
dans leur partie inférieure avec chacun des deux

----

(1) Ils sont en communication avec les os du membre inférieur dans tous les oiseaux où le fémur est pneumatique.

poumons. Ils sont nettement séparés dans leur partie supérieure, et s'accolent légèrement sur la ligne médiane.

4° Enfin un sac médian et impair, le sac claviculaire ou péri-trachéen, dont les contours sont difficiles à nettement délimiter. Il s'abouche dans le poumon par deux conduits et offre des diverticules latéraux volumineux (réservoirs sous-scapulaires) en communication avec les os du bras.

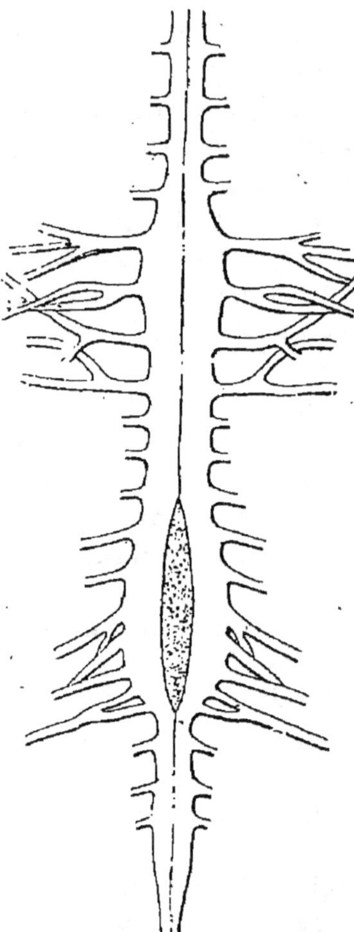

Fig. 114. — Moelle épinière du pigeon (d'après Owen) montrant le renflement scapulaire et le sinus rhomboïdal (*ventricule lombaire*).

114. Préparation du système nerveux des oiseaux.

— La préparation de l'encéphale des oiseaux doit se faire par la face dorsale.

L'animal est fixé sur la planchette, la face dorsale en l'air.

Après avoir fendu la peau selon la ligne médiane dorsale et l'avoir rejetée de chaque côté de la préparation, on attaque les os du crâne avec le scalpel et l'on découpe la surface osseuse, en tenant la lame horizontale *comme si l'on pelait une pomme.* Les os du pigeon sont peu résistants et peu épais et cèdent sans effort sous le tranchant d'un scalpel bien aiguisé.

Avec un peu d'adresse, on arrive à enlever toute la calotte supérieure du crâne, non seulement sans léser la matière cérébrale, mais même sans trancher les membranes qui enveloppent le cerveau.

On enlève ensuite ces membranes avec la pince et l'on examine les différentes parties du cerveau dont on trouvera la description dans le *Traité de zoologie*.

La préparation de la moelle épinière proprement dite est plus difficile : il faut enlever les muscles sur la face dorsale de la colonne vertébrale et couper les vertèbres au niveau des apophyses transverses, de manière à ouvrir largement le canal rachidien (fig. 114).

115. Préparation de l'oreille interne du Pigeon. — La préparation de l'oreille interne est généralement reardée comme une préparation extrêmement difficile.

Chez le pigeon, cette préparation est des plus simples et en suivant les indications que nous allons donner, les étudiants verront avec la plus grande netteté :

1° Les trois canaux semi-circulaires avec leurs ampoules ;

2° L'utricule ;

3° Le saccule se continuant par la lagena, qui représente le limaçon des vertèbres supérieurs.

Le pigeon étant étendu sur le ventre et solidement fixé, l'opérateur saisit le bec entre ses doigts et fait une incision dans la peau, le long de la ligne médiane dorsale, de manière à fendre les téguments, depuis la partie supérieure du crâne jusqu'au milieu du cou.

Après avoir écarté la peau, il fait basculer la tête en abaissant le bec vers le sol, de manière à tirer sur le cou et à rendre le grand axe du crâne, perpendiculaire à la colonne vertébrale.

Les muscles qui s'insèrent sur la partie postérieure du crâne se trouvent donc tendus (long postérieur du cou, complexus, droit moyen, droit postérieur, génio-hyoïdien (fig. 115).

Avec un scalpel bien effilé, on rugine la face postérieure du crâne, de manière à décoller les insertions de la masse musculaire constituée par les muscles que nous venons d'énumérer. Puis, avec le tranchant

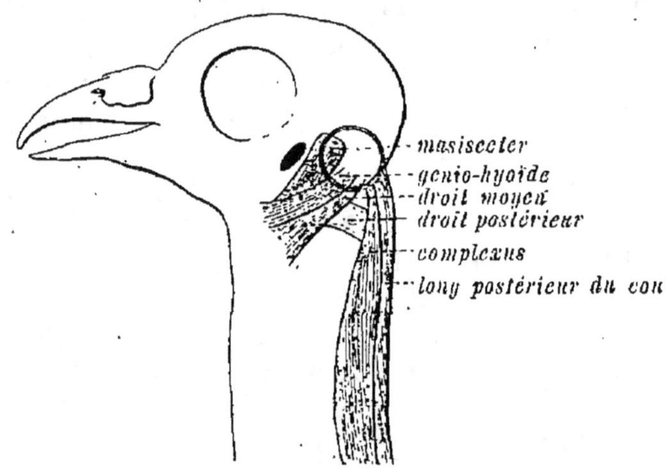

Fig. 115. — Tête du pigeon avec les principaux muscles postérieurs du crâne (le cercle noir indique l'écaille osseuse qu'il faut détacher pour faire la préparation de l'oreille interne.

du scalpel mis à plat de manière à ne pas pénétrer dans la profondeur du crâne, on détache une lame osseuse correspondant à la région indiquée par un cercle noir dans la figure 115.

L'os n'a qu'une très faible épaisseur et se tranche aisément avec un instrument bien aiguisé.

Quand on a enlevé cette calotte osseuse, on constate la présence d'une cavité (cellule osseuse) comblée par du tissu osseux qui ressemble à une fine dentelle. C'est cette particularité qui rend la préparation si facile chez le pigeon.

A travers les mailles peu résistantes, à cause de leur ténuité, on distingue déjà les canaux semi-circulaires. Avec la pointe du scalpel, on nettoie délicatement leur paroi et on les isole peu à peu. Les ampoules des canaux deviennent visibles, ainsi que l'utricule. Enfin, dans le fond de la cavité, on arrive à isoler la lagena légèrement recourbée.

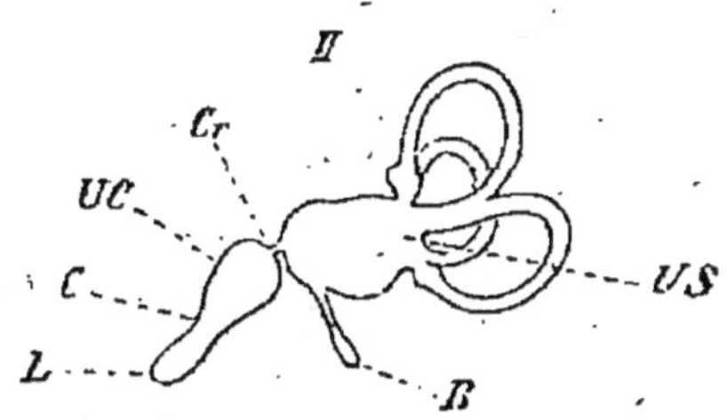

Fig. 116. — Oreille schématique. — US, canaux semi-circulaires; R, recessus utriculi; L, lagena.

Les seules difficultés de la préparation consistent donc à prendre exactement les points de repère et à dégager les canaux semi-circulaires, sans entailler les sinus sanguins qui accompagnent les tubes osseux.

Nota. — *On ne prépare ainsi que les parties osseuses de l'oreille, si difficiles à mettre en évidence dans leur ensemble, dans un crâne de mammifère.*

19ᵉ MANIPULATION

(MAMMIFÈRES)

LE LAPIN (rongeur duplicidenté).

116. Remarque générale. — Au lieu d'indiquer un type unique pour les mammifères et d'en présenter une étude d'ensemble, il nous a paru préférable, étant donné qu'il est facile de se procurer plusieurs espèces, appartenant à des ordres différents, de faire porter une manipulation sur chacune d'elles.

De cette façon, il sera possible de signaler brièvement les principales particularités que présentent ces animaux appartenant à des ordres ou à des familles bien distincts.

Nous ne pouvons, dans ce livre élémentaire, avoir la prétention d'écrire une monographie complète de chacun des types étudiés; mais nous comblerons, de notre mieux, cette lacune en indiquant les sources où pourront puiser les opérateurs désireux d'étudier les divers points d'organisation non mentionnés.

117. Description générale du Lapin (1). — Le lapin (*Lepus cuniculus*) représente, parmi les rongeurs, un

---

(1) Les étudiants qui voudront faire une dissection complète

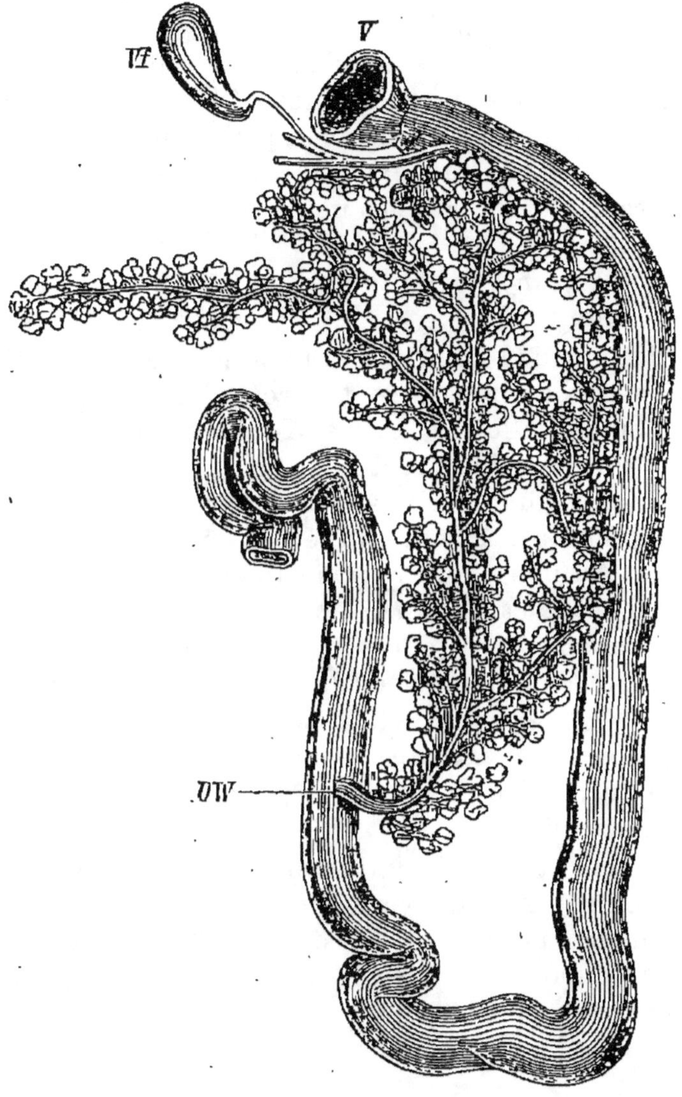

Fig. 116 *bis*.— Tube digestif et pancréas du Lapin (Krauss).— V, portion pylorique de l'estomac ; Vf, vésicule biliaire, avec le canal cystique qui s'unit avec les canaux hépatiques droit et gauche coupés, pour former le canal cholédoque; DW, canal de Wirsung (pancréatique) ramifié dans le pancréas, dont la portion gauche supérieure transversale s'étend sur la rate.

type tout différent des rats; il ne possède pas de clavicule, ses molaires sont dépourvues de racine et enfin ses incisives sont doubles et le font rentrer dans la catégorie des duplicidentés. (Il existe en effet, à la mâchoire supérieure, deux petites incisives qui ne sont pas visibles à l'extérieur et qui sont situées en arrière des deux grandes incisives.)

Tube digestif. — Le tube digestif offre une particularité intéressante :

A la suite de l'estomac qui ne présente pas de poches nettement distinctes, se trouve le duodénum remarquablement allongé. Le canal cholédoque débouche dans son intérieur tout près du pylore, tandis que le pancréas, diffus comme chez le rat, s'ouvre beaucoup plus bas, à 25 centimètres environ du premier orifice. Au lieu d'être réunis dans une même ampoule (ce qui est le cas ordinaire chez les mammifères), les deux canaux excréteurs déversent leurs produits séparément, dans l'intérieur du tube digestif (fig. 116 *bis*).

Appareil circulatoire. — Le système circulatoire présente le type normal du système circulatoire des mammifères :

Le cœur a quatre cavités (deux oreillettes et deux ventricules), est situé sur la ligne médiane du corps, au niveau des premières côtes. La pointe du cœur est, comme d'habitude, dirigée en arrière et inclinée du côté gauche (fig. 118).

---

du lapin pourront consulter utilement la monographie publiée dans le *Traité d'anatomie comparée pratique*, par CARL VOGT et EMILE YUNG, t. II, p. 848 et suivantes. — Reinwald, Paris, 1894.

Il est renfermé dans un péricarde mince, formé des deux feuillets de la membrane séreuse entre lesquels se trouve un liquide clair peu abondant.

Le ventricule gauche, dont les parois sont très épaisses, donne naissance à l'aorte, dans sa partie antérieure et supérieure. Elle est munie, à son origine, de trois valvules sigmoïdes.

L'aorte, avant de se recourber pour donner la crosse gauche, fournit les artères coronaires ; puis, au niveau de sa courbure, le tronc brachiocéphalique (artère sous-clavière droite et les deux carotides primitives droite et gauche) et enfin l'artère sous-clavière gauche.

Elle poursuit ensuite son trajet, en arrière, constituant l'aorte descendante, le long de la colonne vertébrale.

Elle donne successivement les artères bronchiales qui pénètrent avec les bronches dans le poumon (artères nourricières), les artérioles œsophagiennes, les artères intercostales, l'artère abdominale, l'artère cœliaque qui se divise en trois branches (hépatique, gastrique et splenique).

L'artère mésentérique supérieure se détache, un peu en arrière, de l'artère cœliaque.

Puis viennent les artères rénale, lombaire, spermatique, mésentérique, postérieure et sacrée.

Le tronc aortique, arrivé au niveau du sacrum, se divise en deux troncs : les artères iliaques communes (primitives) qui se scindent elles-mêmes en iliaque interne et iliaque externe.

Les artères, après s'être subdivisées, se résolvent en un réseau capillaire, auquel fait suite le réseau capillaire veineux.

Les veines suivent les artères et ramènent le sang vers le cœur.

Il existe trois troncs principaux : la veine cave inférieure et les deux veines caves supérieures.

La veine cave supérieure droite et la veine cave supérieure gauche (contrairement à ce qui se produit dans les mammifères les plus élevés en organisation) s'abouchent séparément à l'oreillette droite, ramenant le sang des membres supérieurs et de la tête.

La veine cave inférieure est le plus gros de tous les troncs veineux ; elle draine le sang des membres inférieurs, de l'abdomen, et le sang de la veine porte qui forme dans la foie un réseau capillaire (système porte) par cinq veines hépatiques faisant suite à ce réseau.

Le sang ramené ainsi dans le cœur par l'oreillette droite tombe dans le ventricule droit, par une valvule tricuspide ; de là, il est poussé dans l'artère pulmonaire munie de valvules sigmoïdes (semi-lunaires).

C'est la petite circulation. L'artère pulmonaire se recourbe entre l'oreillette gauche et l'aorte, suit la trachée et se bifurque à sa partie inférieure en une branche droite et une branche gauche, qui se rendent respectivement dans chaque poumon.

Elles se résolvent en un réseau capillaire, à la suite duquel se constituent les capillaires qui donnent naissance aux veines pulmonaires. Celles-ci forment quatre troncs distincts, venant se jeter dans l'oreillette gauche.

De l'oreillette gauche, le sang passe enfin dans le ventricule gauche pour compléter le cycle de l'appareil circulatoire en franchissant la valvule mitrale ou bicuspide.

Système nerveux. — Le système nerveux représente un type inférieur d'encéphale. Le cerveau, presque entièrement dépourvu de circonvolutions, se prolonge en avant par les deux lobes olfactifs qui ont pris naissance au-dessous de lui, mais qui sont à découvert dans la partie antérieure (fig. 117).

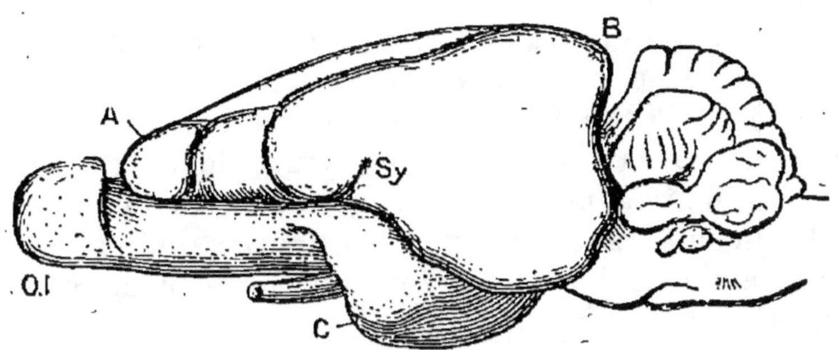

Fig. 117. — Encéphale du Lapin vu par la face latérale ; *Ol*, lobe olfactif ; A, lobe frontal de l'hémisphère cérébral ; *Sy*, scissure de Sylvius rudimentaire ; B, lobe occipital ; C, lobe temporal (d'après Huxley).

Il ne recouvre pas le cervelet, dont le lobe médiane (vermis inférieur et supérieur) est très développé, tandis que les lobes latéraux n'ont qu'une importance relative assez faible.

Système nerveux grand sympathique. — Le système nerveux sympathique est bien constitué chez le lapin. Il comprend trois parties :

1° La partie cervicale ;
2° La partie thoracique ;
3° La partie abdominale.

Il comprend des cordons nerveux parallèles à la colonne vertébrale, renflés de loin en loin par des ganglions, et se trouve en relation avec les nerfs du cerveau et de la moelle.

Dans la région du cou, correspondant à l'origine de l'artère carotide externe, tout près du cartilage cricoïde, on trouve le ganglion cervical ou antérieur.

C'est à ce niveau que prend naissance le plexus

12.

carotidien ; c'est là que se trouve le point de départ du cordon sympathique (en ne considérant qu'un seul côté) parallèle au nerf vague et à la carotide commune.

Il rejoint, au niveau de la première côte, sur le bord de l'œsophage, le ganglion cervical inférieur.

Il poursuit son chemin le long du tronc, rencontrant, au niveau de la face inférieure de la tête articulaire, de chaque côté, un ganglion thoracique.

Jusqu'au diaphragme, il existe douze ganglions ; au-dessous du diaphragme, le long de l'aorte, on en trouve sept à huit autres.

Chaque cordon (il en existe un de chaque côté), arrivé dans la région coccygienne, aboutit à un petit ganglion (ganglion coccygien impair).

Pendant tout leur trajet, les deux cordons émettent des nerfs qui se subdivisent indéfiniment et constituent les plexus carotidien, cardiaque, cœliaque, mésentérique, hépatique, splénique, rénal, etc., éminemment variables dans leur disposition particulière et sur l'étude desquels il est inutile d'insister ici.

Organes de la reproduction. — Les organes génitaux mâles sont représentés par les testicules renfermés dans l'intérieur d'un scrotum peu apparent. On peut se représenter ces organes comme des tubes sécréteurs extrêmement allongés, qui se réunissent pour constituer l'épididyme (canaux afférents du testicule), l'épididyme se poursuit par les canaux déférents qui traversent l'anneau inguinal, croisent les uretères en arrière de la vessie pour aboutir dans le canal urogénital.

A ce niveau, se trouvent la prostate et les vésicules séminales (fig. 119 et 121).

Les organes femelles sont constitués par les ovaires,

petits corps ovoïdes, bosselés par les vésicules de
Graaf ; ils sont situés au niveau de la quatrième ver-
tèbre lombaire. A côté, se trouve l'orifice de la trompe
de Fallope, le pavillon destiné à conduire les œufs
dans l'utérus.

Chaque trompe, qui a de huit à dix centimètres de
longueur, débouche dans l'utérus bicorne (utérus bi-
partitus). Chaque corne, d'autre part, débouche isolément dans le vagin qui présente en avant le méat
urinaire.

118. Préparation du système artériel du Lapin. —
Tandis que la préparation du système veineux (les
vaisseaux restant naturellement injectés par le sang)
n'exige qu'une dissection attentive, il faut pour
mettre en évidence le système artériel une injection
préalable.

On a avantage à la pratiquer avec une masse solidifiable à froid (n° 5). Si le lapin a été récemment
tué (1), on peut procéder directement à l'injection sans
réchauffer l'animal.

Le lapin est étendu, les membres en croix, sur la
face dorsale, la tête vigoureusement maintenue en
avant à l'aide d'un crochet.

Après avoir mouillé les poils pour éviter de salir
la préparation, on fend la peau au-dessous du maxillaire inférieur, sur la ligne médiane du cou, jusqu'au

---

(1) Pour amener brusquement la mort de l'animal, l'emploi
du chloroforme est inutile. Il suffit de saisir vigoureusement
le lapin par les oreilles et de le frapper d'un coup sec avec
le tranchant de la main, au niveau de l'occiput, de manière à
amener une rupture de la colonne vertébrale ; la mort est
instantanée.

niveau du sternum, puis on la dissèque de manière à dégager la région cervicale.

On recherche alors avec le doigt la trachée et on remonte jusqu'au larynx.

On dissèque avec précaution sur les côtés du larynx,

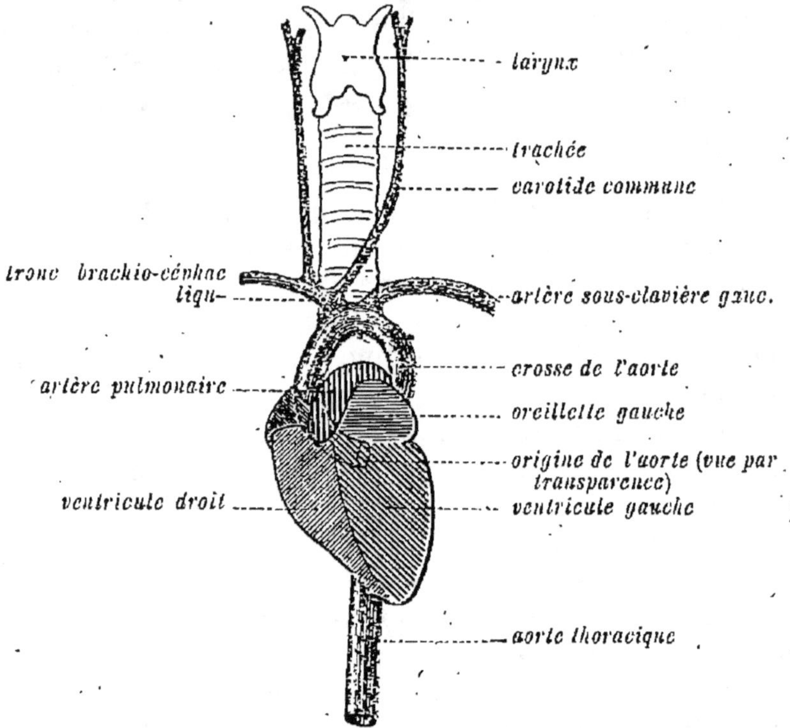

Fig. 118. — Cœur et crosse de l'aorte du lapin (face ventrale).

de manière à mettre à nu la carotide commune, soit à droite, soit à gauche. Il faut éviter de trancher la veine jugulaire externe ou la veine jugulaire interne situées dans le voisinage immédiat, ce qui causerait une hémorragie gênante (1).

____

(1) Il est quelquefois assez difficile de distinguer la carotide

La carotide est isolée sur une certaine longueur.

A l'aide de ciseaux fins, on pratique une incision oblique sur l'artère et l'on introduit une canule que l'on fixe par une double ligature (fig. 118).

On injecte alors la masse chauffée à 60° ou 65° à l'aide d'une pression modérée et continue.

Le liquide coloré suit la carotide commune jusqu'au tronc brachio-céphalique et de là se répand par l'aorte dans tout le système artériel (sauf dans les artères pulmonaires).

Il suffit alors d'achever de fendre la peau jusqu'à la symphise pubienne et de couper les côtes à droite et à gauche ; le sternum enlevé, on atteint directement le cœur.

Pour suivre l'aorte, il faut se débarrasser du poumon du côté gauche, fendre le diaphragme, se débarrasser du foie (après ligature) et rejeter en dehors de l'abdomen les intestins, déroulés avec précaution.

On aura avantage, pour rendre la préparation plus lisible, à ligaturer l'intestin et à le sectionner au-dessous de l'estomac.

118. Préparation des organes génitaux mâles du Lapin. — Il est rare que les sujets que l'on dissèque dans les laboratoires soient complètement adultes ; aussi, d'ordinaire, les testicules ne sont pas encore descendus dans le scrotum.

Il faut donc les rechercher dans l'intérieur de la cavité abdominale.

---

de la veine (l'animal n'ayant pas été saigné, l'artère peut être remplie de sang comme la veine) ; mais, en poursuivan la dissection du vaisseau jusqu'au sternum, la confusion vient impossible.

(Une injection préalable de l'aorte donne une préparation beaucoup plus belle). (Fig. 119).

On ouvre la cavité abdominale du lapin sur la ligne médiane, depuis la base du sternum jusqu'à la sym-

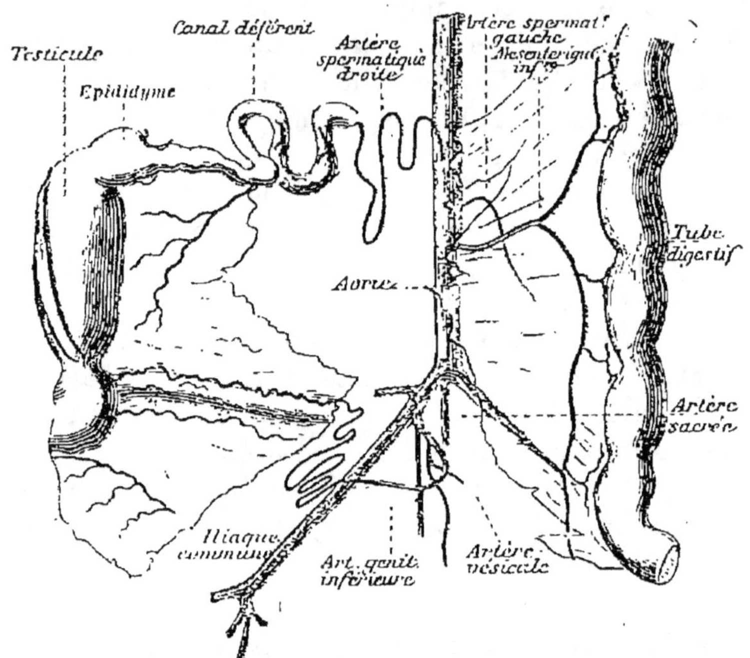

Fig. 119. — Partie inférieure de l'aorte abdominale chez le lapin montrant l'irrigation du testicule et du rectum.

phise pubienne. Par des incisions latérales, on dégage largement la préparation.

On soulève les intestins et l'on coupe le mésentère de manière à rejeter sur le côté (en dehors de la cavité) la masse intestinale, y compris l'estomac.

On garde seulement un fragment du rectum qu'on ligature.

On a alors : en avant, la vessie à parois minces, or-

dinairement remplie d'urine, que l'on peut vider, au
moins en partie, par pression (fig. 120).

En arrière, les deux canaux des uretères qui pro-
viennent des reins. Sur un plan encore plus profond,

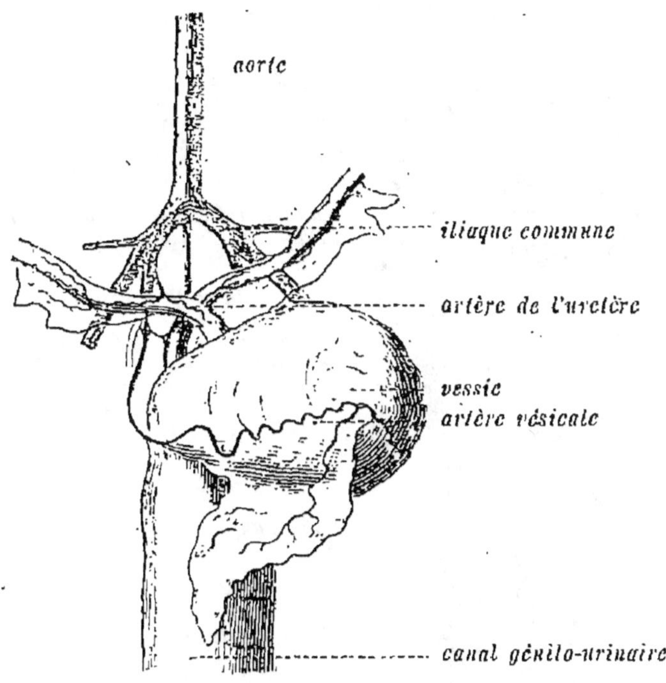

Fig. 120. — Partie inférieure de l'aorte abdominale du lapin,
montrant l'irrigation de la vessie.

les deux canaux déférents, qui viennent s'ouvrir séparément, au-dessous du col de la vessie, de chaque
côté du veru-montanum.

Immédiatement, en arrière, on trouve une *prostate*
volumineuse formée chez les jeunes d'une poche remplie d'un liquide gluant mélangé aux spermatozoïdes
et qui joue le rôle de vésicule séminale.

Cette poche est segmentée en deux parties, par

un *septum* médian qui ne divise que la partie supérieure de la cavité (fig. 121).

Il existe, en outre, une grosse glande prostatique divisée en lobes et qui déverse ses produits, directement dans le canal urinaire par une série de pores latéraux situés à la base du *veru montanum*.

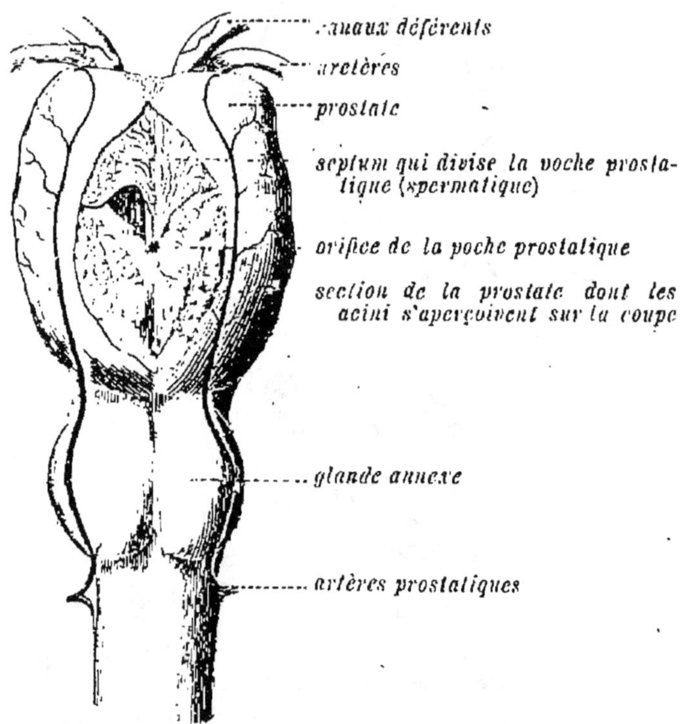

Fig. 121. — Prostate de lapin vue de dos et ouverte sur la ligne médiane pour laisser voir l'orifice de la poche prostatique.

Ces différentes parties ont été représentées dans la figure 122, où j'ai dessiné la vessie et la prostate d'un lapin, après injection préalable.

Nota. — *La vessie est vue par la face dorsale ainsi que les canaux déférents; mais, grâce à une incision latérale qui porte sur le canal urinaire et le col de la*

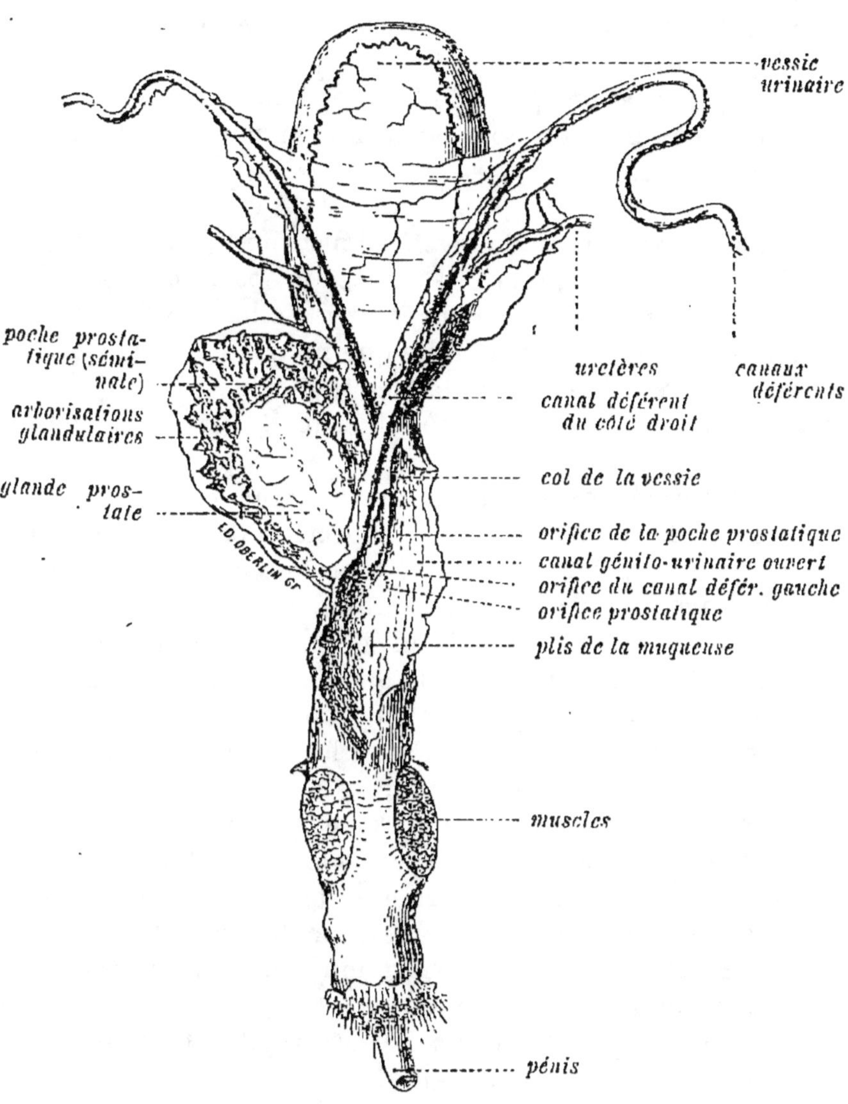

Fig. 122. — Vessie du lapin vue par la face dorsale.
(Le canal urinaire est ouvert et la poche prostatique également ouverte
se trouve rejetée sur le côté et est vue par la face ventrale.)

vessie, le canal déférent de droite est légèrement rejeté sur la gauche, et le veru montanum *est visible par sa face ventrale.*

La préparation, pour mettre ces faits en évidence, a donc subi une torsion, de droite à gauche, dans sa partie inférieure.

120. Préparation du système nerveux grand sympathique chez le lapin. — Cette préparation est regardée comme difficile ; cependant, elle réussit forcément, si l'on suit la marche que nous allons indiquer.

On ouvre le lapin sur la face ventrale.

Les côtes sont sectionnées largement de chaque côté de la poitrine.

On enlève les poumons après avoir coupé la trachée et le cœur, mais en respectant l'aorte (c'est là un point important). On lave à grande eau de manière à nettoyer la cavité. On examine alors le fond de la préparation, sur lequel on distingue nettement le corps des vertèbres. De chaque côté, à un centimètre environ, on distingue, par transparence, le cordon sympathique renflé de loin en loin par les ganglions disposés en forme de chaîne.

On dissèque attentivement ce cordon qu'on rend visible en glissant, au-dessous de lui, un petit rectangle de papier noir ; et l'on remonte progressivement jusqu'au ganglion cervical inférieur (niveau de la première côte) et jusqu'au ganglion cervical supérieur, origine de la carotide externe.

On revient ensuite en arrière et l'on dissèque le cordon jusqu'au diaphragme.

Il est inutile de trancher cet organe : on enlève les intestins et, très rapprochée du corps des vertèbres, on retrouve la chaîne ganglionnaire qu'on prépare comme précédemment.

20ᵉ MANIPULATION

(MAMMIFÈRES)

LE MOUTON (Ruminant à cornes creuses).

121. Description générale du Mouton.— Les moutons font partie du groupe des Ongulés. Leurs doigts sont terminés par des sabots qui supportent le poids du corps sans que les os du carpe, du métacarpe et les phalanges pour le membre antérieur; les os du tarse, du métatarse et les phalanges pour le membre postérieur portent directement sur le sol (différence avec les digitigrades).

Ils appartiennent à la division des artiodactyles. L'axe de symétrie des membres passe entre le deuxième et le troisième doigt, ce qui les différencie des perissodactyles où l'axe de symétrie des membres passe par le milieu du troisième doigt.

Ils font partie des ruminants à cornes creuses. Leur estomac est divisé en plusieurs poches dont quelques-unes jouent le rôle de magasin pour les matières alimentaires. Leurs cornes sont constituées par un os creux communiquant avec les sinus frontaux. Cet os est revêtu d'une couche cornée.

Les moutons ont les cornes ridées, annelées et diri-gées d'abord en arrière, puis ces cornes reviennent plus ou moins en avant en spirale. Ils ont le chanfrein convexe et point de barbe, ce qui les distingue des chèvres.

Les brebis ne font ordinairement qu'un petit par portée, la durée de la gestation est de cinq mois. A un an, les brebis peuvent déjà reproduire et elles continuent à être fécondes jusqu'à l'âge de dix ou douze ans.

Appareil digestif. — Le tube digestif présente les caractères typiques du canal alimentaire des ruminants.

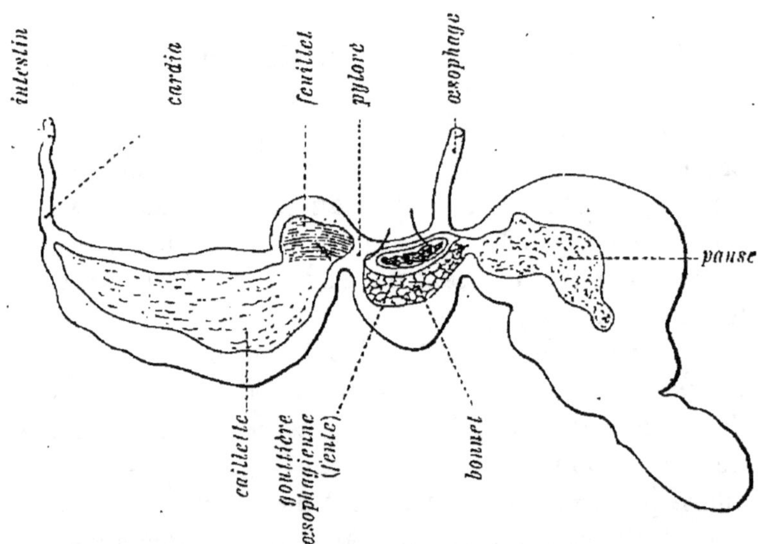

Fig. 123. — Estomac du mouton avec ses quatres poches. — Dans ce dessin schématique d'après Owen, les quatre poches sont ouvertes et l'œsophage est incisé, au niveau de la gouttière œsophagienne, de manière à laisser voir la fente en noir.

Dans la bouche, il n'existe d'incisives qu'à la mâchoire inférieure (4 de chaque côté) ; elles ont la forme caractéristique en cuilleron. Les molaires, au nombre

de six paires à chaque mâchoire, présentent le *crois-
sant d'émail* (*dents sélénodontes*, par opposition aux
dents bunodontes où la couronne offre des tubercules).

Avant de s'aboucher à l'estomac, l'œsophage présente une fente longitudinale (gouttière œsophagienne)
qui reste fermée normalement, mais qui peut s'ouvrir
lorsque les parois de l'œsophage sont fortement disten-
dues. Lorsque le mouton avale de l'herbe incomplète-

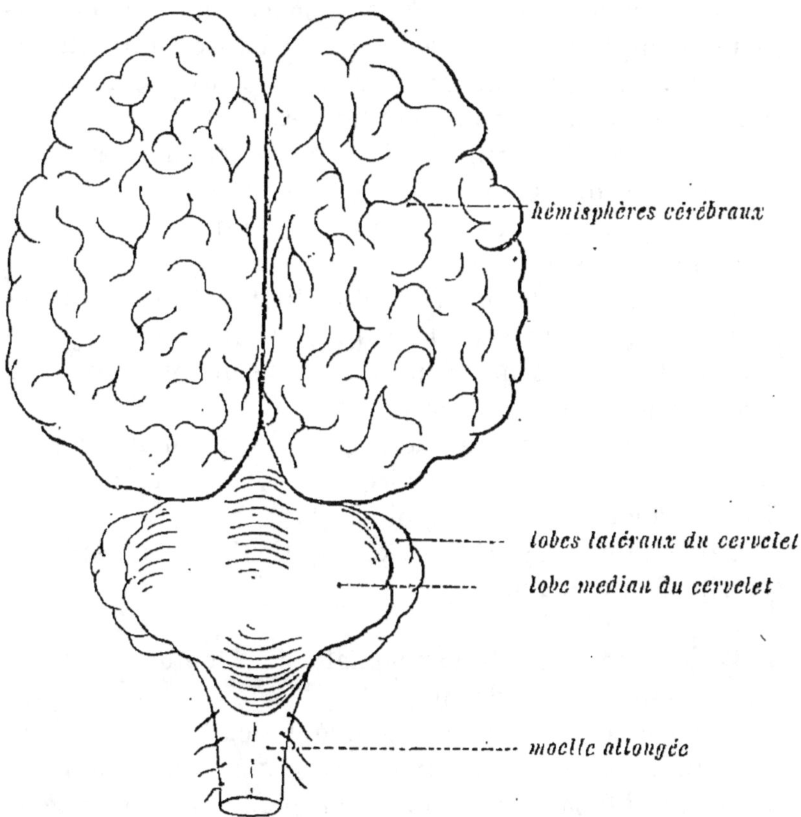

Fig. 124. — Cerveau de mouton vue par la face dorsale sans préparation.

ment mâchée, la grossière boulette arrivée au niveau
de la fente, la trouve entre-bâillée et tombe dans les

deux poches situées au-dessous, le bonnet et la panse (fig. 123).

Plus tard, quand l'animal, par un mécanisme analogue au vomissement, a régurgité le bol alimentaire et a réduit l'herbe à l'état de pâte, l'aliment demi-liquide glisse le long de la fente sans l'entre-bâiller et s'insinue dans l'estomac proprement dit, constitué par deux renflements, le feuillet et la caillette (véritable estomac pourvu de glandes à pepsine) (fig. 123).

Nous avons représenté la disposition de cet estomac, compliqué dans le mouton, d'après une figure d'Owen. Elle permet de se rendre compte du mécanisme que nous venons d'indiquer.

Le reste de l'intestin n'offre, comme particularité remarquable, que l'énorme développement de l'intestin grêle qui forme des circonvolutions très serrées et très nombreuses.

Le cœcum est la partie la plus dilatée du tube intestinal, le gros intestin n'ayant pas, dans la majeure partie de son étendue, un calibre sensiblement plus grand que le petit intestin.

Nous ne dirons rien du système circulatoire qui offre le même plan général que chez le lapin où nous l'avons décrit en détail (voir n° 118).

Le système nerveux, et en particulier l'encéphale, mérite de nous arrêter:

122. Préparation de l'encéphale du Mouton. — Nous ne conseillons pas de prendre directement la tête du mouton pour en extraire l'encéphale. Les outils que les étudiants ont d'ordinaire à leur disposition ne sont pas suffisants pour mener rapidement à bien cette opération. Il vaut mieux utiliser les encéphales que les bouchers extrayent brutalement de la boîte cranienne. Ils ont tellement l'habitude de cette manœuvre, que, malgré le peu de soin qu'ils y apportent, l'encéphale est, d'ordinaire, préparé dans son intégrité, sauf au niveau de la glande hypophysaire et du chiasma des nerfs optiques (1). Les opérateurs éviteront ainsi un travail réellement fastidieux.

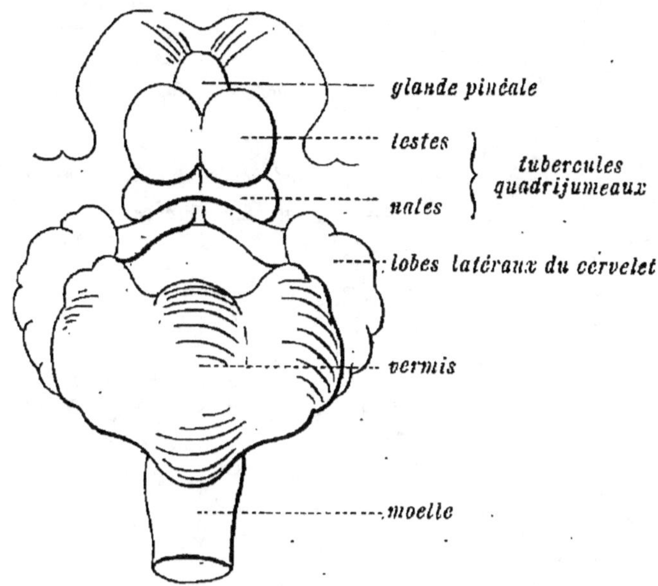

Fig. 125. — Cerveau de mouton (face dorsale) région des tubercules quadrijumeaux et de la glande pinéale. (Les hémisphères cérébraux ont été coupés et le cervelet rejeté en arrière.)

Cependant, s'ils préfèrent tenter l'opération, ils devront se munir d'une scie bien trempée, et tracer, à l'aide de l'instrument, une rainure circulaire. Il faut éviter de faire pénétrer l'instrument trop profondé-

---

(1) Pour conserver la glande hypophysaire, il faut du reste un travail minutieux et la chose est presque impossible en attaquant l'encéphale par le sommet de la boîte cranienne. Le corps hypophysaire est, en effet, logé dans la selle turcique et on ne peut l'avoir intact lorsqu'on enlève le cerveau, que lorsqu'on a, au préalable, incisé les os sur son pourtour.

ment, de peur de léser las substance cérébrale, il vaut
mieux ne scier qu'incomplètement par places et détacher la calotte cranienne à l'aide d'un ciseau à froid
qui permet d'opérer de fortes pesées.

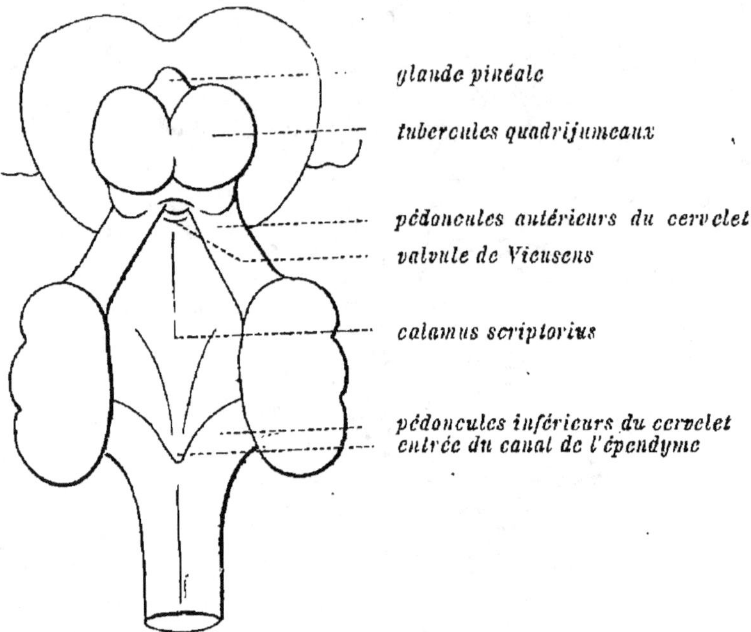

Fig. 126. — Quatrième ventricule (face dorsale).
Le cervelet et les hémisphères cérébraux ont été coupés.

L'encéphale est alors débarrassé de ses enveloppes
et disposé sur un liège sur la face ventrale comme
dans la figure 124.

On peut alors étudier les différentes parties de l'encéphale : en haut, les hémisphères cérébraux et le
corps calleux qu'on aperçoit en écartant légèrement les
deux lobes du cerveau ; au-dessous, le cervelet dont le
lobe médian (vermis) est surtout développé ; plus bas
encore la moelle allongée et la moelle épinière proprement dite.

Pour préparer la région des tubercules quadrijumeaux, il faut relever en avant la partie inférieure des hémisphères cérébraux et tirer en arrière le lobe médian du cervelet. On distinguera alors les parties figurées (fig. 125) :

En avant la glande pinéale ; au-dessous, les testes et les nates dont l'ensemble forme les tubercules quadri-jumeaux.

Pour préparer le quatrième ventricule, il faut découper latéralement le cervelet au niveau des pédoncules (comme dans la figure 126) et l'enlever complètement sur la ligne médiane.

On prépare ainsi le plancher du quatrième ventricule avec le calamus scriptorius, la valvule de Vieusens et le canal de l'épendyme.

Pour compléter la préparation, il faut retourner l'encéphale et le disposer sur la face dorsale.

On distingue, sans préparation, sur la ligne médiane : la moelle allongée avec les pyramides, le pont de Varole qui passe sur la face ventrale de la moelle allongée, les tubercules mammillaires placés au niveau des cuisses du cerveau, le corps pituitaire, le chiasma des nerfs optiques et les lobes olfactifs.

On achèvera la préparation en faisant une série de coupes, à l'aide d'un couteau bien tranchant, perpendiculairement à l'axe de l'encéphale. On se rendra compte, ainsi, de la position relative des deux premiers ventricules du cerveau et du troisième ventricule, de la disposition des corps striés et des couches optiques.

Un second échantillon d'encéphale sera nécessaire, si l'on veut faire la préparation complète de ces cavités et mettre en évidence, la communication du quatrième et du troisième ventricule par l'aqueduc de Sylvius et celle du troisième et des deux premiers par le trou de Monro.

13.

21e MANIPULATION

(MAMMIFÈRES)

LE BŒUF (Ruminant à cornes creuses).

123. Préparation de l'œil de Bœuf. — Le bœuf étant un ruminant, il est inutile de donner sa description générale après celle que nous avons fournie pour le mouton dans le numéro 121.

Cependant, nous conseillons de recourir au bœuf pour la préparation de l'œil. On se procure facilement cet organe chez tous les bouchers ; par ses grandes dimensions, il constitue un très bon sujet d'étude.

Pour préparer l'œil du bœuf, on débarrasse d'abord le globe oculaire de la matière grasse avec laquelle il est vendu, en respectant toutefois le nerf optique, les quatre muscles droits et les deux muscles obliques.

Puis, avec une paire de ciseaux, on incise le pourtour de l'œil sur la sclérotique, le long du plan équatorial.

L'incision doit être ménagée de manière à respecter la choroïde qui est appliquée contre la sclérotique. On décolle les deux membranes, puis on incise la membrane vasculaire (choroïde) et enfin la rétine. On pénètre ainsi dans l'intérieur de l'œil, on étudie l'humeur vitrée, qu'on isole facilement, et la rétine qu'on peut détacher entièrement.

On examine enfin le cristallin, les procès ciliaires et l'iris.

Cette dissection très démonstrative est une des plus aisées à réussir dans la série des manipulations (1).

---

(1) Voir les figures de l'œil du bœuf dans le *Traité de zoologie à l'usage des étudiants en médecine*, par Louis BOUTAN, Paris, O. Doin, 1896.

22ᵉ MANIPULATION

(MAMMIFÈRES)

LE RAT (Rongeur claviculé).

124. Description générale du Rat. — Nous avons en France deux espèces de rats. Le rat noir, ou rat nègre (*Mus rattus*) et le rat surmulot (*Mus decumanus*).

Le rat noir, qu'on ne trouve plus actuellement que dans les endroits peu fréquentés, les fermes isolées au milieu de la campagne, est d'un noir lustré en dessus, passant graduellement en dessous au gris noirâtre ardoisé. Il a la tête large et bombée ; ses yeux sont grands et proéminents ; ses oreilles longues et presque nues sont au moins de la longueur de la tête et, ramenées en avant, elles couvrent entièrement les yeux.

Les poils de la lèvre supérieure (*vibrisses*) sont longs et dépassent l'oreille de plus d'un centimètre.

Les doigts sont entièrement libres.

Enfin la queue, qui compte de 250 à 260 anneaux écailleux, dépasse la tête lorsqu'on la replie le long du corps.

Le rat surmulot, au contraire, qu'on trouve maintenant dans tous les ports et dans toutes les villes de quelque importance, présente des caractères tout différents.

Plus grand que le rat noir, de couleur claire, sa tête est étroite et déprimée, ses yeux petits sont proéminents.

Les oreilles épaisses et velues sont courtes ; ramenées le long de la tête, elles n'atteignent pas les yeux.

Les vibrisses sont également de petite taille et ne dépassent pas l'oreille.

Les doigts, à demi palmés, sont réunis par une membrane mince et blanche, jusqu'à la naissance des secondes phalanges.

Enfin, la queue du surmulot ne compte que de 200 à 210 anneaux écailleux et, étendue le long du corps, n'atteint pas l'extrémité du museau.

Les deux espèces sont donc faciles à distinguer à première vue, cependant les caractères anatomiques ne sont pas assez différents pour qu'on ait intérêt à les décrire séparément.

Squelette. — La tête forte et robuste ne présente qu'une petite cavité cranienne. La mâchoire offre la dentition caractéristique des rongeurs, mais les incisives inférieures sont pointues et les molaires simples sont pourvues de racines.

L'épaule est constituée par une omoplate allongée avec une apophyse épineuse double et une clavicule (1).

Le bassin est étroit et les doigts terminés par des griffes.

Tube digestif. — La bouche, avec la lèvre supérieure fendue, contient dans son intérieur l'orifice des

---

(1) Caractère qui fait rentrer les rats dans les rongeurs claviculés.

glandes salivaires ; l'œsophage, relativement long, aboutit dans un estomac simple et non complètement divisé, et l'intestin présente un cœcum volumineux.

Le foie est multilobé et le pancréas diffus.

Autour de l'anus, on trouve des glandes anales secrétant un produit odorant.

Appareil respiratoire et circulatoire. — Les poumons sont multilobés, le larynx ne présente pas de sacs comme chez d'autres rongeurs. Le péricarde est très mince et les artères mammaires sont remarquablement développées (fig. 127 et 128).

Appareil génito-urinaire. — Les femelles ont un utérus bicorne et un clitoris bien développé. Les mâles ont les testicules dans l'intérieur de l'abdomen et les glandes annexes de la génération sont remarquables par l'importance toute particulière qu'elles prennent dans cette famille de rongeurs.

L'histoire des rats est des plus curieuses.

Le rat proprement dit était inconnu des anciens qui ne connaissaient que la souris (*Mus minutus*).

Le rat noir n'est arrivé en Europe que vers la fin du XIIe siècle. Son pays d'origine paraît être l'Egypte et l'Asie Mineure. Quand, vers cette époque, le commerce avec le Levant s'est développé, le rat a pris place à bord des navires, sans payer le prix du passage, et a été conduit ainsi dans des pays jusque-là inconnus pour sa race.

Il ne paraît être qu'une transformation (une variété) d'un rat qui habite le désert et qui, au lieu de continuer à vivre comme un anachorète en arrachant au sol quelques maigres racines, a préféré devenir le commensal de l'homme.

Le rat d'Alexandrie (*Mus alexandrinus*), a le dos gris brun jaunâtre, les flancs cendrés très pâles et le ventre d'un blanc pur.

Or, le rat noir donne souvent, parmi ses petits, des rats à pelage gris que l'on est obligé, par tous leurs caractères, de rapporter à l'espèce d'Alexandrie.

De plus, un savant (1) est arrivé, à l'aide d'une sélection rigoureuse, à rétablir à volonté l'une ou l'autre race, en choisissant les petits dans de nombreuses portées.

Le rat surmulot n'a fait son apparition en France que dans le courant du dix-huitième siècle et paraît provenir de l'Asie centrale.

Les châteaux royaux de Versailles et de Chantilly furent les premiers envahis ; mais, de là, l'animal, de mœurs peu aristocratiques, a gagné les maisons bourgeoises et les égouts de la capitale.

Les surmulots ont exterminé les rats noirs et les ont fait disparaître de Paris. Peu à peu, ils ont envahi tous les grands centres et, devant eux, les rats noirs, race vaincue, ont dû céder la place, émigrer ou mourir.

Le rat surmulot ne se croise pas avec le rat nègre, même lorsqu'on élève ensemble des petits très jeunes des deux espèces.

125. Préparation des organes génitaux mâles et des glandes annexes chez le Rat (fig. 127).— Une vivisection n'étant nullement nécessaire pour faire la préparation que nous allons indiquer, il y a avantage à tuer rapidement le sujet en le mettant dans un bocal avec du chloroforme.

On l'étend ensuite sur le fond d'une cuvette liégée (voir n° 3) et on le fixe les pattes en l'air, de manière à ce que la face ventrale soit tournée vers l'opérateur.

On détermine, avec le doigt, la position exacte de l'appendice xyphoïde du sternum et, à partir de ce point, on ouvre une large incision le long de la ligne médiane jusqu'à la symphise du pubis.

---

(1) A. DE L'ISLE, De l'existence d'une race nègre chez le rat (*Ann. des sciences naturelles*, t. IV, 5° série, 1865).

On écarte ensuite les lambeaux des téguments que l'on fixe, à l'aide d'épingles, sur le liège de la cuvette que l'on remplit d'eau, la préparation étant beaucoup plus facile dans un liquide.

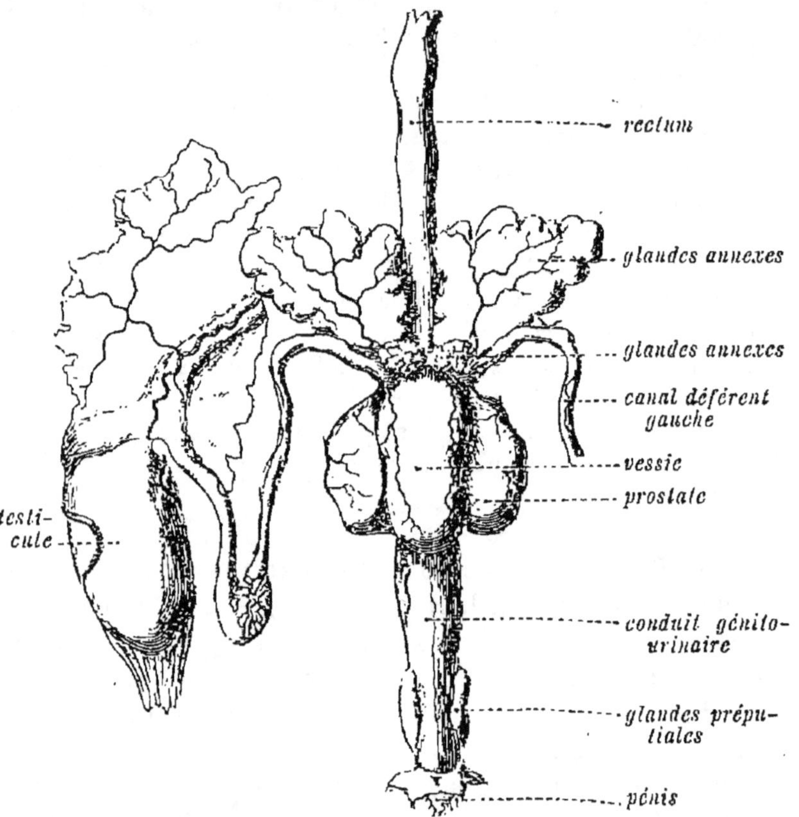

Fig. 127. — Vue générale des organes génitaux du rat (*Mus decumanus*). La vessie renversée en avant est vue par la face dorsale, les autres organes sont vus par la face ventrale.

On excise le tube digestif au niveau du diaphragme, après avoir fait une double ligature, et on se débarrasse de l'estomac et de la majeure partie des intestins. Il est bon de garder un fragment du rectum qu'on ligature et qu'on épingle sur le côté.

Pour rendre la préparation plus démonstrative, on peut injecter par l'aorte une certaine quantité d'injection coagulable (voir n° 5), comme nous l'avons représenté plus loin, d'après des figures dessinées d'après nature (fig. 127, 128 et 129).

En rejetant la vessie en avant après l'avoir vidée, l'entrée des canaux déférents devient visible ; il faut les suivre jusqu'au testicule et les disposer comme l'indique la figure 127.

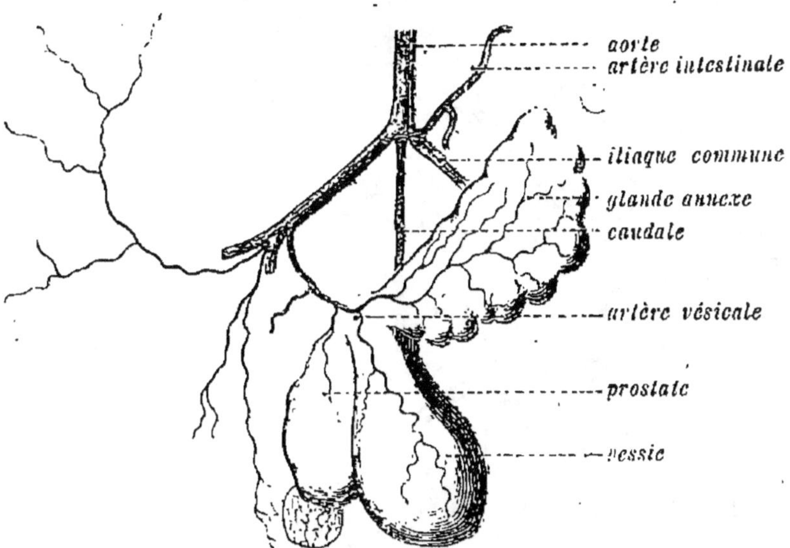

Fig. 128. — Vue latérale de la glande annexe, de la vessie et de la prostate du rat (*Mus decumanus*).

Les artères testiculaires se détachent très haut sur l'aorte : celle de droite immédiatement au-dessus de l'artère rénale, celle de gauche immédiatement au-dessous.

Tandis que l'artère des glandes annexes, de la vessie et de la prostate ne prend naissance qu'après

la séparation de l'aorte en deux branches (iliaques).
Si les testicules sont frais, les étudiants pourront

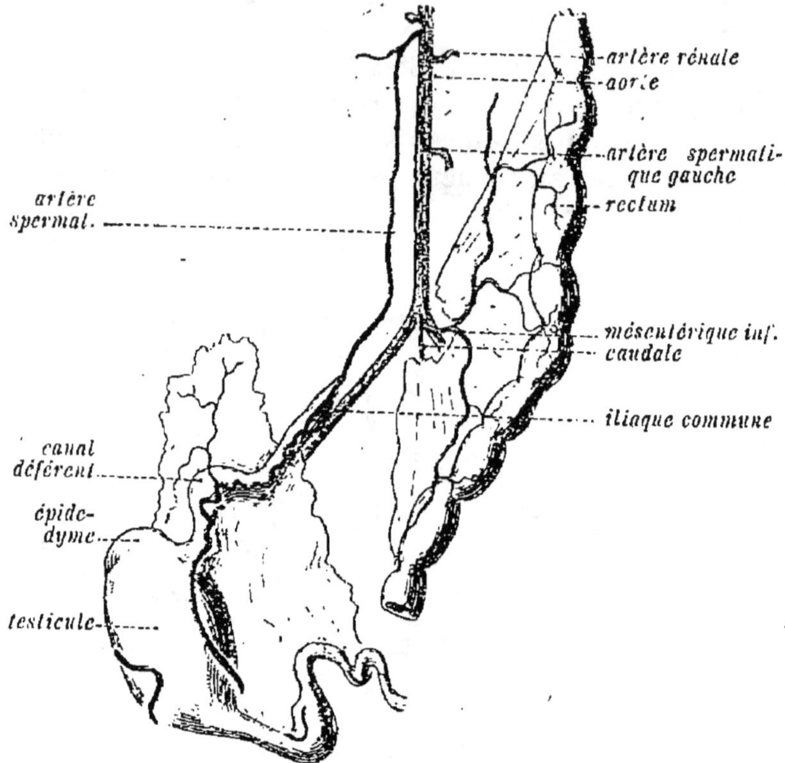

Fig. 129. — Aorte abdominale et artère spermatique du rat
(*Mus decumanus*).

étaler une faible partie du contenu sur une lame de
verre, recouvrir avec une lamelle après avoir dilué
la masse avec une goutte de l'urine prise dans la
vessie; alors, à un fort grossissement, ils distingueront
nettement les spermatozoïdes, de forme curieuse, que
nous avons figurés (fig. 130).

126. Préparation des organes génitaux femelles du

Rat. — Les dispositions à prendre sont les mêmes que dans la préparation des organes génitaux mâles nº 125.

L'opérateur, après avoir enlevé l'intestin et avoir conservé seulement un morceau du rectum (préalablement lié), doit rechercher les ovaires, très facilement reconnaissables à leur aspect mamelonné.

Le pavillon de la trompe de Fallope est d'ordinaire immédiatement appliqué contre l'ovaire, et la trompe qui se dirige vers la partie inférieure et médiane est peu distincte extérieurement des cornes de l'utérus.

L'utérus est bifide, les deux cornes se réunissent au-dessus de la vessie (sur sa face dorsale) (voir fig. 131) dans un vagin bien développé.

Pour dégager la région pubienne, les étudiants pourront vider la vessie par pression ou par ponction.

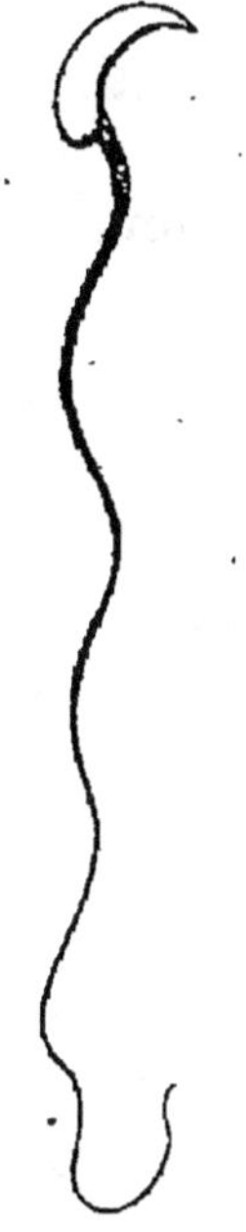

Fig. 130. — Spermatozoïde du rat (d'après Owen).

La préparation étant disposée comme dans la figure 131, il y a avantage à ouvrir le vagin, de manière à reconnaître la disposition des cornes de l'utérus et à fendre l'une des cornes dans toute sa longueur pour arriver jusqu'au niveau de l'orifice de la trompe dans la corne utérine.

127. Préparation du tube digestif du Rat. — Le rat est préparé comme on l'a indiqué précédemment. On fend la peau depuis le menton jusqu'à la symphise pubienne et on la détache complètement, de manière à la rabattre de chaque côté de la préparation.

On fend le sternum sur la ligne médiane et l'on

détache les côtes et les clavicules à coups de ciseaux.

On enlève la trachée, les poumons et le cœur après avoir pratiqué une ligature sur les gros vaisseaux pour empêcher l'effusion du sang.

On fend également le diaphragme en respectant le point de pénétration de l'œsophage.

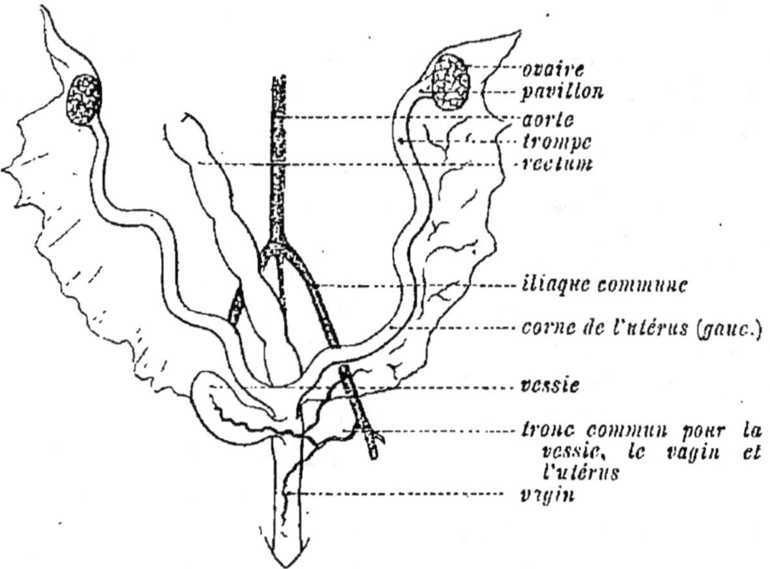

Fig. 131. — Organes génitaux du rat (*Mus decumanus*), face ventrale (la vessie contractée est rejetée à droite).

La cavité abdominale ayant été ouverte sur la ligne médiane, on décolle le foie du diaphragme et, après avoir étudié la disposition de ses différents lobes, on le coupe en ayant soin de pratiquer une double ligature sur la veine cave inférieure.

On déroule ensuite le tube digestif en incisant par place le mésentère, mais en respectant l'anse duodénale qui contient en partie le pancréas diffus. On le

dispose de manière à montrer la forme de l'estomac
et la disposition du cœcum intestinal, comme nous
l'avons figuré dans l'image schématique n° 132.

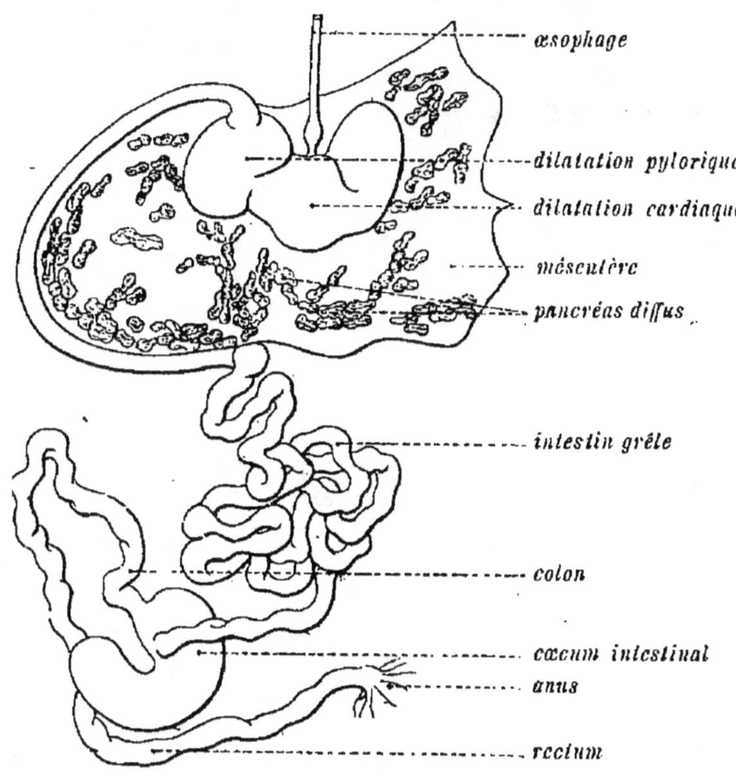

Fig. 132. — Dessin schématique du tube digestif du rat montrant le pancréas diffus (l'anse duodénale a été exagéré dans la figure).

En résumé, les particularités que l'opérateur doit
vérifier dans le tube digestif du rat sont les suivants :

Longueur et étroitesse de l'œsophage ;
Foie divisé en plusieurs lobes ;
Forme particulière de l'estomac avec trois dilata-

tions successives (celle du milieu correspondant au cardia);

Apparence diffuse du pancréas dont les lobules sont disséminés à la surface du mésentère;

Cœcum intestinal rappelant la forme de l'estomac;

Enfin, côlon présentant un calibre sensiblement égal à celui de l'intestin grêle.

23ᵉ MANIPULATION

(MAMMIFÈRES)

LE CHIEN (Carnivores).

128. Description générale du Chien. — *Caractères extérieurs.* — Il est inutile de décrire la forme générale du chien, chacun la connaît ; d'ailleurs, les différences extérieures qui caractérisent les diverses races de chien sont immenses par suite de l'influence de la domestication, sans que, cependant, l'anatomie générale de ces animaux diffère sensiblement, même dans les races les plus éloignées.

Leur membre antérieur est terminé par cinq doigts. Les deux du milieu sont égaux et le doigt interne, petit, ne porte pas sur le sol.

Le membre postérieur n'a que quatre doigts bien développés, le cinquième restant toujours rudimentaire.

Les doigts portent des ongles non rétractiles, dont la pointe s'émousse promptement par suite de l'usure à la surface du sol.

Caractères internes. Tube digestif. — La bouche est armée de dents appropriées au régime carnassier ; les incisives, au nombre de trois de chaque côté, ont, chez les jeunes, la forme en fleur de lis.

Les canines sont robustes, les prémolaires sont au nombre de quatre à chaque mâchoire et les molaires, de deux à la mâchoire supérieure et de trois à la mâchoire inférieure.

La molaire la plus forte (4ᵉ prémolaire à la mâchoire sup., 1ʳᵉ mol. à la mâchoire inf.) présente un talon, ce qui indique un type peu différencié comme carnivore.

L'estomac est sphérique dans la portion cardiaque et allongé comme l'intestin dans la portion pylorique (antre du pylore).

L'intestin est relativement court, puisqu'il n'a guère que 5 à 6 fois la longueur du corps. Le cœcum est peu développé et a la grosseur normale du gros intestin.

L'appareil circulatoire est construit sur le type normal des mammifères (1).

L'encéphale représente un type inférieur les deux hémisphères recouvrent incomplètement le cervelet, mais présentent des circonvolutions bien accusées.

Chez les mâles, le pénis est muni d'un os et les testicules descendent dans les bourses.

Chez les femelles, l'utérus est bicorne.

129. Préparation de l'épaule et de l'avant-bras du Chien. — L'animal, asphyxié au préalable, est étendu sur la table ou sur une large planche. A l'aide de clous et de cordes on fixe les membres et la tête, comme si l'on voulait crucifier l'animal le ventre en l'air.

On pratique ensuite une large incision depuis la

---

(1) Voir le *Traité de zoologie à l'usage des étudiants en médecine*, par Louis BOUTAN, Paris, O. Doin, 1896.

base du menton jusqu'à l'appendice xyphoïde du sternum et deux incisions perpendiculaires à la première, l'une au-dessus de l'épaule et l'autre au-dessous.

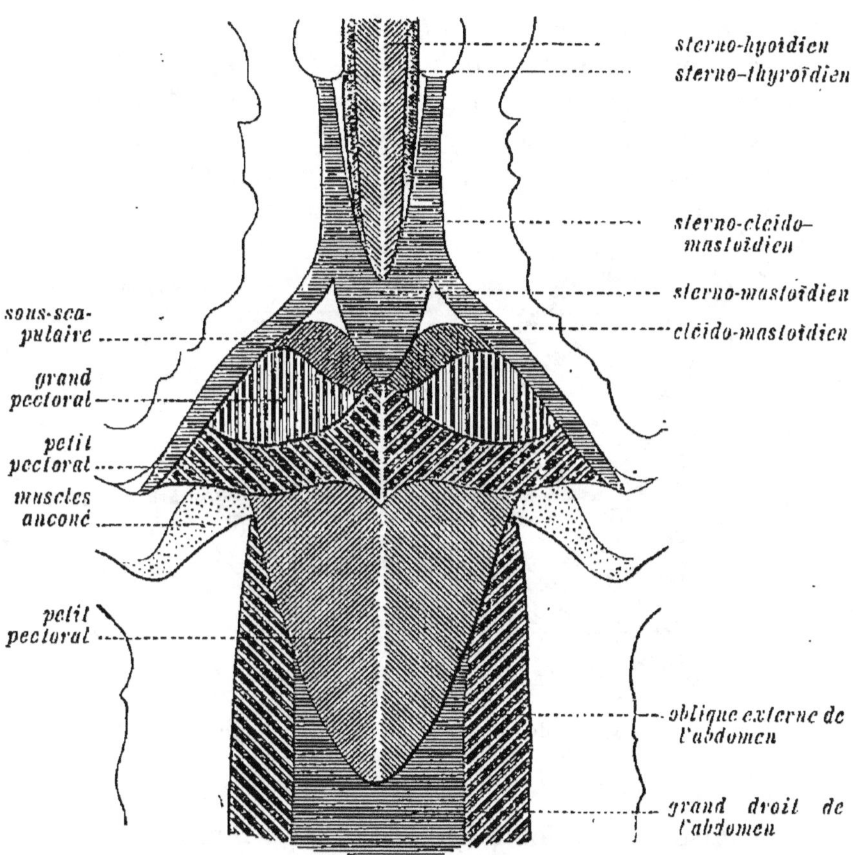

Fig. 133. — Muscles de la région pectorale et brachiale du chien.

A l'aide d'un scalpel, on détache la peau dans toute la région pectorale et brachiale (sans se préoccuper des muscles peaussiers) et l'on arrive ainsi à apercevoir la série de muscles représentés dans la figure 133.

On sectionne les aponévroses, et on se débarrasse

des masses graisseuses qui encombrent la préparation, puis on isole les muscles superficiels sans trancher leurs points d'attache.

On a alors, sur la ligne médiane du cou, le sterno-
hyoïdien et, de chaque côté, le sterno-thyroïdien, recouvert par le précédent; plus, en dehors, à droite et à
gauche, on aperçoit le grand muscle sterno-cléido-
mastoïdien qui se bifurque à la partie inférieure et
diverge pour donner le faisceau musculaire sternal et
claviculaire.

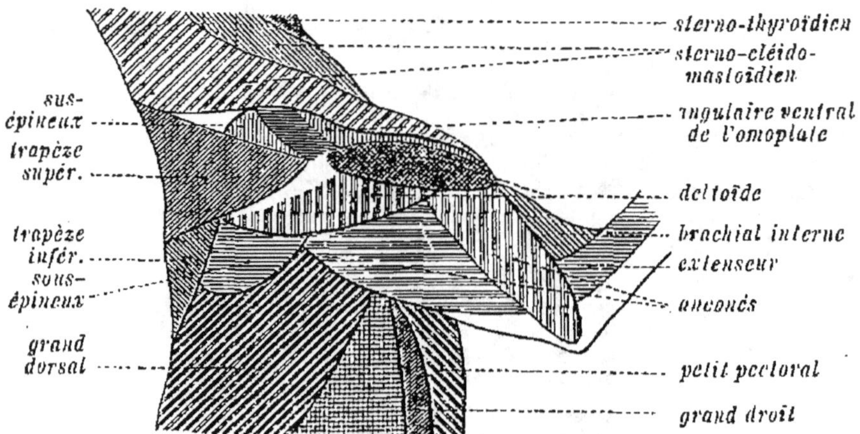

Fig. 134. — Muscles de la région de l'épaule et de l'avant-bras
chez le chien (vue de profil).

Le faisceau claviculaire recouvre l'origine du grand
pectoral.

On le tranche d'un côté, en son point d'union avec
le faisceau sternal (en évitant de sectionner la veine
jugulaire). Puis, on tranche également le grand pectoral en son milieu et l'on rejette les deux lambeaux
de chaque côté.

On dégage ainsi le petit pectoral, l'anconé interne
et le biceps brachial.

Une partie de la préparation est faite; pour l'achever, il faut enlever les attaches du membre que l'on veut disséquer et faire pivoter l'animal de manière à le disposer de profil, comme l'indique la figure 134.

Après avoir achevé d'enlever la peau dans la région de l'épaule, on distingue : du côté ventral, le faisceau

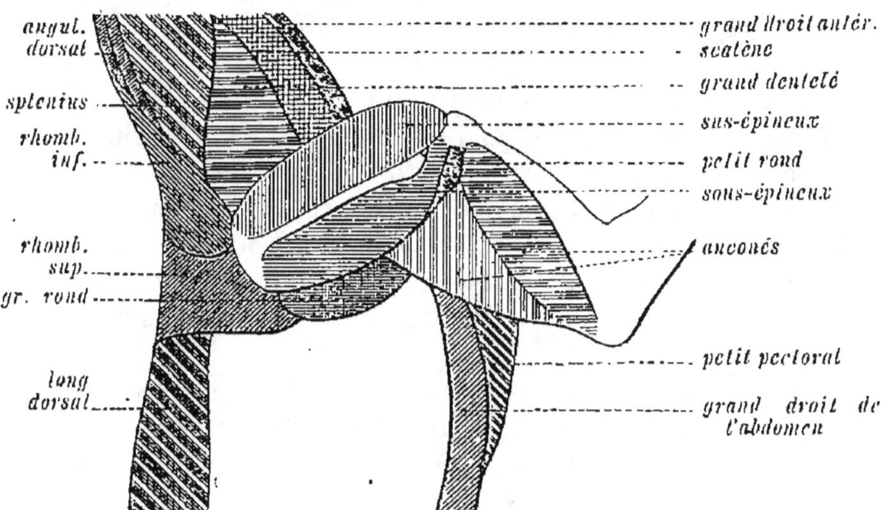

Fig. 135. — Couche profonde des muscles de l'épaule et de l'avant-bras chez le chien (vue de profil).

supérieur du cléido-mastoïdien; du côté dorsal, le trapèze supérieur et le trapèze inférieur;

Entre le trapèze supérieur et le cléido-mastoïdien, l'angulaire ventral de l'omoplate;

En avant (côté ventral du trapèze), le deltoïde, divisé en deux parties (portion scapulaire et portion acromiale);

Au-dessous du deltoïde, les muscles anconés.

Pour continuer la préparation, on sectionne le trapèze inférieur, le trapèze supérieur et le deltoïde, de manière à mettre en évidence la deuxième couche de muscles (fig. 135).

Sous le trapèze supérieur et inférieur, on trouve le rhomboïde supérieur et le rhomboïde inférieur ; puis, immédiatement au-dessus de l'omoplate, le sus-épineux et le sous-épineux.

De chaque côté du sous-épineux, on distingue le grand rond, le petit rond et les muscles anconés.

Pour préparer les muscles du côté opposé, il faut détacher l'omoplate du corps et retourner le membre.

Le sous-scapulaire qui tapisse la face inférieure de l'omoplate devient alors visible, bordé sur un côté par le sus-épineux et, sur l'autre, par le grand rond. Les autres muscles de l'avant-bras deviennent également visibles et l'on a, en partant du côté postérieur vers le côté antérieur :

Le long extenseur de l'avant-bras, le long anconé sur un plan plus profond, l'anconé postérieur, recouvert par l'anconé interne qui recouvre lui-même dans sa partie supérieure le coraco-brachial et qui borde le biceps brachial (1) (fig. 136).

En résumé, la préparation comporte la dissection des muscles suivants :

---

(1) La nomenclature de ces muscles est empruntée au savant ouvrage intitulé *Anatomie descriptive et topographique du chien*, par les docteurs ELLENBERGER et BAUM (traduit de l'allemand, par J. DENIKER) Paris, Reinwald, 1894.

Les étudiants qui voudraient poursuivre la dissection du chien trouveront dans cet ouvrage tous les renseignements nécessaires.

Le *sterno-cléido-mastoïdien*, qui s'étend de l'occiput à l'extrémité la plus éloignée de l'humérus. Il a pour rôle de faire avancer l'épaule, il fixe et incline latéralement le cou lorsqu'il agit d'un seul côté.

Le *grand pectoral*, qui est placé entre le sternum

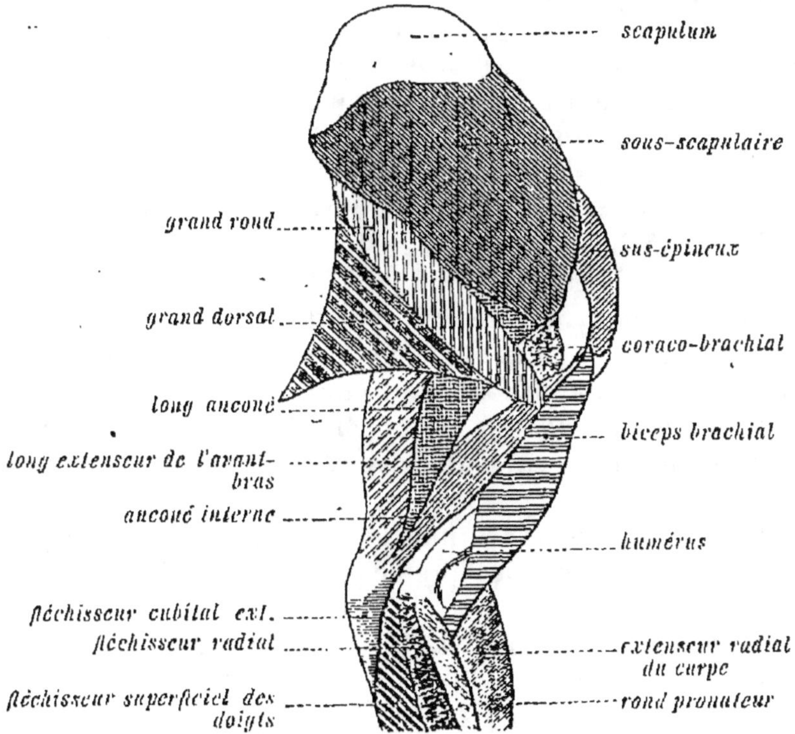

Fig. 136. — Muscles de la région de l'avant-bras du chien (face sous-scapulaire).

et l'humérus. Il soutient le bras et le fait mouvoir en avant, l'attire vers le sternum.

Le *petit pectoral*, qui a, chez le chien, un très grand développement, va, depuis le sternum et les cartilages des vraies côtes, jusqu'à l'articulation scapulo-humérale. Il attire le bras en arrière.

14.

Le *deltoïde*, divisé en deux parties. Il est renfermé dans le triangle formé par l'épine de l'omoplate et l'humérus. C'est un adducteur du bras, il le porte en dehors.

Le *sus-épineux*, qui remplit la fosse sus-épineuse. Il porte le bras en avant.

Le *sous-épineux*, qui occupe la fosse sous-épineuse et se rattache à la portion supérieure de l'humérus. Il porte également le bras en avant.

Le *grand rond* qui naît du bord inférieur de l'omoplate et du bras. Il porte le bras en arrière.

Le *petit rond*, qui occupe le bord costal de l'omoplate et se rattache à l'épine de l'humérus. C'est un fléchisseur de l'épaule.

Les *anconés*, qui se rattachent à l'omoplate et à l'humérus. Ils tendent l'aponévrose de l'avant-bras dont ils constituent les extenseurs.

Le *sous-scapulaire*, situé sous la face interne de l'omoplate; il se rattache aux côtes. Ce muscle porte le bras en avant.

Le *biceps brachial*, il naît de la tubérosité de l'omoplate et se rattache à l'humérus. C'est un fléchisseur de l'avant-bras.

Le *brachial interne*, va de l'omoplate à l'humérus. C'est un fléchisseur de l'avant-bras.

DEUXIÈME PARTIE

MANIPULATIONS

RELATIVES

A LA TECHNIQUE HISTOLOGIQUE

CONSEILS RELATIFS A LA TECHNIQUE HISTOLOGIQUE

Je ne songe nullement à donner ici un traité, même incomplet de la technique histologique ; mon but est d'indiquer seulement quelques préparations simples qui permettent aux étudiants de faire connaissance avec les éléments histologiques à l'aide de préparations rapidement exécutées.

Nous nous trouvons en présence de deux méthodes, la méthode des dissociations et la méthode des coupes.

Nous consacrerons seulement un chapitre à cette dernière méthode, et les autres exercices que nous allons indiquer pourront tous se faire par le moyen soit de l'observation directe, soit de la dissociation dans le cours d'une séance, avec les ressources dont disposent les étudiants.

Nous conseillons aux opérateurs de ne pas se dé-

courager, s'ils n'arrivent pas du premier coup à des préparations satisfaisantes.

Il ne suffit pas de mettre son œil au-dessus de

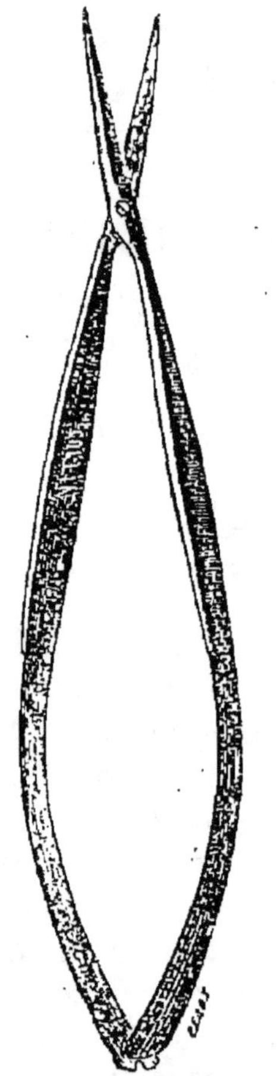

Fig. 137. — Ciseaux dits à cataractes, utilisables pour les dissections fines et les dissociations.

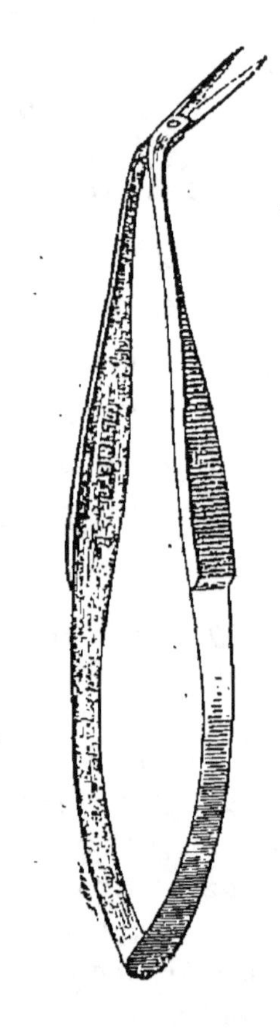

Fig. 138. — Ciseaux dits à cataractes, à lame oblique.

l'objectif d'un microscope, pour voir clairement et nettement, même les choses les plus simples. Il faut un apprentissage.

Trop souvent le commençant se contente d'à peu près; il croit avoir vu et n'a pris qu'une fausse idée de ce qu'il avait sous les yeux.

Pour arriver à un bon résultat, il faut beaucoup de patience et de méthode.

130. Matériel nécessaire pour les préparations histologiques. — INSTRUMENTS DE MÉTAL. — Les instruments

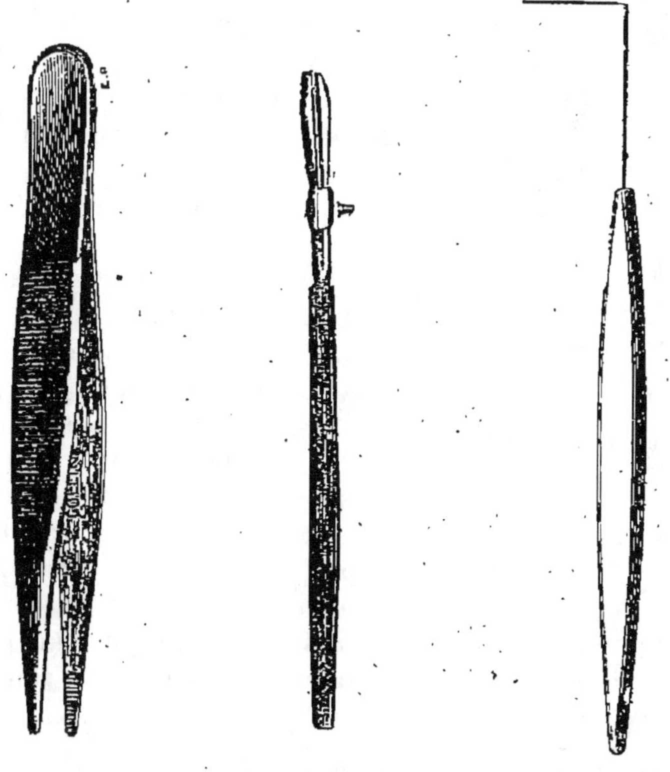

Fig. 139. — Pince fine pouvant être utilisée pour les dissections fines et les dissociations.

Fig. 140. — Manche articulé servant à emmancher les aiguilles à dissection.

Fig. 141.
Fer à paraffine.

d'acier nécessaires sont les mêmes que pour la dissection fine; pinces fines, ciseaux, scalpels sont indispensables (voir n° 137).

Il est bon d'ajouter, en outre, à la trousse des ciseaux *dits à cataractes* (fig. 138), des aiguilles fines et tranchantes (fig. 140), des pinces du modèle dessiné (fig. 139) et un fil de fer emmanché qui servira de fer à paraffine. Le fer à paraffine sert à lutter les préparations (1) (fig. 141).

Pour les injections interstitielles et autres, il est bon d'avoir une seringue de Pravaz du modèle courant représenté (fig. 142).

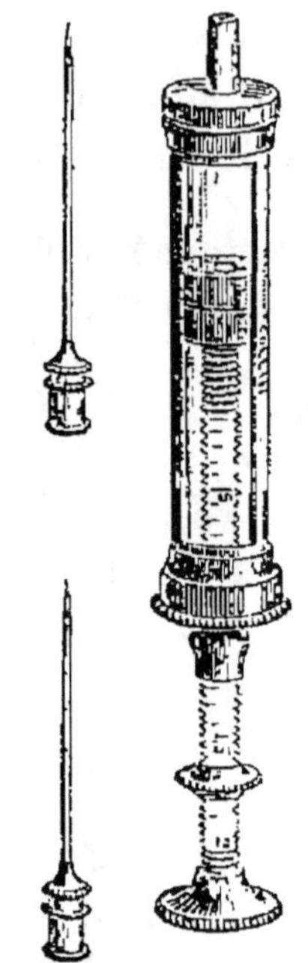

Fig. 142. — Seringue de Pravaz et deux canules tranchantes.

INSTRUMENTS DE VERRE. — L'étudiant peut se procurer à peu de frais les lames de verre planes et taillées qu'on vend pour les préparations histologiques; il doit acheter, en même temps, des lamelles en verre très fin dont la taille varie de un à trois centimètres. Ces lamelles serviront à recouvrir les préparations quand ces dernières seront étalées sur les lames.

Il pourra compléter son matériel à l'aide de quelques verres de montres et de godets soit en verre, soit en porcelaine.

---

(1) On l'utilise de la manière suivante :

On chauffe le fil de fer à la lampe à alcool et on le met en contact avec un bloc de paraffine, la goutte liquide qu'on enlève ainsi est transportée sur la lame au contact de la lamelle. On l'étale sans difficulté en tenant le fil de fer horizontal.

Une ou deux cuvettes de petites dimensions pourront également servir (1).

131. Quelques réactifs d'un usage courant. — Il est
bon de mettre, à la disposition des étudiants, les
réactifs qui vont suivre; nous reduisons leur nombre
au strict nécessaire :

Du sérum iodé ;

De l'eau distillée ;

De l'alcool à 95°, à l'aide duquel les opérateurs
feront eux-mêmes de l'alcool au tiers, à 70° et à 90° ;

De l'alcool absolu ;

De la glycérine chimiquement pure

De l'acide acétique glacial ;

De la potasse caustique ;

Du picro-carmin (2) ;

Du carmin aluné ;

De l'hématoxyline glycérique acide ;

Quelques couleurs d'aniline, telles que le brun de
Bismarck, le vert de méthyle, etc. ;

Du bichlorure de mercure (sublimé corrosif) en
solution saturée ;

De l'acide picrique ;

De l'acide picro-sulfurique ;

Du nitrate d'argent en solution titrée ;

De l'acide osmique en solution titrée ;

---

(1) Il serait bon également que l'étudiant eût à sa disposition un alcoomètre pour pouvoir doser lui-même les alcools,
et une balance. Ces objets font d'ordinaire partie du matériel
mis, à la disposition des travailleurs, par le laboratoire.

(2) On trouvera la formule de tous les réactifs et de tous
les colorants dans l'excellent *Traité des méthodes techniques
de l'anatomie microscopique,* par BOLLES LEE et HENNEGUY.
Octave Doin, éditeur, Paris.

De l'éther ;
Du chloroforme ;
De l'essence de térébenthine.
De l'essence de girofle ;
Du baume de Canada ;
De la paraffine.

132. Le microscope et la loupe. — Nous n'avons pas à décrire le microscope en tant qu'instrument d'optique, les étudiants trouveront les explications nécessaires dans tous les traités de physique. Nous dirons seulement que, pour les manipulations courantes, la forme et la disposition du statif importent peu, mais qu'il n'en est pas de même des lentilles, objectifs et oculaires.

Si les étudiants n'ont entre les mains que des grossissements trop faibles, ils ne pourront évidemment faire certaines observations que nous indiquons plus loin.

On ne peut mettre entre les mains d'opérateurs inexpérimentés des objectifs à immersion, dont le prix est trop élevé et qui seraient immédiatement hors d'usage ; mais je crois qu'on peut tourner la difficulté en adoptant les oculaires compensateurs de Zeiss, dont le prix est abordable et qui permettent d'obtenir un fort grossissement avec des objectifs à long foyer.

Nous engageons à adopter, comme modèle courant, une loupe dans le genre de celle dont nous avons donné une figure (nº 2, fig. 6).

133. Microtome. — On trouvera, dans les ouvrages spéciaux, de nombreux modèles de microtomes. Je n'en indiquerai qu'un seul dont l'emploi me parait pratique dans une salle de dissection, parce qu'il donne les coupes, en série, avec une grande facilité et sans nécessiter une habileté de main particulière.

Parmi bien des modèles, voici la description, d'après M. Ranvier (1), du microtome qu'on appelle le microtome à bascule de Cambridge, qui est maintenant utilisé dans beaucoup de laboratoires et qu'on peut se procurer à Paris chez plusieurs fabricants français :

« Le microtome à bascule, de Cambridge, est destiné à réduire en coupes des objets enrobés dans la paraffine. Chaque coupe entourée de paraffine est fixée à

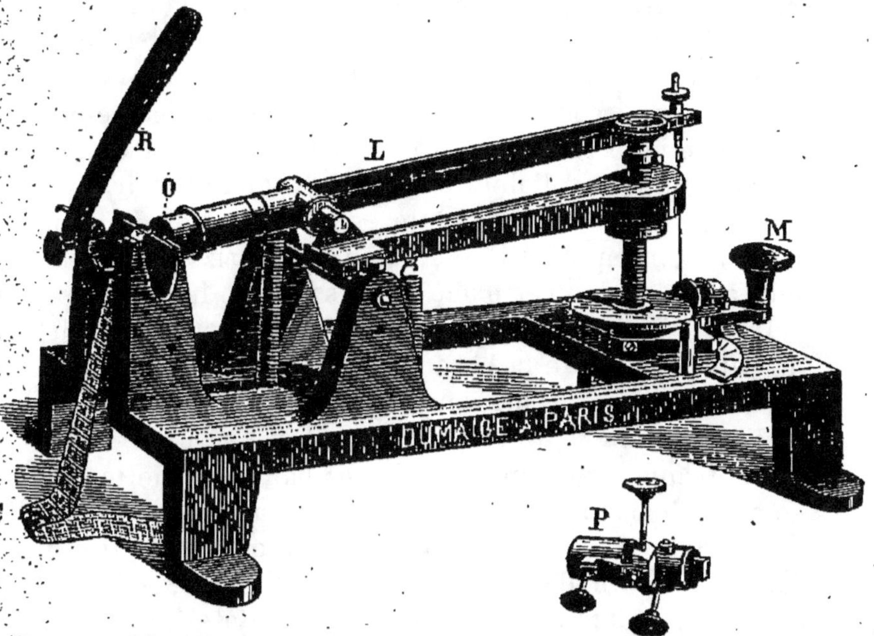

Fig. 143. — Microtome à bascule modifié par Dumaige.

sa voisine et, réunies toutes ensemble par deux bords opposés, elles constituent une série de coupes, en forme de ruban.

Dans cet instrument, la lame du rasoir est maintenue à l'aide de deux vis de pression dans deux sup-

____

(1) *Traité technique d'histologie*, par L. RANVIER. Masson, Paris, 1889.

ports, de telle sorte que son tranchant, regardant en haut, soit horizontal. L'objet à couper, inclus dans de la paraffine, est fixé à un cylindre creux qui glisse à frottement doux à l'extrémité d'une tige métallique, basculant autour d'un axe horizontal et parallèle au tranchant du rasoir.

L'extrémité de cette tige qui porte l'objet est tirée en bas par un ressort à boudin. A son autre extrémité, est attaché un fil commandé par une manette.

Lorsqu'on agit sur cette manette, cette extrémité baisse, tandis que celle qui porte la pièce se relève.

Quand on cesse d'agir sur la manette, l'extrémité qui porte la pièce est attirée en bas par le ressort, en même temps que l'objet est entamé par le rasoir.

L'axe qui porte la bascule repose sur un affût qui est lui-même mobile autour d'un axe horizontal, parallèle au précédent et placé au-dessous de lui.

Il en résulte que, si l'on vient à élever l'extrémité de l'affût, l'axe de la bascule est porté en avant et la pièce se trouve ainsi avancée au-dessus du rasoir.

Ce mouvement de l'affût est produit par une vis micrométrique, mise en mouvement par la manette que commande la bascule, en sorte que la pièce à couper est portée en avant au moment même où elle atteint son maximum d'élévation. Un encliquetage permet de faire tourner la vis d'une quantité déterminée, et, par suite, de faire avancer la pièce d'une longueur également déterminée. MM. Henneguy et Vignal ont apporté à cet instrument les deux modifications suivantes : l'objet à couper est fixé à une pièce mobile autour de deux axes, l'un vertical et l'autre horizontal, disposition qui permet de modifier l'orientation des coupes. En second lieu, une échelle indique en fractions de millimètre l'épaisseur de la coupe que l'on veut obtenir. »

24e MANIPULATION

LE SANG (Préparation microscopique).

134. Préparation des globules du sang. — 1° *Préparation des globules du sang de l'homme.* — Pour faire la préparation du sang de l'homme, on prend une lame et une lamelle bien nettoyées qu'on prépare d'avance pour éviter que le sang soit exposé à une longue évaporation.

On flambe ensuite une aiguille qu'on passe dans l'alcool pour la désinfecter, puis on se fait une petite piqûre au bout d'un doigt.

La lame reçoit la goutte de sang qu'on se hâte de

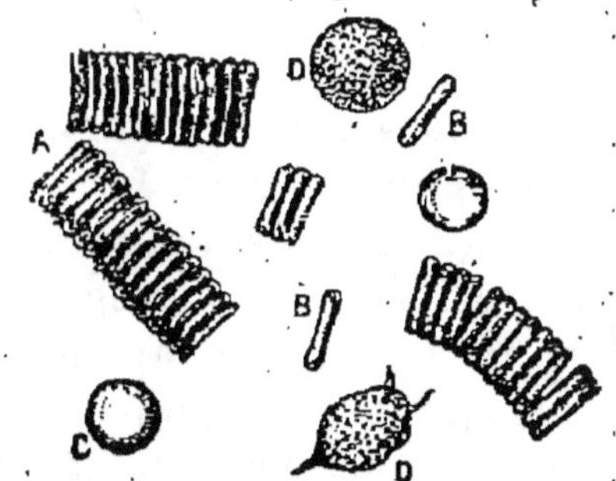

Fig. 144. — Globules du sang humain. — A, pile de globules rouges ; B, globule rouge vu de profil en forme de lentille bi-concave ; C, globule rouge vue de face ; D, globule blanc.

recouvrir de la lamelle. Il vaut mieux que le sang soit en très petite quantité, sans cela on aura sous le microscope plusieurs étages de globules.

On borde à la paraffine pour éviter l'évaporation et l'on porte la lame sous le microscope.

A un grossissement de 500 à 600 diamètres, on apercevra une quantité énorme de globules rouges ; en examinant la préparation dans un endroit où il y a peu de sang, on verra que les globules rouges se présentent sous différentes formes.

Les uns sont circulaires, C (fig. 144), d'autres ovales ; certains sont minces, renflés à leurs deux extrémités, B (fig. 144), cela tient à la position des globules par rapport à l'œil, et l'on peut s'en assurer en déterminant un courant dans la préparation à l'aide d'une faible pression sur la lamelle.

Les globules forment çà et là des piles caractéristiques, A (fig. 144) ; enfin, si l'on abandonne la préparation à elle-même, on voit se produire des filaments réfringents constitués par la fibrine.

En examinant la préparation avec soin, on arrivera à trouver quelques rares globules incolores, D (fig. 144), plus grands que les globules rouges et qui diffèrent, d'ailleurs, entre eux par leur aspect général : ce sont les globules blancs.

Si, au lieu de faire la préparation comme nous l'avons indiquée, on néglige de recouvrir immédiatement la lame, à l'examen, les globules auront l'aspect sphérique et beaucoup d'entre eux présenteront des déformations, des pointes ou des aspérités.

Si l'on ajoute un peu d'eau, les déformations seront encore plus rapides et les globules deviendront méconnaissables. L'eau dissout, en effet, la matière colorante des globules et leur donne la forme sphérique.

On peut cependant fixer les globules, sans réactifs, par un procédé très simple ; il suffit de chauffer une lamelle et d'étendre à sa surface une gouttelette de sang, la plupart des globules brusquement desséchés gardent leur forme et leurs dimensions.

135. Préparation des globules du sang de la Grenouille. — On coupe le doigt de la patte d'une grenouille et l'on procède comme précédemment, n° 134.

Les globules rouges ont presque tous une forme elliptique et sont colorés en jaune pâle, d'autres ont un aspect fusiforme très caractéristique : cela tient encore à la position différente des globules, car leur forme réelle est celle d'un ovoïde aplati (fig. 145).

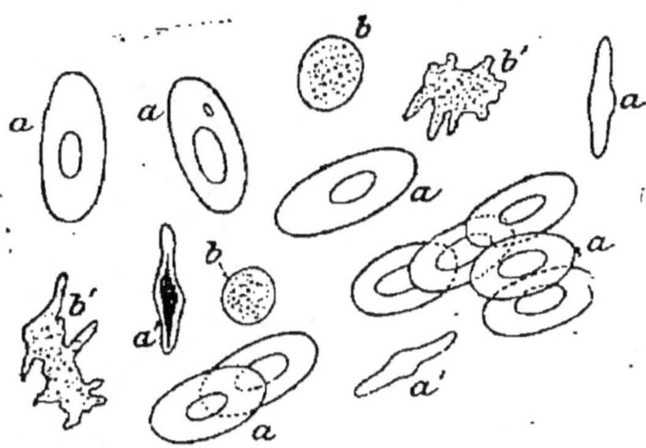

Fig. 145. — Globules du sang de la grenouille. — *a*, globule rouge vu de face ; *a'*, globule rouge vu de profil ; *b*, cellule lymphatique au repos ; *b'*, cellule lymphatique vue en activité.

L'eau produit le même effet sur les globules rouges de la grenouille que sur ceux de l'homme.

Pour mieux voir les globules, on peut étendre la goutte de sang avec l'humeur de l'œil ; il suffit de crever la sclérotique de la grenouille, de recueillir une goutte de liquide sur la lamelle et d'y ajouter un peu de sang.

136. Préparation des globules blancs. — A cause de l'énorme développement des sacs lymphathiques, la grenouille se prête facilement à l'étude des globules blancs ou cellules lymphatiques.

Il suffit d'inciser la peau sur le dos pour pénétrer immédiatement dans un vaste sac rempli de lymphe. Cependant, si l'on recueille cette lymphe, on la trouve toujours encombrée de beaucoup de globules rouges.

M. Ranvier (1), dans son grand *Traité d'histologie*, indique un moyen pratique d'isoler les globules blancs que nous recommandons aux opérateurs.

Les mouvements des globules blancs les portent à pénétrer dans les corps poreux. Si l'on introduit dans

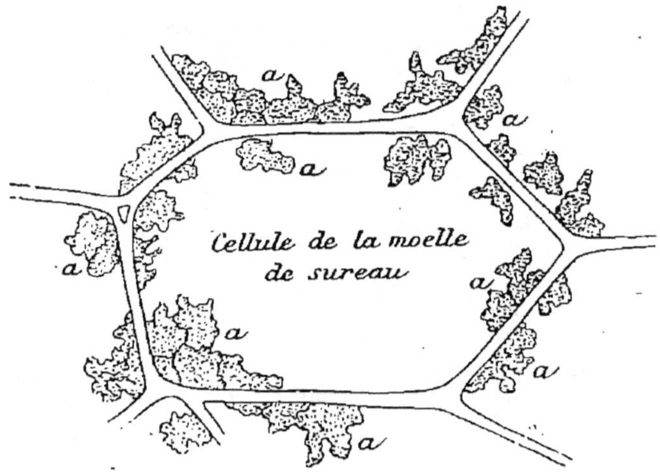

Fig. 146. — Une cellule de la moelle de sureau ayant séjourné vingt-quatre heures dans le sac lympathique de la grenouille (d'après Ranvier). — *a*, cellules lymphatiques (globules blancs).

le sac dorsal d'une grenouille vivante un fragment de moelle de sureau et qu'on l'y laisse séjourner vingt-quatre heures, il se trouve complètement imbibé de lymphe.

L'air que contenait ses cellules a été remplacé par du plasma lymphatique.

---

(1) *Traité technique d'histologie*, par RANVIER. Masson, éditeur, Paris, 1889.

Il suffit de pratiquer quelques coupes avec un rasoir et de les étudier au microscope pour trouver l'aspect indiqué dans la figure 146.

Les cellules lymphatiques (globules blancs) sont emmagasinées contre les parois des cellules de la moelle du sureau.

137. Préparation de la membrane natatoire de la Grenouille. — Pour voir la circulation du sang dans la membrane natatoire de la patte de la grenouille, on peut employer les procédés suivants dont nous empruntons la description à Huxley et H. N. Martin (1). « Prenez un morceau de carton mince de 12 centimètres de long sur 6 de large; au milieu de l'une de ces extrémités, faites une échancrure en forme de V, à peu près de la grandeur d'une membrane natatoire de grenouille étalée; mettez la grenouille étalée sur le carton, le ventre en bas, et fixez-la en passant, autour de l'ensemble ainsi formé, deux ou trois tours de fil; liez maintenant les doigts de l'une des pattes de derrière au moyen de ces fils, et, en tirant sur eux très légèrement et avec beaucoup de précautions, tendez la membrane sur l'échancrure du carton.

L'animal doit être maintenu dans un état d'humidité constante au moyen d'un morceau de papier buvard mouillé étendu sur son dos.

Examinez la membrane avec l'objectif n° 1. Notez :

Les cellules pigmentaires noires de la peau: elles sont parfois irrégulièrement ramifiées; parfois elles ont une forme plus ramassée;

---

(1) *Cours élémentaire et pratique de biologie*, par H. Huxley et H. N. Martin, traduit par F. Prieur. Bibliothèque biologique internationale. Octave Doin, Paris, 1884.

Le réseau serré de vaisseaux sanguins qui se trouve au-dessous de la couche de cellules pigmentaires ;

Les artères, qui se dirigent en majorité vers le bord libre de la membrane et qui diminuent constamment de grandeur à mesure qu'elles se ramifient; le sang y va des plus grandes ramifications aux plus petites;

Les capillaires par lesquels les ramifications artérielles se terminent; ce sont de petits vaisseaux qui forment un réseau serré et qui se ramifient ou s'anastomosent fréquemment sans que leur diamètre varie beaucoup ;

Les veines, formées par la réunion des derniers capillaires et qui augmentent leur diamètre en se réunissant l'une avec l'autre. Dans ces vaisseaux, le sang va des troncs les plus petits aux plus volumineux;

— *Le cours du sang.* La direction du courant est indiquée par des corps solides (globules) charriés par le liquide; c'est dans les artères que le cours du sang est le plus rapide, dans les capillaires qu'il est le plus lent. Dans ces derniers vaisseaux, il est en même temps plus régulier.

Mettez une petite goutte d'eau sur un fragment de lamelle, retournez cette lamelle, la goutte d'eau en bas, et posez-la doucement sur la membrane; maintenant examinez les particularités suivantes avec l'objectif n° 2 ou 5. Notez :

Les parois des artères, des capillaires et des veines;

Les parois artérielles, assez épaisses, apparaissent de chaque côté du courant sanguin comme des bandes claires, nettement définies;

Les parois des capillaires, plus difficilement perceptibles, apparaissent à l'œil simplement comme des lignes transparentes qui limitent ce courant;

Les parois des veines ressemblent beaucoup à celles des artères;

— *Le cours du sang dans les petites artères de la membrane.*

Il existe un courant rapide au milieu, lequel entraîne la plupart des globules rouges ; et un courant plus lent sur les bords (couche inerte), qui entraîne la plupart des globules blancs.

Le cours du sang dans les capillaires ; il est beaucoup plus lent que dans les artères ; observez la disposition fréquente des globules rouges dans les capillaires par suite de pression..., etc. ; leur élasticité est indiquée par la facilité avec laquelle ils recouvrent leur forme, quand la cause qui les a contraints à se tordre cesse d'agir ; la façon dont les globules blancs rampent le long des parois du capillaire et leur tendance à s'y accrocher. »

CARAPACE CHITINEUSE

(Préparation microscopique).

**139. Préparation microscopique de l'enveloppe chiti-
neuse des Pous.** — Cette préparation peut servir d'exer-

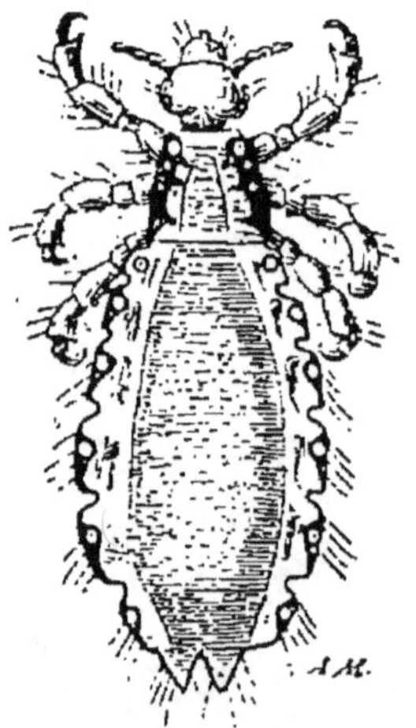

Fig. 147. — Pou de tête
(*Pediculus capitis*) mâle.

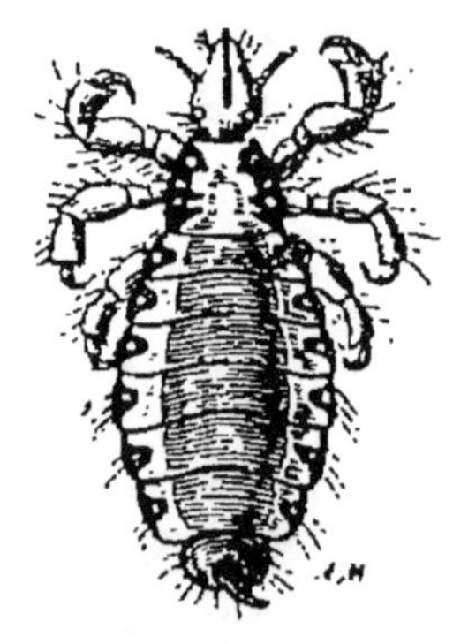

Fig. 148. — Pou de tête
(*Pediculus capitis*) femelle.

cice, pour apprendre à monter sur verre une préparation.

Si l'on s'adresse à un hôpital de la ville, il sera

facile de se procurer le matériel nécessaire : soit le pou de la tête (*Pediculus capitis*, fig. 147), qu'on reconnaît à son corps aplati, avec une tache noire, au bord de chaque segment du corps autour des stigmates, soit le pou de corps (*Pediculus vestimenti*, fig. 148), plus grand que le précédent, de couleur plus jaunâtre.

Tous deux ont un abdomen à sept segments, plus large que le thorax, et la tête courte. On pourra étudier également le pou du pubis ou morpion *(Phthyrius pubis*, fig. 149), dans lequel le thorax est plus large que l'abdomen et la tête plus longue que dans les types précédents.

On peut utiliser indifféremment l'une ou l'autre de ces espèces.

Fig. 148. — Pou de corps (*Pediculus vestimenti*) femelle.

On verse dans une petite capsule en porcelaine, ou plus simplement dans un verre de montre, un peu d'eau où l'on fait fondre une pastille de potasse caustique, puis on y jette les animaux précédemment recueillis dans un tube en verre et l'on chauffe légèrement entre 45 ou 50 degrés centigrades.

Si l'on veut mener rapidement la préparation, il est bon de placer d'abord les animaux, un à un, sur une lame de verre et avec un fine aiguille d'acier de percer leur abdomen (1), sous la loupe. Cette précaution n'est d'ailleurs pas indispensable.

Très rapidement, le contenu du corps devient déli-

---

(1) Si les sujets sont de très petite taille, on peut faire la ponction avec une pointe de verre étirée à la lampe; on obtient ainsi des aiguilles aussi fines qu'on peut le désirer.

quescent (une heure au maximum). Il suffit de transporter les animaux sur la lame de verre et de presser délicatement sur eux à l'aide d'une lamelle.

On cale la lamelle sur le pourtour avec les débris d'une lamelle brisée, en en introduisant des fragments entre le verre et la lamelle, et l'on presse avec une aiguille à dissection.

Sous la pression de la pointe, la lame fléchit et le contenu du corps s'échappe.

On verse une goutte d'eau à côté de la lamelle, de manière à humecter la préparation, puis on soulève la lamelle et l'on fait tomber plusieurs gouttes d'eau sur la carapace afin de la laver.

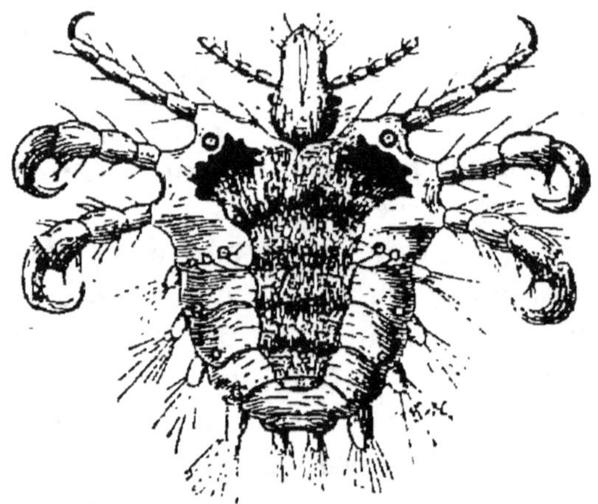

Fig. 149. — Pou du pubis (*Phthyrius pubis*).

Si l'on agit sur plusieurs individus à la fois, on peut les faire tomber dans un verre de montre contenant de l'eau distillée. On verse une goutte de picro carmin qu'on laisse en contact avec la préparation; on lave rapidement, puis l'on met un peu d'alcool à 90 degrés centigrades.

Nouvelle attente de quelques minutes.

On achève ensuite de déshydrater la pièce en versant,
à deux ou trois reprises, une goutte d'alcool absolu,
après avoir pompé l'excès de liquide avec du papier
buvard.

Une goutte d'essence de girofle et de bergamote.
Puis une goutte de baume de Canada légèrement
chauffé.

Si la carapace chitineuse ne paraît pas assez com-
primée, on presse la surface de la lamelle avec l'aiguille, de manière à l'étaler, et tout en la maintenant,
l'on borde le pourtour avec un peu de taffetas gommé,
ou plus simplement avec du papier gommé (1), par
exemple, la bordure d'un timbre-poste.

Nota. — *On obtiendra par ce procédé une préparation de l'enveloppe chitineuse, des poils et du système trachéen.*

---

(1) La méthode rapide que nous venons d'indiquer, suffisante pour le but à atteindre, est un peu brutale. Pour faire
une préparation plus soignée où les moindres détails soient
conservés, nous conseillons de suivre les indications que
donne M. Fabre-Domergue dans un excellent manuel intitulé :
*Premiers principes du microscope et de la technique mi-
croscopique.* Paris, Asselin et Houzeau, 1889. Consulter,
par exemple, la préparation des téguments de la puce, chapitre XVIII.

ÉPITHÉLIUM (Préparation microscopique).

140. Description générale des épithéliums. — On appelle tissu épithélial ou épithélium la couche de cellules qui revêt la périphérie des organismes pluricellulaires ou qui tapisse les cavités naturelles.

Le tissu épithélial varie beaucoup d'aspect; tantôt il est formé de plusieurs couches de cellules superposées (l'épithélium de la bouche, par exemple) et prend le nom d'épithélium stratifié; tantôt il porte des cils vibratiles (fosses nasales, œsophage de la grenouille) et mérite alors le nom d'épithélium vibratile.

Parfois, il est formé de cellules molles aplaties latéralement les unes contre les autres (glandes salivaires, par exemple) et on le désigne sous l'épithète générale d'épithélium cylindrique.

Enfin, l'épithélium peut être formé par une seule couche de cellules plates (paroi interne des vaisseaux) et on le distingue par le mot endothélium.

141. Étude directe d'un épithélium vibratile. — On ouvre une moule commune et d'un coup de ciseau on détache un fragment de la branchie (en ayant soin d'intéresser un seul feuillet); on verse une goutte de l'eau contenue dans la coquille sur une lame, à la surface de laquelle on a déjà placé le fragment; on recouvre d'une lamelle et l'on observe sous le microscope. Même à un faible grossissement, les cils vibratiles se voient avec la plus extrême facilité.

142. Préparation de cellules épithéliales isolées. — *1° Préparation directe par un procédé mécanique.* — On a dit plaisamment que le meilleur moyen d'étudier les cellules épithéliales vibratiles était de s'enrhumer du cerveau, de se moucher et d'examiner

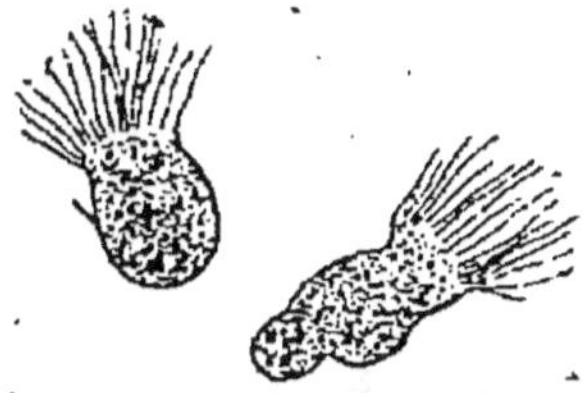

Fig. 150. — Deux cellules à cils vibratiles des fosses nasales de l'homme isolées dans le liquide du coryza (grossis : 750 diam.) (d'après Ranvier).

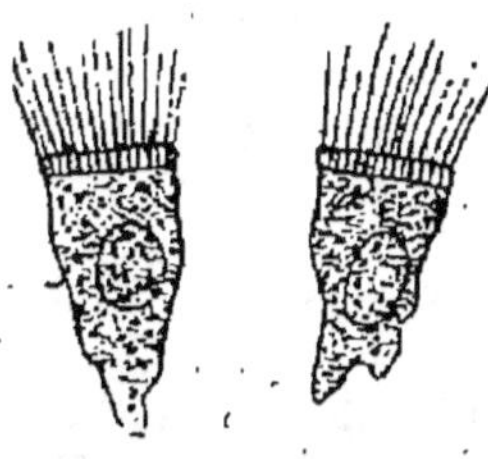

Fig. 151. — Cellules normales de l'épithélium nasal.

le mucus ainsi produit, entre une lame et une lamelle, à un fort grossissement.

Dans le liquide clair du coryza, il existe, en effet, un très grand nombre de cellules présentant l'aspect de la figure 150 et dans lesquelles les cils vibratiles sont extrêmement visibles sans artifice de préparation.

Il faut cependant remarquer que le rhume de cerveau provient d'une inflammation de la muqueuse nasale et que la plupart des cellules épithéliales recueillies sont la conséquence d'un cas pathologique et sont déformées. On ne distingue dans la plupart d'entre elles, comme dans les deux cellules représentées (fig. 150), ni le plateau traversé par les cils vibratiles, ni le noyau connu dans les cellules normales.

Un autre procédé classique pour se procurer, sans préparation, des cellules épithéliales pavimenteuses, consiste à racler avec l'ongle l'intérieur de la joue en introduisant le doigt dans la bouche et à déposer le produit ainsi obtenu sur la lame. On mélange le magma avec de la salive, on recouvre d'une lamelle et l'on peut alors observer, sous le microscope, la forme

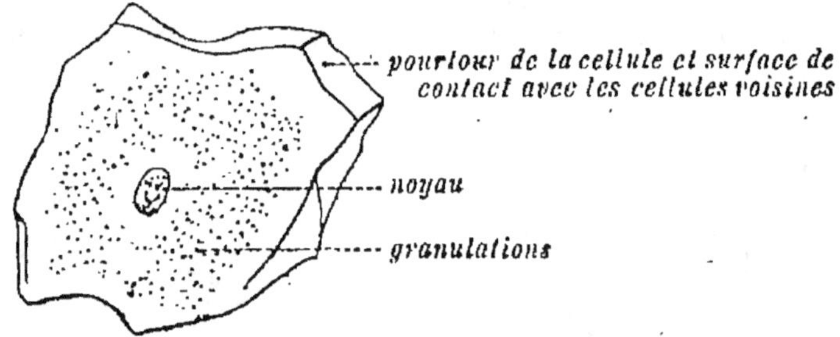

Fig. 152. — Cellule épithéliale de la paroi interne de la joue
(grossissement : 375 diam.) (d'après Ranvier).

de ces grandes cellules plates, qui ont été isolées mécaniquement et qui se présentent comme des plaques minces, irrégulièrement polygonales, remplies de fines granulations et présentant un noyau distinct.

Ce procédé peut être généralisé et on peut l'appliquer à toute une série d'épithélium que l'on gratte superficiellement avec la lame d'un scalpel ; mais il faut avoir toujours soin de mélanger le produit avec un liquide physiologique (1), la salive, quand il s'agit d'un épithélium humain, l'humeur aqueuse de l'œil

---

(1) L'eau, qu'on serait tenté d'ajouter à la préparation, est loin, en effet, d'être un liquide indifférent. Elle gonfle et déforme les cellules.

quand on opère sur un vertébré inférieur comme la grenouille (fig. 153).

2° Préparation par les moyens chimiques. — Il existe un grand nombre de réactifs dissociateurs qui ramollissent la substance qui unit les cellules et qui permettent d'isoler les éléments moins brutalement que par le procédé mécanique indiqué plus haut.

Le plus facile à employer et le plus rapide est l'alcool au tiers.

« Ce réactif, dit Ranvier, convient surtout pour l'étude des endothéliums, des épithéliums à cils vibratiles et des épithéliums cylindriques qui ont une structure complexe ; il fait voir nettement les cellules caliciformes. Il a surtout pour avantage de permettre de

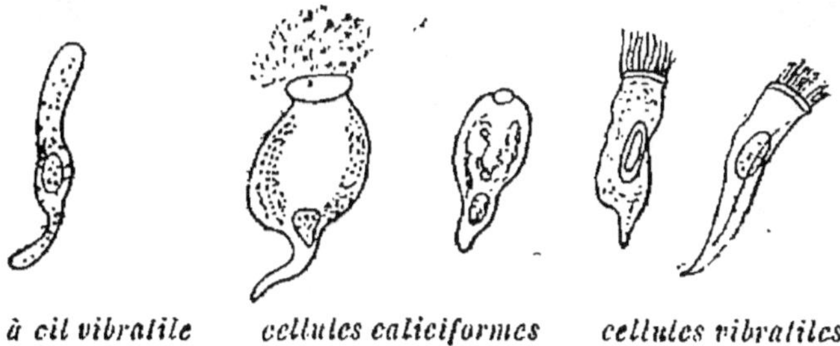

Fig. 153. — Cellules de l'œsophage de la grenouille isolées par macération dans l'alcool au tiers (grossissement : 320 diam.) (d'après Ranvier).

bien réussir les différentes colorations de cellules après qu'elles sont isolées.

Si l'on veut faire des préparations persistantes, le picro-carminate est le meilleur réactif colorant ; mais le bleu d'aniline soluble dans l'eau fournit des préparations qui, si elles n'ont pas l'avantage de se conserver longtemps, montrent d'une manière très remarquable certains détails de structure fort importants. »

On met, par exemple, un morceau d'œsophage de grenouille dans de l'alcool au tiers pendant deux ou trois jours. L'on racle alors le morceau d'œsophage avec un scalpel, et si l'on a coloré au bleu d'aniline, on voit les cellules caliciformes et cilicées représentées plus haut (fig. 153).

Le sérum iodé est aussi un très bon réactif pour étudier les cellules et les dissocier, mais il est plus long et exige des soins plus minutieux (1). On peut enfin étudier les épithéliums sur les coupes après montage à la paraffine (voir n° 155), mais nous ne pouvons insister davantage sur ces préparations sans sortir du cadre que nous nous sommes tracé.

----

(1) Pour l'étude de ce procédé, nous renvoyons au *Traité technique d'histologie*, par Ranvier. Masson, Paris, 1889.

27e MANIPULATION.

CARTILAGE (Préparation microscopique).

143. Préparation du tissu cartilagineux. — Pour faire une étude rapide du tissu cartilagineux, les étudiants pourront choisir des animaux qui présentent des lames cartilagineuses assez minces pour qu'on puisse les examiner directement par transparence.

M. Ranvier indique, comme étant dans ce cas, la sclérotique de la grenouille et l'appendice xyphoïde du même animal.

Je conseille aussi l'examen des cartilages du bulbe radulaire chez les gastéropodes; leur consistance est suffisante pour qu'on puisse les couper directement, sans montage préalable; et l'on obtient des coupes tout à fait schématiques.

Pour préparer le cartilage de la sclérotique de la grenouille, on détache l'œil d'un coup de ciseaux et on étale sur la lamelle un fragment de la sclérotique après l'avoir nettoyé. On le plonge dans l'humeur aqueuse, on recouvre d'une lamelle et on peut l'étudier directement sans autres réactifs.

Pour bien voir la disposition des cellules et colorer les noyaux, on peut employer l'hématoxyline en solution alcoolique, mais la coloration se fait particulièrement bien, sur les coupes du cartilage des gastéropodes.

On distingue alors la substance fondamentale colorée en violet et les noyaux fortement colorés en violet noir (fig. 154).

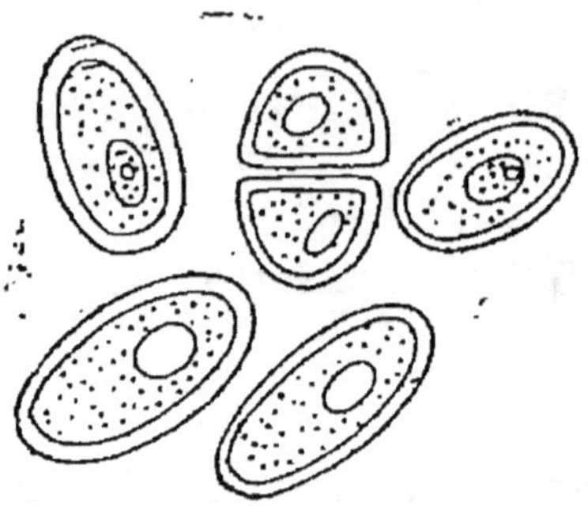

Fig. 154. — Coupe du cartilage du bulbe radulaire d'un gastéropode (grossissement : 500 diam.) Coloration par l'hématoxyline alcoolique (la substance fondamentale n'a pas été représentée).

On peut obtenir également de bonnes préparations, en utilisant la partie cartilagineuse d'une côte de bœuf et en faisant des coupes à main levée à l'aide d'un rasoir.

TISSU CONJONCTIF (Préparation microscopique)

144. Description générale du tissu conjonctif. — Quand un boucher vient de tuer un bœuf d'un coup de massue, il introduit sous sa peau un soufflet et gonfle l'animal, comme une outre, pour l'écorcher plus facilement.

Où l'air qu'il injecte a-t-il pénétré ? — Entre le cuir et le corps proprement dit de l'animal.

Le cuir est cependant rattaché à la peau, mais il est relié par l'intermédiaire d'un tissu conjonctif lâche et c'est ce tissu qui a laissé passer entre ses mailles l'air qui s'y trouve maintenant emmagasiné.

Outre le tissu conjonctif membraneux qui tapisse tous les organes, il existe donc un tissu conjonctif lâche que l'on peut mettre en évidence en imitant la manœuvre du boucher.

145. Préparation du tissu conjonctif lâche ou diffus. — Pour mettre en évidence les éléments du tissu conjonctif, il faut imiter le procédé indiqué plus haut, mais en injectant un liquide.

Sur un mammifère quelconque (lapin, rat ou chien), on détache au scalpel un morceau de peau en laissant en contact le tissu cellulaire sous-cutané, puis avec une seringue de Pravaz (voir n° 130), on injecte de l'eau ou un liquide coloré.

Il se forme à l'extrémité piquée une boule d'œdème ;

avec des ciseaux, on détache la calotte supérieure et l'on distingue une sorte de gelée que l'on excise en lame mince d'un second coup de ciseau.

On transporte cette lame mince sous le microscope après l'avoir recouverte de la lamelle par une manœuvre rapide.

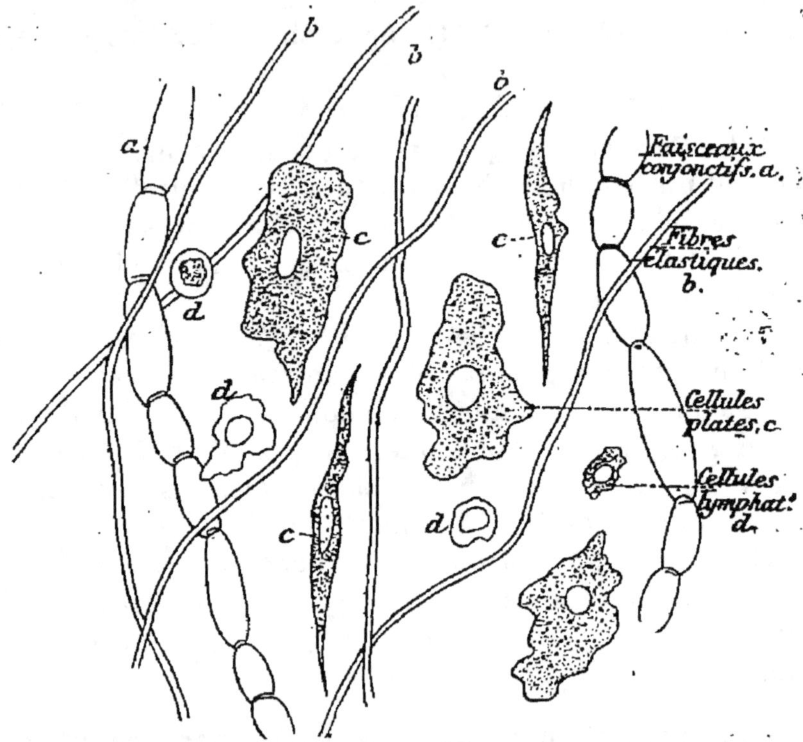

Fig. 155. — Tissu conjonctif sous-cutané du chien préparé à l'aide de l'œdème artificiel, d'après la méthode de M. Ranvier (grossissement : 400 diam.).

On aperçoit alors des fibres élastiques formant des traits minces à travers la préparation, des faisceaux conjonctifs à fibres annulaires, de grandes cellules plates, des cellules adipeuses et des cellules qui rappellent les cellules lymphatiques. En un mot, on a mis par ce procédé en évidence les principaux éléments du tissu conjonctif lâche.

TISSU MUSCULAIRE
(Préparation microscopique.)

146. Description générale du tissu musculaire. — On peut considérer l'élément musculaire comme constitué par la transformation de la cellule contractile des animaux inférieurs.

Si les cellules contractiles se soudent bout à bout et forment une fibre plus ou moins allongée et plurinuclée, nous avons la fibre lisse.

Si la fusion des cellules devient complète, nous arrivons à la fibre striée.

Ces fibres sont réunies entre elles sous forme de faisceaux et l'ensemble de ces faisceaux constitue les muscles.

Fig. 155. — Faisceau de fibres musculaires striées.

147. Préparation des muscles à fibres striés. — Nous donnons plus bas un procédé très pratique; nous conseillons cependant de ne pas s'en tenir aux muscles des mammifères ; certains invertébrés offrent des sujets d'étude beaucoup plus favorables ; et particulièrement dans les muscles des ailes et des pattes des insectes, on trouvera de superbes faisceaux de fibres musculaires striés où les particularités seront beaucoup plus nettement accusées que chez les mammifères. On pourra appliquer également le procédé suivant indiqué par M. Ranvier :

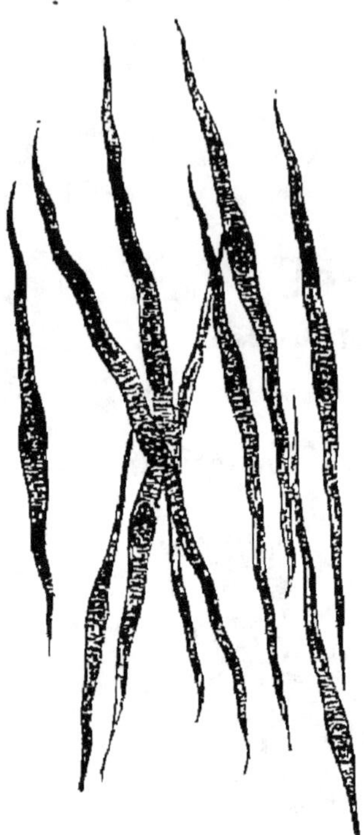

Fig. 156.
Fibres lisses isolées.

Un chien, un lapin ou tout autre mammifère étant sacrifié, on l'abandonne jusqu'à ce que la rigidité cadavérique se soit produite. Un muscle étant alors mis à découvert, on en circonscrit à la surface une petite portion au moyen d'incisions faites avec un scalpel bien tranchant ; puis on la détache en la saisissant par un coin avec une pince et en en coupant la base avec le scalpel. Cette première partie de l'opération doit être exécutée avec précaution, pour ne pas altérer les éléments délicats qui doivent être soumis à l'examen.

Il faut procéder maintenant à la dissociation. Pour cela, le fragment de muscle est porté sur une lame de verre, dans une goutte de picro-carminate qui y a été déposée préalablement. Bientôt toute sa surface en est colorée en rouge plus ou moins intense, et pour le bien voir, il est nécessaire de le placer sur un photophore à fond blanc. Lorsqu'on a constaté la direction des fibres musculaires, on applique les aiguilles à l'un des bouts du fragment, puis on les écarte de manière à les laisser en deux faisceaux distincts. Sur un de ces faisceaux, on agit de la même façon, les aiguilles étant toujours appliquées à la même extrémité, de manière à n'altérer les éléments qu'en ce point. On continue la dissociation en suivant toujours le même procédé, et l'on finit par obtenir des faisceaux primitifs isolés.

Examinant alors au microscope à un faible grossissement et sans recouvrir d'une lamelle, l'observateur pourra s'assurer du succès de l'opération et écarter les débris inutiles en s'aidant de l'aiguille, du pinceau ou de languettes de papier à filtrer. Lorsqu'il ne restera plus que des faisceaux primitifs isolés, bien conservés, nageant dans une faible quantité de picro-carminate, il lui suffira de recouvrir d'une lamelle, en soutenant celle-ci avec des cales de papier d'une épaisseur convenable, pour obtenir une bonne préparation. S'il veut la rendre persistante, il substituera sous la lamelle la glycérine au picro-carminate, mais seulement quand la coloration sera complète.

On peut aussi, lorsque, après un séjour d'une heure ou deux dans le picro-carminate, la coloration est bien produite, laver les faisceaux avec de l'eau pure ou de l'eau distillée, recouvrir d'une lamelle et remplacer ensuite l'eau par de la glycérine, contenant 1 0/0 d'acide formique. En plaçant la lamelle de verre sur des faisceaux primitifs isolés nageant dans un liquide, il arrive souvent qu'ils sont déplacés, enroulés ou rejetés en dehors. A l'aide d'un tour de main, on arrive à éviter ces accidents. Pour cela, lorsque les faisceaux ont été colorés et lavés, ils sont disposés convenablement sur la lame de verre au moyen des aiguilles et du pinceau. L'excès d'eau est enlevé avec du papier à filtrer, et lorsque la dessiccation commence, ce que l'on reconnaît à l'aspect terne que prennent les éléments, ils ont contracté avec la surface sur laquelle ils reposent une légère adhérence qui permet d'ajouter une goutte de liquide et de recouvrir de la lamelle sans qu'il se produise de déplacement, si toutefois l'opération est faite avec assez de rapidité.

Examinons maintenant une préparation de faisceaux primitifs dissociés dans le picro-carminate, et conservés dans la glycérine. Nous y distinguerons d'abord la striation transversale bien marquée, et la striation longitudinale beaucoup plus vague. Sur le faisceau se trouvent distribués, en nombre variable selon les muscles que l'on étudie, des noyaux colorés en rouge. En son milieu, ils paraissent ovalaires ; sur ses bords ils sont également ovalaires, mais beaucoup plus minces. En réalité, ces noyaux ont la forme d'un ellipsoïde aplati parallèlement à la surface du faisceau.

Sur les points du faisceau qui ont été touchés avec les aiguilles, la striation n'est plus régulière ; elle est plus ou moins dérangée, et même la substance musculaire peut y être fragmentée. Ces accidents de préparation constituent des conditions avantageuses pour observer certains détails de structure. Ainsi, lorsque la substance musculaire a été déchirée d'une façon accidentelle, elle revient sur elle-même et laisse, entre les lèvres de la déchirure, un espace irrégulier rempli du liquide additionnel, dans lequel nagent des débris de la substance musculaire et parfois des noyaux devenus libres. Cet espace est limité par une membrane dont on voit le double contour sur les côtés du faisceau. Il peut se faire, par suite des manœuvres de la dissociation, que le faisceau musculaire ait subi une torsion sur son axe ; cette membrane s'accuse alors par des plis disposés en tourbillon.

Cette méthode nous conduit donc à reconnaître dans le faisceau musculaire trois éléments distincts : une membrane amorphe enveloppante, en forme de tube, c'est le sarcolemme ; dans son intérieur une substance striée en travers et en long, c'est la substance musculaire ou contractile, et enfin des noyaux.

148. Préparation des fibres lisses. — Nous conseillons de faire cette préparation sur la vessie de la grenouille.

On ouvre l'animal par la face ventrale en poussant l'incision jusqu'à la partie inférieure de l'abdomen ; la vessie se présente sous la forme d'un petit globe à parois transparentes.

Si elle est pleine, on la vide par une légère pression, puis on injecte dans son intérieur une petite quantité de picro-carminate, de manière à distendre les parois.

On pose une ligature et l'on détache la vessie au-dessous de la ligature.

On transporte alors la petite outre gonflée de picro-carminate dans un verre de montre ou dans un petit godet qu'on remplit du même liquide.

Au bout de 5 à 6 minutes, on fend la vessie en deux morceaux. On lave soigneusement à l'eau, puis à l'alcool et l'on monte dans la glycérine entre lame et lamelle, en ayant soin de bien étendre les fragments de la vessie (1).

---

(1) M. FABRE-DOMERGUE indique dans son livre intitulé : *Premiers principes du microscope* (Asselin, Paris, 1889), un procédé analogue, basé sur l'emploi du chlorure d'or, pour mettre en évidence non seulement les muscles, mais aussi les terminaisons nerveuses des muscles de la vessie de la grenouille.

NERFS ET CENTRES NERVEUX
(Préparation microscopique.)

149. Préparation des nerfs. — Pour apercevoir les nerfs sans préparation, il suffit de détacher un fragment du manteau d'un acéphale, tel que le pecten par exemple, dans le voisinage de la périphérie, et de l'étaler sur une lame de verre avec une goutte de l'eau renfermée dans la coquille, et de recouvrir avec une lamelle, à un faible grossissement. On apercevra les filets nerveux par transparence.

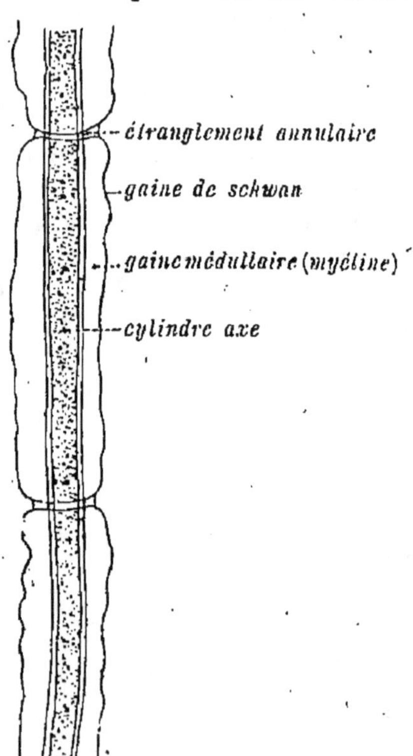

Fig. 157. — Fibre nerveuse montrant le cylindre axe, la gaine médullaire et la gaine de Schwann.

Pour en avoir une idée plus nette, il faut employer la méthode de dissociation.

On prend un fragment de nerf sur une grenouille et on le dissocie dans du sérum iodé.

Il est composé de fibres nerveuses blanches (fibres à myéline) consti-

tuées par un axe central homogène, le cylindre axe ;
par un contour très réfringent (myéline), qu'on appelle
la gaine médullaire, et enfin par une membrane mince
périphérique, la gaine de Schwann.

En employant un dissolvant des corps gras, l'éther
ou le chloroforme, la myéline disparaîtra et le cylindre
axe deviendra nettement visible.

150. Préparation d'un centre nerveux et des cellules nerveuses.

Les ganglions de la chaîne ventrale nerveuse de la
sangsue se prêtent admirablement à l'étude d'un ganglion nerveux et des cellules qui le composent.

On isole un ganglion de la chaîne nerveuse ventrale (voir n° 44).

Puis on le transporte soit dans le sérum iodé très
faible soit dans l'alcool au tiers ; et on le dissocie avec
beaucoup de précautions.

En plaçant ensuite, sur la lamelle, les éléments dissociés, on distingue de superbes cellules unipolaires
et multipolaires.

Pour voir le contenu plasmique et le noyau, on
pourra colorer indifféremment par l'un des réactifs
indiqués n° 131.

Le picro-carmin, après le sérum iodé, ou le carmin
aluné donneront un bon résultat.

31e MANIPULATION

SPOROZOAIRES (Préparation microscopique).

Nota. — *M. le docteur Labbé, dont les importants travaux sur les sporozoaires (1) méritent de devenir classiques, a bien voulu rédiger à l'intention des étudiants le petit résumé qu'on trouvera plus loin et qui leur servira de guide pour rechercher les sporozoaires parasites dans la grenouille, la tortue, le pigeon et le lapin.*

— (On comprend, sous le nom de sporozoaires, des protozoaires parasites des cellules ou des tissus, se reproduisant principalement par spores.)

150. Description des Sporozoaires parasites de la grenouille, de la tortue, du pigeon et du lapin. — Depuis la découverte des parasites du sang qui causent, chez l'homme, la malaria; depuis les nombreuses études faites sur les pseudo-parasites du cancer, des épithéliomes, des sarcomes, etc., les recherches sur les

---

(1) ALPHONSE LABBÉ. Recherches zoologiques et biologiques sur les parasites endoglobulaires du sang des vertébrés. *Archives de zoologie expérimentale et générale.* Reinwald, Paris, 1890.

sporozoaires parasites ont pris une très grande importance dans la pathologie humaine.

Aussi décrirons-nous brièvement les protozoaires endoparasites qu'on est exposé à rencontrer le plus souvent dans les types que nous étudions.

151. Préparation des Hémosporidies de la grenouille. —
Dans le sang de la grenouille verte (Rana esculenta)

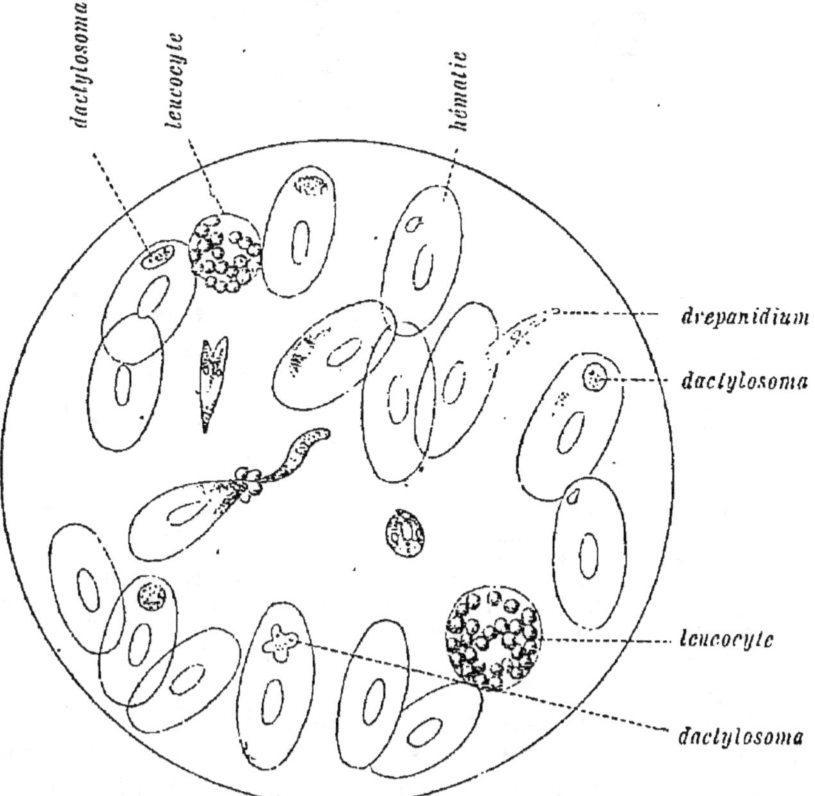

Fig. 158. — Goutte de sang de la grenouille examiné à l'état frais et contenant des Drepanidium princeps et des Dactylosoma (d'après le Dr A. Labbé) (700 diam.).

on trouve très fréquemment de petits vermicules longs de 10 à 15 μ qui se déplacent, en serpentant dans le sérum entre les hématies. Certains se trouvent à l'intérieur des hématies, à côté du noyau. Ce sont des Drepanidium (fig. 158).

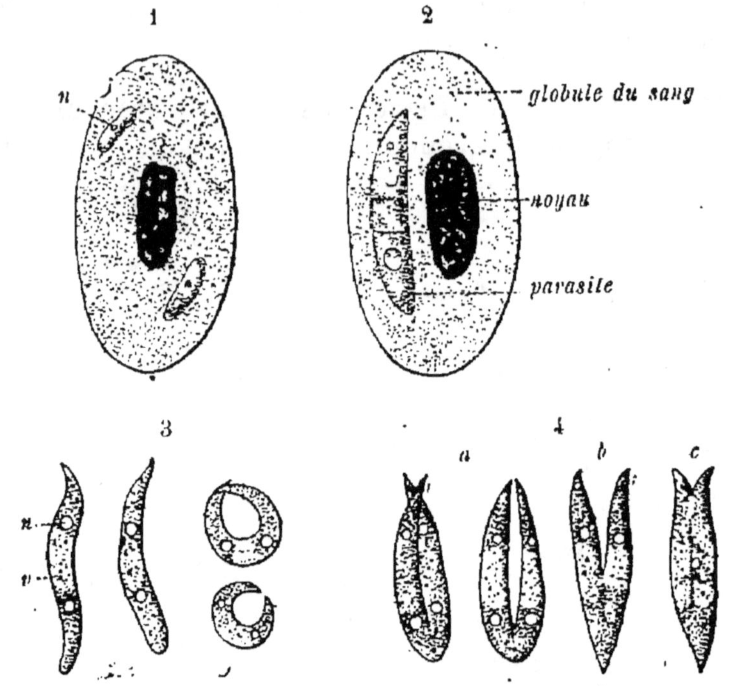

Fig. 159. — *Drepanidium princeps*; *n*, noyau du parasiste; *v*, vacuole. — 1, parasites jeunes dans un globule du sang de la grenouille. — 2, parasite adulte dans un globule du sang de grenouille. — 3, parasites libres à l'état frais tels qu'on les trouve dans le sérum. — 4, conjugaison des parasites, la soudure peu accentuée en *a*, se fait davantage en *b* et est presque complète en *c* (d'après le Dr Labbé) (1,500 diam.).

Pour les observer, il suffit de mettre, entre lame et lamelle, une goutte de sang qu'on étale en couche mince. On lute à la paraffine. Pour avoir des préparations fixes, passer légèrement à la flamme, *la couche de sang tournée en haut*, la lamelle recouverte de sang; passer pendant 15 à 20 minutes dans un mélange d'alcool absolu et d'éther (āā), colorer cinq minutes au bleu de méthylène (solution aqueuse).

152. Préparation des Hémosporidies de la tortue. —
Dans le sang des tortues se trouvent des Hémospo-

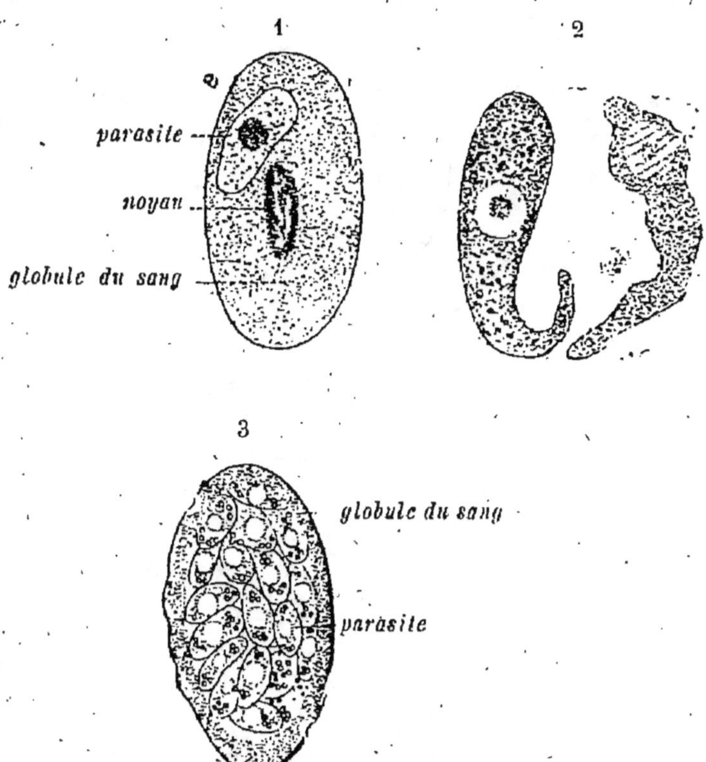

Fig. 160. — *Danilewskya stepanow*. Parasites du sang de la tortue
(d'après le Dr Labbé). — 1, jeune parasite dans un globule du
sang. — 2 et 3, parasites adultes libres dans le sérum. — 4, cyto-
cystes.

ridies, très semblables aux précédents : ce sont des
Danilewskya (fig. 170).

Même préparation que pour les Drepanidium.

153. Préparation des Coccidies du lapin. — Deux espèces voisines de coccidies habitent le lapin : l'une
dans le foie (*Coccidium* oviforme), l'autre dans l'intes-

tin, surtout dans la région duodénale (*Coccidium per-*

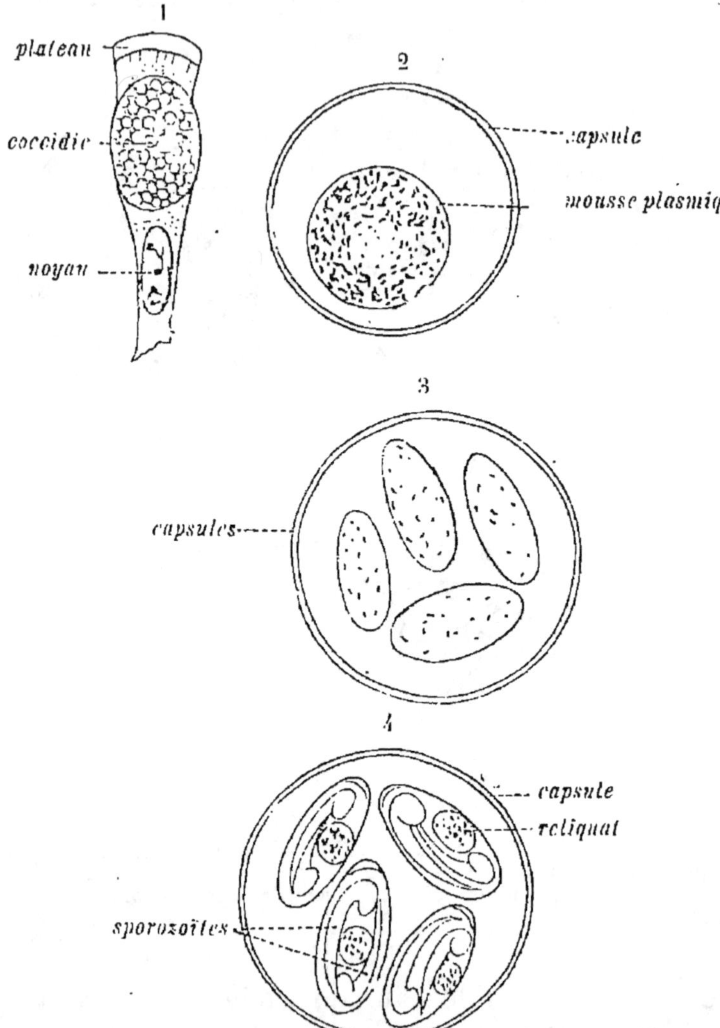

Fig. 161. — Coccidies. — 1, cellule épithéliale de l'intestin du pigeon contenant une coccidie intracellulaire (vue par simple dissociation). — 2, coccidie encapsulée libre dans l'intestin. — 3, coccidie montrant la formation de quatres spores (culture de trois jours). — 4, coccidie montrant les sporozoïtes formés dans les spores (culture de quatre jours).

forans). Les plus jeunes se trouvent comme des cellules

rondes, à l'intérieur des cellules épithéliales dont elles refoulent le noyau ; les coccidies adultes s'observent comme des corps arrondis entourés d'une capsule chitineuse, ovalaire.

Pour observer les stades jeunes, il suffit de délayer sur une lamelle, soit dans une goutte d'eau, soit dans une goutte de picro-carmin, un peu de la substance hépatique, ou de la muqueuse intestinale.

Pour observer les spores au moment de leur formation dans les kystes, et pour voir se constituer dans ces spores les sporozoïtes, il suffit de mettre un fragment de foie de lapin dans un verre de montre rempli d'eau, à laquelle on ajoute quelques gouttes de bichromate de potasse. Au bout de quelques jours, la coccidie a formé quatre spores, et dans ces spores se trouvent deux sporozoïtes ou corpuscules falciformes (fig. 161).

154. Préparation des Coccidies du pigeon. — Dans l'intestin du pigeon se trouve une coccidie voisine de la précédente (*Coccidium Pfeifferi*, Labbé), qui s'en distingue par des kystes ronds.

Même préparation que ci-dessus.

MONTAGE D'UNE PRÉPARATION EN VUE DES COUPES FINES

155. But qu'on se propose en faisant des coupes. — Quand on divise un animal ou un organe en coupes minces, le but qu'on se propose est d'étudier par transparence la disposition et la forme des éléments des diverses parties de l'animal ou de l'organe qu'on va diviser en copeaux.

Il faut, pour que la préparation soit réussie, que la disposition et la forme des éléments se rapprochent autant que possible de la disposition qui existait primitivement avant le travail de sectionnement.

Si la disposition et la forme des éléments sont changées, on risque de concevoir des idées fausses et d'arriver à des interprétations erronées.

L'idéal serait de pouvoir opérer sur le tissu intact sans l'intervention des réactifs; mais, dans la pratique, la chose est presque toujours impossible, les tissus étant ou trop mous, ou trop durs, ou trop transparents.

On tourne la difficulté, en employant dès la première manipulation un agent qui fixe les éléments dans leur forme et leur conserve, à travers les manipulations successives, leur apparence primitive.

C'est ce qu'on appelle employer un *fixateur*.

Un grand nombre de corps ont la propriété de fixer les éléments ; mais selon la nature du tissu, selon le plus ou moins d'énergie du fixateur et sa puissance de pénétration, les résultats obtenus peuvent être très différents.

Si l'on veut débiter une grosse pièce peu perméable et qu'on utilise par exemple, un fixateur énergique, mais peu pénétrant, il arrivera que les éléments situés à la périphérie de la pièce seront fixés tout d'abord, puis altérés par un contact trop prolongé avec le réactif, tandis que les éléments placés au centre et protégés mécaniquement contre l'action du fixateur, n'auront été nullement influencés. *C'est là, surtout, qu'intervient l'habileté de l'opérateur, habileté qui ne s'obtient que par une longue habitude et par un travail soutenu.*

Il ne suffit pas de fixer une pièce, il faut de plus, pour corriger la transparence, colorer les tissus de manière à faire apparaître les éléments dans leurs moindres détails.

Enfin il faut arriver à produire la consistance nécessaire, pour que la section s'opère dans de bonnes conditions.

En résumé, la méthode des coupes consiste :

1° *A fixer les éléments dans leur forme ;*

2° *A les colorer ;*

3° *A leur donner la consistance nécessaire pour pouvoir les débiter en tranches minces.*

156. Préparation de la glande salivaire de l'escargot. — Nous indiquerons un procédé rapide.

On met à nu l'œsophage d'un escargot (voir n° 69) et, avec des ciseaux fins, on découpe une des glandes salivaires, on taille au travers de la glande un petit parallélipipède rectangle, de 5 à 6 millimètres de hauteur, de 4 à 5 millimètres de largeur et dont l'épaisseur variera de 1 à 3 millimètres selon le point choisi.

L'opération est menée rapidement à sec.

Fixation. — On jette le fragment ainsi préparé dans un petit tube rempli de sublimé acétique (2 parties de la solution de sublimé saturée pour une partie d'acide acétique au 10ᵉ).

Le fragment est laissé, une demi-heure, dans deux ou trois centimètres cubes du liquide fixateur.

Lavage. — On lave à l'eau distillée pendant quelques minutes.

Deshydratation. — On plonge ensuite dans l'alcool à 70 degrés, puis dans l'alcool à 90 degrés, puis dans l'alcool absolu. Le séjour dans les alcools peut ne pas dépasser deux heures et demie à trois heures (1).

Enrobage. — Le fragment est tiré de l'alcool absolu et transporté dans le chloroforme pendant une 1/2 heure, puis dans un mélange de chloroforme et de paraffine.

Montage dans la paraffine. — On le porte ensuite dans une capsule remplie de paraffine (fusible entre 48 et 50 degrés), maintenue à l'état liquide dans une étuve où la température est réglée dans les environs de 50 degrés. Si l'on n'a pas d'étuve, on peut chauffer la capsule sur une lampe à alcool.

Préparation du bloc. — On humecte un verre de montre à l'aide d'un corps gras, et l'on y verse de la paraffine fondue. On fait tomber le fragment et la paraffine, puis, à l'aide d'une aiguille chauffée à

---

(1) Il vaudrait mieux employer une série d'alcools plus complète, mais il s'agit, avant tout, de procéder rapidement.

la lampe, on dispose le fragment dans le voisinage du fond.

Il se forme rapidement une croûte solide à la surface de la paraffine fondue et l'on prend des points de repère pour orienter le fragment. Quand la paraffine commence à se solidifier, on plonge le verre de montre dans l'eau pour amener un brusque refroidissement.

Bientôt le bloc se paraffine, se détache du verre et l'on découpe tout autour du fragment un prisme rectangulaire de paraffine.

Montage du bloc sur le porte-objet. — On transporte le prisme contenant le fragment sur le porte-objet du microtome (fig. 162) et on l'assujettit en faisant fondre de la paraffine tout autour ; on découpe ensuite le fragment, de manière à constituer un prisme droit à base rectangle comme l'indique la figure 162.

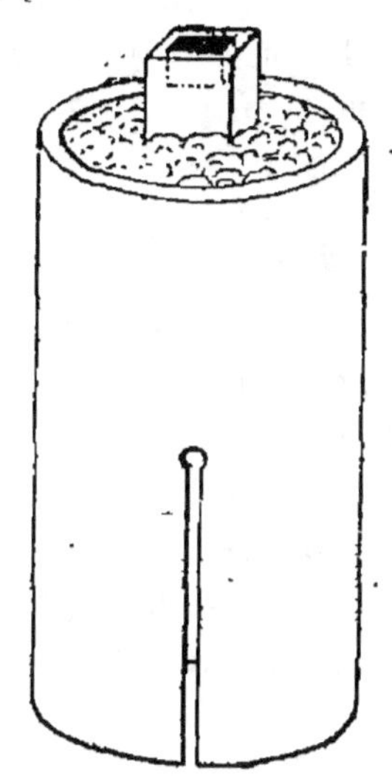

Fig. 162. — Prisme enrobant le fragment à découper monté sur le porte-objet du microtome.

Montage de la préparation. — Après avoir disposé le porte-objet sur le microtome, on découpe un ou plusieurs rubans et on les transporte sur une lame préalablement enduite de la colle de Meyer.

On chauffe légèrement sur la lampe à alcool, de manière à faire fondre la paraffine.

Les coupes se collent à la surface du verre.

On plonge la lame tout entière dans l'essence de térébenthine pour dissoudre la paraffine ; puis, comme les coupes ne sont pas colorées, on plonge la lame dans l'alcool absolu contenant un colorant (Éosine, par exemple); on lave dans l'alcool absolu.

On verse une goutte d'essence de girofle pour éclaircir et, enfin, une goutte de baume de Canada légèrement chauffé.

On place la lamelle au-dessus des coupes, en ayant soin d'éliminer les bulles d'air le plus possible.

Le montage de la préparation est terminé, il ne reste plus qu'à transporter la lame sous le microscope.

Nota. — *La méthode que je viens d'indiquer n'a rien de général, les procédés, pour obtenir la préparation demandée, peuvent varier par l'emploi du fixateur, par le mode de coloration, par l'enrobage de la préparation.*

J'ai voulu simplement indiquer, en terminant, un procédé très rapide, permettant à l'opérateur d'obtenir le jour même une préparation convenable.

FIN

TABLE DES MATIÈRES

Paris. — Imp. PAUL DUPONT, 4, rue du Bouloi (Cl.) 365.7.96.